铁路科技图书出版基金资助出版

基于模型的列车运行控制系统设计与验证方法

唐　涛　赵　林　徐田华
吕继东　牛　儒　张　路　著

中　国　铁　道　出　版　社

2014·北　京

内容简介

本书主要介绍基于模型的列车运行控制系统设计与验证方法，着重阐述设计与验证方法的原理、实现技术以及应用。全书共六章，主要内容包括：列控系统需求的建模与验证，列控系统的安全分析，基于模型的列控系统软件设计，基于模型的测试，列控系统的运行时验证。

本书可以作为轨道交通控制专业研究生的学习用书，也可以供有关工程技术人员参考。

图书在版编目（CIP）数据

基于模型的列车运行控制系统设计与验证方法/唐涛等著．—北京：中国铁道出版社，2014.3

ISBN 978-7-113-15929-0

Ⅰ.①基…　Ⅱ.①唐…　Ⅲ.①列车—运行—控制系统设计②列车—运行—控制系统—验证　Ⅳ.①U284.48

中国版本图书馆 CIP 数据核字（2012）第 318890 号

书　　名： 基于模型的列车运行控制系统设计与验证方法
作　　者： 唐　涛　赵　林　徐田华　吕继东　牛　儒　张　路　著

责任编辑： 崔忠文　李嘉懿　**电话：**（010）51873146　**电子信箱：** dianwu@ vip. sina. com
封面设计： 郑春鹏
责任校对： 胡明锋
责任印制： 陆　宁

出版发行： 中国铁道出版社（100054，北京市西城区右安门西街 8 号）
网　　址： http：//www. tdpress. com
印　　刷： 中煤涿州制图印刷厂北京分厂
版　　次： 2014 年 3 月第 1 版　　2014 年 3 月第 1 次印刷
开　　本： 700 mm × 1 000 mm　1/16　印张：13.25　字数：240 千
书　　号： ISBN 978-7-113-15929-0
定　　价： 45.00 元

高速铁路作为当代高新技术的集成，具有输送能力大、速度快、安全性高、正点率高、占用土地资源少、能耗低、环境污染小、全天候运行的特点，是交通运输体系中具有可持续性和环境友好性的运输模式。

高速铁路列车运行控制系统融入了先进的计算机、通信以及控制技术，系统的自动化程度、控制精度以及响应速度得到大幅提升。列车运行控制系统已经不再是调度、联锁、闭塞、信号机等设备的简单组合，而是向集调度指挥与运行控制为一体、功能完善、层次分明的综合自动化系统方向发展，呈现系统化、网络化、智能化及通信信号一体化的特点。

本书针对轨道交通列控系统的发展历程和特点、传统开发方法面临的挑战，分析总结了基于模型的设计与验证方法的优势。在需求层面，针对列控系统的信息－物理融合属性进行了建模和形式化验证，使用的模型包括扩展 UML 模型、混合通信进程（HCSP）模型以及混成自动机模型。并进行了系统安全分析，论述了经典安全分析方法和应用，重点介绍基于模型的安全分析技术。在设计构造环节，论述了基于模型的列控系统软件设计方法，基于 SCADE 和基于 DSL-R 的开发工具和实例。对于列控系统测试，介绍了基于模型的测试用例自动生成方法，结合观测自动机理论进行了列控系统车载设备测试用例自动生成，并搭建了适合于 CTCS-3 级列控系统车载设备的互联互通测试平台。作为运行阶段的安全保障技术，主要介绍运行时验证技术，其核心是监控需求的精确表达和监控器的生成。

全书共六章。第一章为绪论。第二章针对列控系统混成特性的建模需求，利用 UML 扩展方法和混合通信进程（HybridCSP）方法从工程应用和精确分析的角度描述列控系统相关运营场景，并结合混成自动机理论，验证了列控系统的关键安全特性。第三章围绕轨道交通系统开发过程中的安全分析过程，主要介绍国际上最为推崇的失效传播模型、故障注入和混合建模三种基于模型的安全分析建模思路；并且，阐述了每一种思路的典型方法和工具；最后分别以 CBTC 系统和 CTCS-3 级列控系统为例展示了该方法的应用。第四章论述了基于模型的列控系统开发方法、工具和具体的列控系统设计案例，着重阐述基于

SCADE的同步设计语言，基于领域建模语言的列控系统元模型、模型转换和代码生成方法。第五章介绍基于时间自动机模型的列控系统建模方法，基于观测自动机的测试准则与测试算法；并以列控系统典型的模式转换功能为例，阐述在不同覆盖准则下模式转换测试案例的自动生成。第六章讨论了运行时验证的基本原理、应用背景，详细阐述LTL的预测语义和多值语义，以及在这两种语义的基础上发展起来的两种不同风格的监控方法：基于自动机的监控和基于公式重写的监控；最后，通过两个列控领域的实例演示了在领域应用中关键监控特征提取和监控实施过程。

本书是在国家高技术研究发展计划（863计划）项目“面向信息－物理融合的系统平台”子课题——“轨道交通CPS系统的感知、运行和安全技术应用验证”以及北京交通大学轨道交通控制与安全国家重点实验室的资助下完成的。在本书的撰写过程中，还得到了北京交通大学轨道交通运行控制系统国家工程研究中心大力支持和帮助，在此一并表示衷心的感谢。

最后，对所有在本书的写作和出版过程中给予热情帮助和支持的朋友们表示感谢。由于作者水平有限，书中难免有不当之处，敬请同仁和读者不吝赐教。

作　者

2013年6月

于轨道交通控制与安全国家重点实验室（北京交通大学）

目
录

第一章 绪 论

本章主要介绍列车运行控制系统及其开发方法的发展趋势，讨论列控系统的研究现状，总结了列控系统规范建模和验证的研究方法，指出列控系统建模的研究发展方向。

第一节 列车运行控制系统

自19世纪铁路诞生以来，科学技术日新月异，工业领域先后经历了机械化、电气化、信息化三个发展时期。列车运行控制逐步从机械控制、电气控制发展到计算机控制。1804年世界首条铁路在英国运营的开始，就产生了如何控制列车间隔以保证行车安全的问题，从而产生了行车闭塞法。为防止列车相撞，在线路上安装各种信号设备。通过地面信号显示系统，以物体大致形状、灯光的数目和颜色等视觉信号或音响等听觉信号给司机以各种运行条件的指示，提醒司机采取相应的措施，以免发生列车正面冲突和追尾事故。1832年，美国开始在车站上设置信号机，为站与站之间传送信息。这一时期，主要是依靠信号工的眼睛观测，通过人控制的信号给司机传递行车命令，由信号工控制列车间隔。列车完全由司机驾驶，并负责列车的运行安全。

1872年，美国人鲁宾逊发明了轨道电路，实现了列车占用钢轨线路状态自动检查。利用轨道电路检查列车占用轨道的状态信息控制信号显示，由此出现了地面自动信号，使地面信号显示能真实反映线路空闲状态。列车的间隔调整采用半自动闭塞或自动闭塞，地面信号显示仅仅指明列车前方线路状态，列车完全由司机驾驶，安全掌握在司机手中。

以地面信号显示为主的铁路信号系统只是向司机提供地面视觉信号。但由于地面信号显示有时受到自然环境（如雾、风沙、大雨等）的影响以及地形的限制，司机往往不能在规定的距离上及时瞭望前方信号机的信号显示，因而存在冒进信号的危险。为将列车运行前方所接近信号机的显示情况及时通告司机，发明了机车信号设备，将地面的视觉信号通过技术手段引入司机室，这样司机就能够在任何条件下从容地驾驶列车,且当前方信号为禁止信号时能及时采取制动措施,提高了列车运行的效率和安全程度。需要指出的是,在以地面信号为主体信号的信号系统中,地面信号显示仍是行车凭证,机车信号只是地面信号的复示信号。

无论地面信号还是机车信号都只能确保显示正确可靠,提醒司机及时采取措施,无法防止由于司机失去警惕而发生危及列车运行安全的事故。因此,人们又研制了列车自动停车设备,其功能是当地面信号的"禁止命令"未被司机接受时就自动实施紧急制动,强迫列车停车。尤其是电码化轨道电路的出现,使得利用轨道电路向机车传送信息成为可能,地面轨道电路、机车信号与自动停车装置结合,构成简单的列车运行自动控制系统(简称列控系统),当"禁止信号"未被司机接受及时停车时,自动停车装置就自动实施紧急制动,强迫列车停车。这样,列控系统不再只是指明安全运行条件,列车的安全由设备和司机共同保证。

20 世纪 60 年代后,高速铁路的发展给列车运行控制提出了更高的要求。传统的以地面信号显示传递行车命令,司机按行车规定操纵列车运行已不能满足要求。行车控制逐步由地面信号显示传递行车命令的阶段,发展到由车载列车超速防护设备给司机显示地面发送的信息并自动监督列车运行的阶段。现代列控系统是根据列车在线路上运行的客观条件和实际情况,对列车运行速度及制动方式等状态进行监督、控制和调整的技术装备,确保列车以安全的速度高密度运行。列控系统包括地面设备与车载设备两部分,地面设备提供监控列车所需要的允许速度、行车许可等基础数据;车载设备将地面传来的信息进行处理,形成列车速度控制数据及列车制动曲线,监控列车安全运行。

列控系统在迅速发展的电气、电子、信息及自动化技术推动下,功能不断增强完善、自动化程度不断提高。传统的列控系统与基于计算机的列控系统性能对比如表 1-1 所示。计算、通信以及控制(3C)技术的广泛应用与融合是列控系统发展的趋势,新技术所占比重的增加为满足更复杂的运营需求带来了便利和效率,但也为系统的安全性带来了前所未有的挑战。系统需求完备性缺失、开发设计过程中系统错误客观存在、复杂多变的外界运行环境、软硬件的故障耦合和人员操作失误等因素,导致列控系统发生错误的概率大为提高,关键设备故障而引起的灾难性事故时有发生。例如:2007 年 10 月 16 日,发生在德国弗鲁蒂根地区的勒奇山基底隧道附近的列车脱轨事故,该脱轨事故是由于 ETCS-2 级列控系统的无线闭塞中心(RBC)接入时一个与列车移动授权延伸的相关软件错误而引起的。2011 年 7 月 23 日发生在中国的"甬温线"两辆动车追尾事故,事故的主要原因之一是列控中心设备中的自检模块存在严重设计缺陷。

表1-1　不同时期列控系统特性对比

基于继电器的传统列控系统	基于计算机的现代列控系统
故障安全继电器	半导体管、计算机
故障率不对称器件	故障率对称器件
不需附加措施即可构建安全系统	需采用自检、表决等措施才能构建安全系统
纯硬件:分离元件	硬件:大规模集成电路 软件:结构复杂、规模庞大
容易审核、测试	难以审核、无法完备测试

安全是一种相对于危险而言的系统状态,系统安全实际上是指系统所面临的风险被控制在可接受的范围之内。在轨道交通行业,系统的安全性通过其可接受的风险来量化表示。列控系统的安全性受多方面因素的制约,包括系统功能的复杂程度,软硬件的可靠性,容错结构,开发人员对安全需求正确理解和分析的能力、正确实现的能力,对风险的控制能力,系统开发过程和管理水平等。使用传统的开发方法越来越难以应对由于系统复杂性带来的诸多问题。

第二节　列控系统开发方法的发展趋势

一、列控系统开发过程

现代列控系统是一种涵括计算、网络和物理环境的复杂安全相关系统,通过3C技术与铁道信号技术的有机融合与深度协作,实现列车安全、正点、高密度的运行。列控系统开发流程包括需求、安全分析、设计、实现和测试等关键开发环节,如图1-1所示。

需求阶段的任务是确定设计任务和设计目标,并提炼出系统需求规范,作为正式设计指导和验收的标准。系统的需求一般分功能性需求和非功能性需求两方面。功能性需求是系统的基本功能,如超速防护、等级转换等。非功能需求包括系统的性能、安全性、可用性等指标。在列控系统需求规范的开发过程中不仅要满足安全性,而且要通过独立的审查机构的安全评估予以证明,这些安全证明是系统需求规范获得认可的基础。铁路行业安全相关需求的分析仍然过度依赖于领域知识和专家经验,缺乏与实际开发流程匹配的实用技术手段与支持工具。

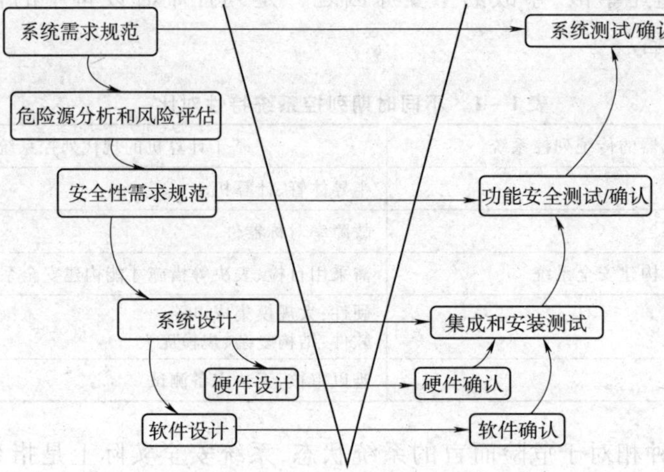

图 1－1　列控系统开发流程

为了使系统的设计在安全上达到可以接受的水平，要求在开发过程中识别、分析和评价系统的危害，把这些危害消除或控制在可接受的范围内，以使系统能够正常运行并保证安全。系统安全分析的工作就是在整个系统寿命周期内，发现、识别、消除或控制危害，这是安全苛求系统开发过程中的一个重要程序和核心组成部分。系统安全分析通过对系统的全面分析，找出系统存在的危险性，估计事故发生的概率及其对人员产生伤害和造成设备损失的严重程度，从而为采取防范措施、预防事故发生提供依据。

设计阶段描述如何实现系统的功能和非功能需求，包括对硬件、软件的功能划分。好的体系结构是设计成功与否的关键，基于体系结构对系统的软件、硬件进行详细设计和编码，最后进行验证和确认（Verification and Validation，V&V）。把系统的软件、硬件和执行装置集成在一起进行调试，发现并改进单元设计过程中的错误。在过去的 20～30 年间，系统开发经历着从简单、小规模向复杂、大规模演化，验证和确认方面的工作在开发过程中所占的比重逐渐增大。在整个的系统开发周期中将 V&V 当作独立的过程来对待，覆盖了整个系统生命周期，由系统开发中的独立组织来实施。在列控系统的开发中，V&V 与安全评估的关系越来越密切，是支持安全认证的一个主要因素。

国际上在安全苛求系统的设计开发中引入形式化技术是一个趋势，这类技术可以用在开发过程中的各个阶段。根据用户实际需求生成形式化的系统需求规范，然后对需求规范进行验证，判断其是否满足用户的意图、是否存在不一致和不完整等错误、是否具有所期望特性。之后，以规范为基础，对其进行逐步精化,每一步精化都降低一些抽象程度或增加了一些设计细节,最终得到可执行程序代码。在精化的过程中,需要保证各步精化所得结果之间的一致性。理论上,只要有一个正确的满足用户需要的形式化规范,经过一系列的程序变换后,应该能生成正确的、可以接受的代码。严格的形式化方法可以最大限度地保证开发过程的质量,尤其适用于安全苛求系统的开发,同时,可以改善开发效率、有效控制开发进度。在列控领域,巴黎地铁 14 号线是将 B 方法(B 方法是一种软件开发方法)用于工业领域实际开发的一个成功案例。但从目前的现实来看,完全的形式化开发在实用方面还存在困难,尤其是开发人员的培训方面。

传统的开发方法对解决列车在高速度、高密度下安全可靠高效运行,避免安全事故的发生等一系列重大问题上存在很大的局限性和被动性。例如:众多的人工环节可能产生不可预料的设计缺陷。另外,由于缺乏可执行规范,在开发过程前期无法进行连续、增量式的验证和确认。而系统级的测试一直要到在软件或硬件中实现完成后才能执行,后期的测试不能及时发现和消除所有潜在的缺陷,导致系统的质量和安全性不能得到保障,同时延误了开发周期、增加了开发成本。信息技术正在经历着新的变革,如"云计算"、"无线传感网"、"物联网"、"信息物理系统"等技术的出现与发展。新技术的出现一方面提高了列控系统的整体安全性和使用效率,另一方面也必然促使列控系统的开发方法及系统安全设计策略发生巨大的改变。

二、基于模型的开发

如何切实有效地提高列控系统设计研发质量,缩短开发周期,降低设计成本,保证列控系统持续安全地运行,是摆在相关工程和科研人员面前的一个突出问题。面对这样的挑战,学术界和工业界都提出了很多新的方法,其中最突出的一个是基于模型的开发。当模型成为系统开发过程不可或缺的一部分,这种模型的使用特征被称之为基于模型的(Model - Based)。

基于模型的开发过程利用模型来实现对复杂系统的掌控,通过模型和算法提高开发过程的自动化程度,降低人为引入的缺陷和错误。通过使用模型进行更准确的需求分析以及早期的验证,这使开发人员能够在开发过程中更早、更多地发现缺陷。从通过建模分析来验证需求到设计实现和测试,模型是开发过程的真正核心。模型在整个开发过程中不断被细化,与自然语言形式的规范相比,模型能使开发人员更深入了解真实设计意图的动态表现。基于模型的开发支持不同抽象层次的设计、仿真、自动代码生成,以及在开发的各个阶段进行连续测试、仿真和验证。在开始编码之前的很长时间就对模型进行验证和测试,可以确保需求的完整性和正确性。自动代码生成避免了手工拼写错误和对设计的误解,同时基于模型的测试案例自动生成可以让开发人员获得基于需求并可重用的测试用例。

IEC 61508 和 EN 50128 等国际安全标准提出了安全苛求系统需要满足特定安全完整度等级(Safety Integrity Level,SIL)的概念,系统所能达到的安全完整度等级,不仅体现了系统硬件环境的可靠性指标,也能反映出开发过程中所使用的分析、构造与验证技术,更体现了系统规避与容忍风险的能力。为了保证最终产品达到 SIL4 级(最高等级)标准,基于模型的安全分析、需求确认、设计实现、测试验证方法在上述行业标准是强烈推荐采用的。一些著名的 IT 公司,如 IBM、Microsoft、Mathworks、ESTEREL 等都在积极推动基于模型开发方法的研究和产品的实现。国外高校和研究机构,如卡耐基梅隆大学,奥登堡大学等均致力于基于模型开发的关键环节的前沿理论和技术研究。基于模型的开发已成为国内外研究的热点和未来安全相关系统开发的主流方向。

(一)模型的本质与特征

模型是对客观事物、过程或概念的一种抽象表示和体现。模型过滤了许多非本质的细节,从而突出了复杂问题的本质,这样就使问题更容易理解。建模和抽象是人类解决复杂问题的一种常用手段。在学术界和工程技术领域,模型的概念被广泛地使用,为了研究一个过程或事物,可以通过在某些特征(行为或结构等)方面与它相似的"模型"来描述或表示。模型可以是所研究对象的实物模型,如建筑模型、教学模型等;也可以是对象的数学模型,如公式或图形等。它能反映出有关因素之间的关系。

对于计算机系统而言,模型就是以某种确定的形式(如文字、符号、图表、实物、数学公式等),对系统某一方面本质属性的描述。建模的过程就是对研究的实体进行必要的抽象,并用适当的形式或规则把所关心的主要特征描述出来。同时,建模也是一个层次化的过程,在建模过程中的每一个抽象层次可以采用不同的视点和表达。模型的表达形式是多样的,每种表达方式与建模的目的紧密关联。在某个领域,模型可能是一个代数方程组,而在另一个领域,模型很可能是一个仿真程序,即便是对于相同的建模对象,模型也可以以不同的形态存在。例如:模型可以是白纸上画出的图案或建模工具中的图形,用来充当交流的媒介;也可以是规范的 XML 文档,用于存储和计算机辅助分析。

基于模型的开发是一种以模型作为主要工件的高级别抽象的开发方法。

模型用于表示系统的功能、结构和行为等不同方面。在需求、分析、设计、实现、测试和运行维护等不同阶段都会存在多种模型。在基于模型的设计和验证中,经常使用图形化的模型,如 UML 和各种自动机模型。但模型并非只能是图形化的,也可以使用文本或其他方式来表示,如一阶逻辑模型、CSP 模型,这些模型在开发过程中服务于不同的应用目的。模型忽略系统逻辑行为的复杂底层实现,而直接展现问题域。建立模型便于捕获领域知识和进行知识管理,可以加强领域专家对系统开发过程的直接影响。

模型有助于理解问题,便于沟通以获得对系统的某些方面具有更加准确、清晰的认识。模型还能借助计算机进行辅助分析和设计,能够使设计更清晰,系统更具可维护性。基于模型的开发将复杂的业务逻辑和最佳实践经验封装在模型中,并将这些模型应用到开发,代码生成,测试和维护当中,通过建模将开发工作抽象到更高的层次。不同的模型在列控系统开发过程中的各个关键环节发挥其各自不同的作用。模型要能真实的反映客观事物需要一个论证的过程,这就要求模型的建立过程是严谨的,并且结果是可追溯和验证的。

(二)开发效率的提升

在传统开发流程中,需求、设计、实现和测试任务在不同的工具环境下依次执行,其中涉及多个人工步骤。不同类型的设计和分析工作使用不同的专门工具实现,然后人工将设计转换成代码,而系统级测试要到软件和硬件实现完成后才能执行,这是个耗时且容易引入缺陷的过程。缺少公用工具环境、多个人工步骤以及后期才能发现缺陷等因素都会延长开发时间、增加开发成本。

基于模型的开发方法一般利用形式化的系统描述语言和建模技术更加科学、严谨地发现系统潜在危险,并推演、分析危险事件的可能致因因素。在此基础上借助计算机的高效处理能力,代替繁复、单调的人工计算处理过程,从而提高分析设计工作的效率、准确性和完备性,使之能够更好的配合列控系统的开发规模和开发进度。

以安全分析过程为例,传统的安全分析方法大都是从工程实践中总结提炼出来的程序化方法。这些方法原理简单、容易掌握,且有成熟工具予以辅助。但是,推演或归纳的过程仍需要人工完成,要求使用者具有丰富的专业知识和经验,以及较强的逻辑推理能力,否则无法满足大规模复杂系统的需要。随着系统复杂程度的提高,出自分立元件设备分析经验的传统安全分析方法逐渐显现出他们的不足。传统安全分析方法,如 FTA、FMEA 等通常使用自然语言描述系统行为和失效,而且往往对于其语句的句型结构和语法结构不加任何约束,安全工程师完全根据自己的经验和当时的思维组织语句。这样的语句往往不能准确描述系统,甚至遗漏重要的约束、条件信息。而基于模型的安全分析方法定义了明确、清晰、严谨的语法和语义,消除了自然语言可能带来的歧义,而且能够保证语义的完整和语法的正确。方便不同开发成员之间的交互,以及模型的检查和更新。基于模型的安全分析过程可以实现高度的自动化,从而使安全工程师从大量繁杂的计算、整理工作中解脱出来,将工作重心放在系统特性的分析和理解上。另一方面,自动化的分析过程和标准化的输出也节省了安全分析的时间成本和人力成本,能够更好地配合系统的工程周期。

(三)系统质量和安全性的提升

在基于模型的系统开发过程中,开发中心从代码转变为高抽象级别的模型,通过基于模型的分析与验证、模型转成、基于模型的测试等手段来提高开发过程的自动化程度,保证系统的质量和安全性。基于模型的设计与验证方法由于采用了清晰定义的描述语言和计算机辅助分析工具,与传统开发方法相比,它的描述能力和分析方式都发生了巨大变革。

需求与代码分离的发展趋势,使得需求的有效沟通、需求规范化、需求的验证与确认等问题变得更加突出,制约着开发过程。在需求层面应用模型要能够清楚地描述系统需求,并且能够将需求模型转化为计算机能够理解的模型。系统需求的确认和验证是安全苛求系统主要关注的问题,铁路行业欧标EN 50128 和 EN 50129 明确要求在设计和集成的每一阶段需对系统进行验证和确认工作,它贯穿在整个开发过程。在以代码为中心的传统开发方式中,只有在开发阶段的中后期(编码实现后)才能对系统进行精确的验证与确认。在此之前,验证与确认只能在文档的基础上依赖专业人员的经验来开展,不仅耗时而且过程质量得不到保证。基于模型的设计为早期的验证和确认提供了更多的选择,如仿真、形式化验证和硬件在环测试等。

在系统需求阶段进行精确的建模和分析,通常可显著减少系统需求中潜在的不一致和多义性,提升需求规范的整体质量。如果要用描述性的文字把需求当中隐含的意思全部表达出来,并且一点歧义没有,文字的可阅读性将大大降低。不同利益干系人通常对系统工作的业务范围具有不同的理解,基于集合论、逻辑符号以及图形化标记等描述手段使得工程人员能够创建清晰的关于需求的模型,从而有助于消除这些理解差异。需求模型一方面是描述系统、辅助沟通的工具,另一方面为进一步基于计算机的自动化分析和验证提供了可能性。

基于模型的设计和传统流程具有相同的需求开始,但是,这些需求并不作为文本规范的基础,而是用于以模型的形式开发可执行规范。开发人员使用这些模型来明确需求与规范,然后对这些模型进行细化,以开发需求更具体的设计。使用基于模型的设计工具,工程师可以在系统级对设计进行仿真,在实现之前发现缺陷,完成设计之后,工程师借助这些模型自动生成产品级代码和测试案例。此工作流程使开发人员从需求到测试阶段都能够处于同一环境中,从而减少了人工工作量。此外,当开发人员在模型中仿真可执行规范来验证其是否满足需求时,在需求阶段即可开始测试,这样便可及早发现和消除缺陷,降低开发总成本。

测试是列控系统开发全生命周期中的关键环节,是保证系统功能的实现与规范一致性的重要途径和手段。传统的列控系统功能测试主要由手工完成,测试的效率低、耗时长,并且测试工作量会随着系统规范的改变而增大。基于模型的测试能够提供自动化、可重复性、可选择性的测试案例,从而避免手工测试的主观性,提高测试的效率。基于模型进行测试的一个主要方面是包括预测信息(Test Oracle)的可执行测试案例生成。预测信息以被测系统行为的模型为基础,其生成过程包括输入数据的生成、测试序列的生成以及预测信息(可以检查被测系统的输出)的生成。其优点是对于一个给定的合适的模型,可以自动完成测试过程,并可以生成完整的测试序列,以便转化为可执行的测试脚本,提高测试的执行效率和覆盖度。

相比黑盒测试,基于模型的测试不用根据需求文档人工编写测试案例,取而代之为建立包含系统需求规范的行为模型。利用被测系统的模型,通过基于模型的测试工具自动生成测试案例套。测试案例套是一系列抽象测试案例的集合,每一个测试案例又是特定输入和预期输出关系的操作序列。利用测试工具可以将这些抽象的测试案例自动转换为可执行的测试脚本,并通过运行这些测试脚本以检测被测系统是否存在失效。基于模型的测试是黑盒测试设计的自动化,其利用多种生成算法和策略生成被测系统行为模型的测试案例,能够高效的自动完成列控系统功能正确性测试。

(四)重用性和可维护性的提升

以代码和文档为中心的开发方法的一大弊端就是灵活性和可重用性差。代码和文档作为开发过程的中心,系统规范、分析、设计等都是为代码生成服务。一旦需求发生变动往往需要对系统重新进行分析,原系统的分析结果和过程都无法重新使用,因此,这种方法往往存在疲于应付需求的不断变更,文档迅速地失效和维护困难等突出问题。基于模型的开发方法通常都采用分层、模块化建模,同时大量采用标准化的模型库,如故障模式库、系统运行场景库等。对于开发过程中的各类人员都可以通过模型了解系统的设计过程,同时模型也很好地描述了系统的实现过程,系统的维护过程从模型开始,这样大大提高系统的可维护性。

另外,系统的某些行为可能只有在运行的时候才能观测到,或者只有在运行的时候才能方便的验证。复杂的外界环境因素也是造成系统运行时刻失效的一个重要原因,如硬件损坏、恶劣天气以及操作人员的人为失误等因素造成的故障,这种类型的故障情况很难在系统开发阶段借助测试和形式化验证来完全杜绝。如果系统的行为依赖于环境对其的影响,需要对环境的精确描述做大量的假设,很可能这些假设并不合理或者根本无法获得,因此,仅仅使用传统的验证技术已经不足以保证列控系统持续、安全地提供高质量的服务,需要在系统运行阶段提供额外的主动安全保障措施来弥补。以形式化方法和模型为基础的运行时监控与保障技术的出现,为提高安全苛求系统的安全性和运行维护的便利性开辟了一条新的途径。

三、国内外研究现状

在以轨道交通、航空航天为代表的安全苛求系统应用领域,基于模型的开发逐渐成为一种趋势。这方面的研究主要致力于将安全分析融入开发过程,运用形式化方法领域的研究成果提高设计和验证的自动化程度以实现构建正确(Correct-by Construction)的理想目标,在保证系统安全性的前提下缩短开发周期、降低开发成本。国内外已经有了很多相关的研究工作。

德意志科学联合会(DFG)项目 AVACS(Automatic Verification and Analysis of Complex Systems)[1]研究前沿方法来保证复杂系统的自动设计、分析和验证技术,主要以轨道交通列控系统为应用对象。在该项目中,Olderog 等结合时段演算(Duration Calculus,DC)、CSP 和 OZ 理论提出了一套对轨道交通列控进行建模和验证的方法,相关结果已经在剑桥大学出版专著[2]。Platzer 等利用微分动态逻辑和微分不变量技术对 ETCS 需求规范进行建模和验证[3],发现了需求规范的非形式描述中隐藏的错误。

欧洲太空总署项目 COMPASS(Correctness, Modeling and Performability of Aerospace Systems)[4]重点研究航空领域安全苛求系统的建模、正确性验证以及性能评价。建模与分析工作基于统一的模型,使用 SLIM(System - Level Integrated Modeling)语言进行描述,SLIM 是在 AADL 的基础上扩展形成的一种建模语言,能够描述系统中软硬件的架构、功能、故障行为以及故障修复。SLIM 语言采用面向组件的分层建模的思想,可以描述系统的正常功能和以一定概率发生的故障行为,特别的是,SLIM 具备描述系统连续行为的能力,支持混成建模。此外,在SLIM模型中还支持观察变量的创建,用观察变量可以对系统故障事件的发生情况进行观测,即实现系统的诊断性分析以及FDIR(故障检测、故障隔离和故障恢复)。在COMPASS项目中,需求分析工具RAT-SY[5]、安全分析工具FSAP[6]、验证工具NuSMV[7]和MathSAT[8]组成了一个有机的整体COMPASS Toolset,共同支撑基于模型的安全苛求系统开发过程。

德国铁路(DB)主导的研究项目OpenETCS[9],旨在为ETCS车载单元和相关组件开发过程的各个环节制定开放标准,构建开源的建模、设计、验证和测试框架,以面对ETCS系统互联互通、开发成本升高、高安全可靠性以及运行需求日益复杂等带来的挑战。OpenETCS将为ETCS系统的开发提供一个全面的工具链[10],支持系统需求的形式化建模与验证,ETCS兼容代码的自动生成,以及基于模型的测试生成和执行。由欧洲多家轨道交通企业和研究所联合资助的项目SafeRail[11]针对轨道交通列控系统的安全开发,提出了整合传统安全分析技术、时序逻辑及验证的集成方法体系。SafeRail通过对ETCS案例的应用研究,对系统开发过程以及相关技术进行评估,基于形式化模型和模型检验技术的安全分析方法,实现了故障树的自动化生成以及故障的自动注入,并且利用这种方式使得安全分析人员与和系统设计人员具有更多的沟通。同时,利用Statemate、NuSMV和AltaRica模型开发了高效的安全分析的集成化工具[12],并利用工具进行安全需求分配、可测试性分析和任务可靠性分析等工作。

Muller等对系统生命周期所参考的CENELEC标准进行了建模研究[13]。研究中利用事件驱动流程链(EPCs)对欧洲铁路实行的EN 50128和EN 50129标准中安全案例流程规范进行建模来实现对规范中并行、同步以及顺序进程的精确表述。这样的模型可以通过支持工具来检验不同标准之间的一致性,同时也可以作为系统模型开发的约束条件辅助模型的逐步精华验证。而在系统安全性论证方法学上,Tim Kelly等提出了目标结构标记法(GSN)的模型化表述方式[14],将传统以文本为核心的论证策略通过统一化的元素标记为明确表达的方法,这样不仅省去了文本表述可能的复杂性,也为未来系统可信性论证过程提供可扩展的元模型框架。

国内外列控系统功能一致性测试主要集中在测试案例生成方法的研究上。传统的列控系统测试案例生成主要由手工完成,测试的效率低、耗时长,并且测试工作量会随着系统规范的改变而增大[15]。早期的成果主要集中在如何减少列控系统庞大的测试案例数量和工作量,提高测试效率的研究上。Nicola等提出了基于灰盒的测试方法,通过把列控系统分割成独立单元,减小了测试案例数量,降低了测试的工作量,但测试案例的生成是基于树型结构分析的人工方法,测试效率仍然很低[16]。张勇等针对基于中国邮路算法生成的测试用例过长的问题,提出一种有效的截短方法,但该算法基于 ERTMS 的测试框架,必须人工编制针对系统功能特征的测试案例,测试案例生成的工作量非常大[17]。形成一个完备的测试案例集是非常困难的,许多学者探索基于测试目的的测试案例自动生成方法。Tommaso 等专门针对 ETCS 地面关键设备 RBC 设计了异常条件下的测试案例[18]。吴芳美等针对联锁系统设计了故障相关的测试案例,实现了以最低的测试花销达到最佳测试效果的目的[19]。徐中伟等利用故障树分析生成联锁安全软件的黑盒测试案例,安全软件可通过安全性约束条件阻止最小割集出现,使其满足安全性需求[20]。

基于模型的测试(Model-Based Testing, MBT)近年来逐渐得到重视,因其能够提供自动化、可重复性、可选择性的测试案例,从而避免手工测试的主观性,提高测试案例的生成效率。Gordon Fraser 等探索了模型检测技术在测试中的应用,被测属性由时序逻辑描述,利用模型检测技术中的反例来构造测试案例[21]。Angeletti 等利用有界模型检验的方法,生成欧洲列车运行控制系统 ERTMS 安全软件单元测试的程序代码 100% 覆盖的测试用例[22]。吴道华利用着色 Petri 网的可达图、可达树及其覆盖树的构造方法,设计了基于着色 Petri 网的测试用例生成方法,并成功地应用于 CTCS-3 级列控系统车载设备的测试案例生成上[23]。赵显琼等针对 CTCS-3 级列控系统测试中普遍存在的需要多个端口协同测试的问题,提出带端口标记的时间输入输出自动机,给出了 CTCS-3 级车载设备功能相应的测试案例自动生成算法[24]。上述研究虽然取得了良好的成果,但需要指出的是,由于列控系统的结构功能复杂、行为庞大,并具有实时性、混杂性等特点,针对列控系统的时序相关功能和安全相关功能测试案例自动生成鲜有研究。

参考文献

[1] http://www. avacs. org.

[2] Olderog E, Dierks H. Real-Time Systems: Formal Specification and Verification. Cambridge University Press, 2008.

[3] Platzer A. Differential Dynamic Logic for Hybrid Systems. Journal of Automated Reasoning, 2008, 41(2):143-189.

[4] Bozzano M, Cimatti A, Katoen J, et al. The COMPASS Approach: Correctness, Modelling and Performability of Aerospace Systems. In Proceedings of 28th International Conference on Computer Safety, Reliability and Security. 2009, 173-186.

[5] Bloem R, Cimatti A, Greimel K, et al. RATSY: A new Requirements Analysis Tool with Synthesis, In Proceedings of Internationial Conference on Computer Aided Verification. 2010, 425- 429.

[6] Bozzano M, Villafiorita A. Improving System Reliability via Model Checking: The FSAP/NuSMV-SA Safety Analysis Platform. In Proceedings of SAFECOMP, 2003, 49- 62.

[7] Cimatti A, Clarke E, Giunchiglia E, et al. NuSMV 2: An OpenSource Tool for Symbolic Model Checking. In Proceedings of Internationial Conference on Computer Aided Verification, 2002, 359-364.

[8] Bruttomesso R, Cimatti A, Franzen A, et al. The MathSAT 4SMT Solver. In Proceedings of Internationial Conference on Computer Aided Verification, 2008, 299-303.

[9] Hase K. Open Proof for Railway Safety Software-A Potential Way-Out of Vendor Lock-in Advancing to Standardization, Transparency, and Software Security. In Proceedings of FORMS/FORMAT, 2011, 5-38.

[10] http://topcased. org/

[11] http://www. saferail. net

[12] Friedemann B. A Way for Applicable Formal Specification of Safety Requirements by Tool Support. In Proceedings of Symposium on Formal Methods for Railway Operation and Control Systems, 2003, 56- 67.

[13] Müller J R, Drewes J, May J, et al. The Formal Representation of the Safety Case Processes described in the EN 5012x norms. http://www. intlrailsafety. com/Bastad/20090930/06-Joerg-Mueller/Paper. pdf.

[14] Kelly T P. Arguing Safety-A Systematic Approach to Safety Case Management. DPhil Thesis, Department of Computer Science Green Report YCST, 1999.

[15] Beizer B. Black-Box Testing Techniques for Functional Testing of SoftWare and Systems, Wiley, 1995.

[16] DeNicola G, Tommaso P, Espoisito R, et al. A Hybrid Testing Methodology for Railway Control Systems. Lecture Notes in Computer Science, 2004, 3219: 116-135.

[17] 张勇, 王超琦. CTCS-3 级列控系统车载设备测试序列优化生成方法. 中国铁道科学, 2011, 32(3): 100-106.

[18] Tommaso P, Flammini F, Lazzaro A, et al. The Simulation of Anomalies in the Functional Testing of the ERTMS/ETCS Trackside System, In Proceedings of the Ninth IEEE International Symposium on High-Assurance Systems Engineering, 2005, 35-100.

[19] 吴芳美. 铁路安全软件测试评估. 北京:中国铁道出版社, 2001.

[20] 徐中伟, 吴芳美. 形式化故障树分析建模和软件安全性测试. 同济大学学报(自然科学版), 2001, 29(11): 1299-1302.

[21] Fraser G. Automated Software Testing with Model Checkers. Phd thesis. 2007.

[22] Angeletti D, Giunchiglia E, Narizzano M. Using bounded model checking for coverage analysis of safety-critical software in an industrial setting. Journal of Automated Reasoning, 2010, 45(4):

397- 414.

[23]吴道华．基于着色 Petri 网的测试用例生成及其在列控系统中的应用．北京:北京交通大学,2010.

[24]赵显琼,唐涛．多端口形式化测试自动生成方法在 CTCS-3 车载系统中的应用．铁道学报,2011,33(7):44-51.

第二章　列控系统需求的建模与验证

系统需求规范的正确性和完整性问题是困扰系统开发的主要困难之一。在列控系统的设计和开发中,有缺陷的需求有可能最终导致系统功能失效,甚至是严重的安全事故。在系统开发的早期,将自然语言表达的系统需求模型化一方面有利于开发人员交流和发掘复杂的领域逻辑和约束,另一方面可以在形式化验证理论和工具的支持下进行精确的分析和验证,这有助于基于模型开发过程中的系统需求整体质量的提升。

在列控系统中,离散计算过程和连续物理过程深度交互融合,这种典型特征在需求模型中需要反映出来,因此,需要引进新的建模理论和方法。在模型层面,本章主要介绍两种建模方法:基于 UML 扩展的方法和基于 HCSP 的建模方法。基于 UML 的方法其优点是模型直观易懂,能够帮助开发人员以一种可视化的方式理解系统需求并以此为基础进行交流,同时为模型开发的后续过程(如设计和测试阶段)奠定基础,但 UML 不具备完整的形式语义,同时缺乏分析验证工具支持。HCSP 具有严格的语法和语义,适合用于分析和验证,但模型本身抽象程度很高,难以被工业界所接受。在列控系统需求的建模与分析过程中,综合运用这两种建模和验证方式,既可以满足系统开发初期的建模和交流需要,又使得针对需求的进一步分析验证成为可能。

第一节　基于 UML 扩展的建模方法

形式化模型具有严格的语法和语义,可以准确地描述系统模型,但其所包含的复杂数学理论很大程度上限制了工程人员的学习和使用。在工程实践中,开发人员则更多地倾向于使用统一建模语言 UML 来进行建模和交流,但 UML 本身并不具备描述系统离散—连续混成行为的能力,因此有必要对 UML 进行适当的改造和扩展,以丰富 UML 的模型表达能力和应用范围,使得对列控系统功能和行为的描述更加准确。下面介绍针对列控系统混成特性的建模需求,利用 UML 底层语言扩展机制构建相应的建模方法和原型工具实现。

一、UML 扩展机制

UML 具有一个四层的体系结构[1]，每个层次是根据该层中元素的抽象程度来划分的，如图 2－1 所示。元元模型（Metametamodel）层（M3 层）构成了体系结构的基础，这一层的主要责任是定义描述元模型（Metamodel）的语言。一个元元模型定义了这样一个模型，它比元模型具有更高的抽象级别，而且比它定义的元模型更加简洁。一个元元模型能够定义多个元模型，而每个元模型也可以与多个元元模型相关联。在元元模型层上的元元对象的例子有：元类、元属性和元操作。

一个元模型是一个元元模型的实例。元模型层（M2 层）的主要责任是定义描述模型的语言。一般来说，元模型比定义它的元元模型更加精细，尤其是当它们定义动态语义时。在元模型层上的元对象的例子有：类、属性、操作和构件。

一个模型是一个元模型的实例。模型层（M1 层）的主要责任是定义描述信息论域的语言。一般用户使用 UML 建立的模型就处于该层。最具体的 M0 层是用户对象（User Object）层，该层描述模型在运行时刻的实例。

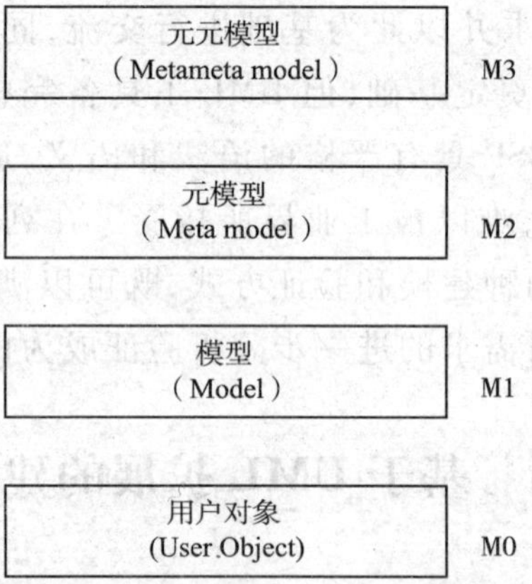

图 2－1　UML 的四层体系结构

UML 概要文件（UML Profile）作为 UML 扩展机制的重要组成部分，它的建立与 UML 和元对象设施（Meta－Object Facility，MOF）的关系密不可分。其中，UML 的语义描述了基于 UML 的精确元模型的定义，从四个抽象层次上对 UML 语言的概念、模型元素和结构等进行了全面的定义，并规定了相应的表示法和图形符号。而 MOF 也是一种 OMG 标准，MOF 架构也包含了类似于 UML 的四个元层次。MOF 为元模型规范定义了一个通用的、抽象的语言，可以说它是一种元元模型，本质上是面向对象的，定义了 MOF 元模型的基本元素、语法和结构，提供模型元数据互交互和互操作，是 UML 元模型的基础。

UML 概要文件的创建是根据具体领域的需求（Domain Requirements），在处于 M2 层次的 UML 元模型上层语法的基础上，遵循 M3 层次的 MOF 下层语法，定义针对特定领域的 UML 概要文件（Domain UML Profile）[2][3]，如图 2-2 所示。该概要文件并不是 UML 元模型，只是对 UML 元模型进行的一些扩充，它与原有的 UML 元模型一起组成了面向特定领域的元模型（Domain Metamodel）。因此，它和 UML 元模型同样处于 M2 层，可以在进一步实例化建模的过程中，在 M1、M0 层得到应用。

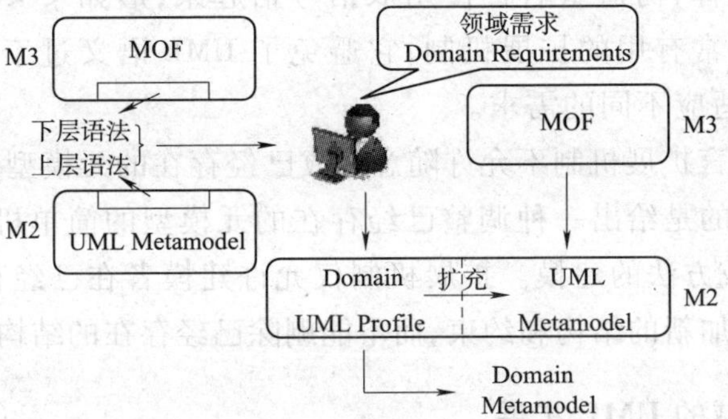

图 2-2　UML 扩展机制的扩展原理

为了保证通用性和灵活性，UML 提供了底层语言扩展机制，允许用户在不用改变基本建模语言的情况下做一些与领域相关的通用扩展。UML 概要文件主要由原型组成，一个原型定义了与其关联的 UML 类（即元对象类）、类的属性以及原型同其他元素如何进行关联的约束条件。在概要文件中对原型进行描述，主要采样三种扩展机制：标记值（Tagged Value）、约束（Constrains）和构造型（Stereotype）。

1. 标记值

标记值是对一个特性的显式定义，是一种用于指定模型元素性质的机制，可以与任何元素相关联。它由一个标记字符串和一个值字符串组成的键值对，标记表示建模者想要记录的名字，值是给定元素的值，如 { Age = "25" }。

2. 约束

约束是指作用于一个或多个元素之上的语义条件或限制。它是用大括弧内的字符串表达式来表示的，可以附加在依赖、注释等元素上以表示约束和关系,因此可以用来对模型元素进行语义上的限制。在定义一个约束时,应该给出该约束将应用于哪一种元素以及对相关元素的语义影响力。描述约束的语言可以是正式的数学符号、伪代码或自然语言。在 UML2.0 中,对象约束语言(Object Constraint Language,OCL)[4] 提供了一种标准方法来明确表达施加在模型上的约束。

3. 构造型

构造型用于 UML 元素的扩展,这种扩展是基于一个已存在的 UML 元素定义一种新的元素。一方面,新的 UML 元素只是已有元素的子类,通过泛化关系继承了其元对象类的形式和特征;另一方面,由于添加了额外的语义,新的 UML 元素实现了对其基类的扩展。构造型表示方法是在模型元素的旁边添加一个构造型的名称,构造型名称使用双括号括起来,形如 < <构造型名 > >。构造型是一种非常有用的扩展机制,它避免了 UML 语义过于复杂化,同时也使得 UML 能够适应不同的需求。

这种底层语言扩展机制不允许随意修改已经存在的元模型,引入构造型、标记值和约束的目的是给出一种调整已经存在的元模型的简单机制,使之适合特定的领域、平台或方法的建模。扩展机制仅允许建模者在已经存在的元模型构造型的基础上添加新的结构和约束,而不能删除已经存在的结构和约束。

二、面向领域的 UML 扩展

UML 2.0 自发布以来,不同领域的专家和学者根据各自的需求,对 UML2.0 进行了不同的扩展。OMG 提出用于系统测试的 U2TP(UML 2.0 Testing Profile)[5],U2TP 为用 UML 进行建模的系统提供用于系统结构和薪给方面测试的确切的定义。U2TP 是基于 UML 2.0 的测试建模语言,可以用于从单元测试到系统集成测试的各个级别的测试建模。在 U2TP 中,对系统相关特征和测试模型特征分别进行了建模和定义。在系统模型开发后再进行测试生成会导致极大数量的测试例,而在系统建模阶段集成测试信息,不但使系统开发者在系统建模初期获得对测试的整体观念,而且能够从初始阶段就限制测试例的数量。

MARTE(UML Profile for Modeling and Analysis of Real Time and Embedded Systems)是 UML 在嵌入式实时系统领域的建模规范[6],以定量的以时间为约束对系统的软件和硬件特性进行规约,支持对嵌入式实时系统的非功能属性建模,弥补了 UML 在嵌入式实时领域非功能属性表达能力的不足。MARTE 中的概念主要分为基础、建模和分析三个部分,其中基础模型包括实时和嵌入式系统中的一些基本概念,如时间、资源和一系列核心元素等,它是 MARTE 规范的核心。设计模型提供较高抽象层的建模元素,用于对并发和实时的活动主体和行为建模,如响应并发和实时调用的服务和动作等。分析模型封装了对系统性能质量以及调度的建模元素,主要针对非功能属性的具体建模,如时间、能耗等。MARTE 综合了以往工业界和学术界在嵌入式领域的最新研究成果,并且它是一个开放的、可扩展的系统建模规范,因此受到了广泛的关注。

对于列控系统而言,离散的计算过程和连续的物理过程在开放环境下持续交互并深度融合,因此,在模型层面上需要对影响列车安全可靠运行的这些连续和离散过程进行一体化的建模和分析。针对列控领域的混成特性建模需求进行概要文件的设计,扩展后的 UML 类似于一种特定领域语言。

可以依据 MOF 定义一套面向列控系统混成特性的 UML 元模型(UML-Rail Metamodel),如图 2－3 所示。这套元模型简化了各个元素之间的复杂关系,便于独立地分析各个元素。具体而言,根据基于 MOF 的面向列控系统混成特性的 UML 元模型中所要描述的元素的性质,可以通过扩展 UML2.0 元件库中的元对象类,来定义与所要描述的元素对应的原型。这样结合了 UML2.0 功能和基于 MOF 的元模型性质所创建的 UML 概要文件(UML-Rail Profile),就能将 UML2.0 与列控系统的混成特性建模需求联系起来,用于在 UML 模型层面(UML-Rail Model Class Level)刻画系统规范的混成特性。该模型既能够在支持 UML2.0 工具 IBM RSA(Rational Software Architect)上运行,又能完整准确地刻画列控系统的混成属性。

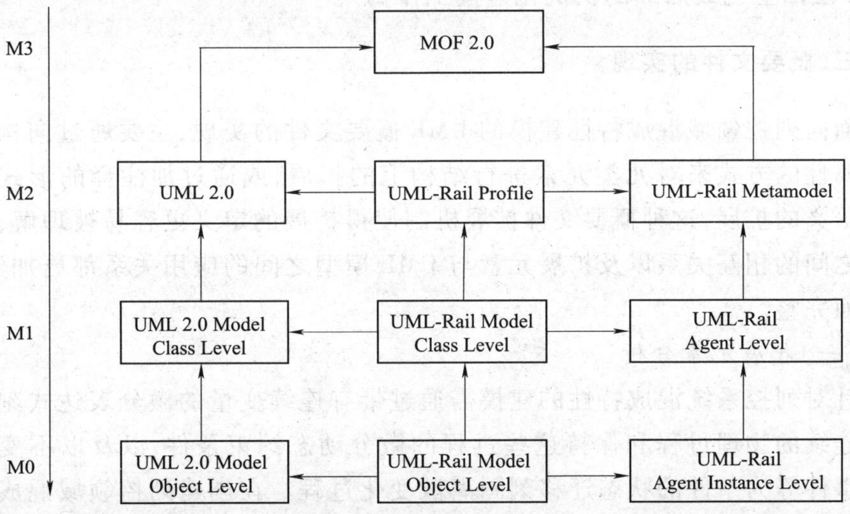

图 2－3　面向列控系统混成特性的 UML 概要文件设计架构图

因此，面向列控领域混成特性建模的 UML 概要文件设计方法分为两个步骤：首先，依据 MOF 定义一套面向列控系统混成特性的 UML 元模型；在此基础上，扩展 UML2.0 元件库中的元对象类，创建面向列控系统混成特性建模的 UML 概要文件。其中，为了使面向列控系统混成特性的 UML 元模型在语义和语法上保持一致，基于 MOF 的元模型包括以下三部分内容：

(1)抽象语法：基于 MOF 定义面向列控系统混成特性的 UML 元模型中的所有模型元素，以及它们之间的联系。

(2)具体语法：与抽象语法对应的图示说明。

(3)语义：与抽象语法对应的语义说明。

在概要文件的实例化建模过程中也具有 UML 的层次结构，如图 2－3 所示。处于 M3 层次的 MOF 是所有建模方法的基础，UML 元模型、面向列控系统混成特性建模的元模型都是 MOF 的实例化。M2 层定义了规范的描述语言，面向列控系统混成特性建模的 UML 概要文件也处于这一层次，但是它并不是一种语言，而是 UML 的一种扩展机制，它与面向列控系统混成特性建模的元模型相联系，把抽象语义以图示的形式表示成具体语义。

根据 UML 的模型层次关系，对于面向列控系统混成特性建模的元模型来说，M1 层次的元素是元模型中元素的实例，而对于面向列控系统混成特性建模的 UML 概要文件来说，M1 层次的元素则是概要文件中元素的实例。再往下一层则是 M1 层实例化后的 M0 层。下面重点介绍 M2 层之上的面向混成特性建模的 UML 概要文件的实现过程，用户可在此基础上根据自身需求在 M1 和 M0 层面上完成后续的实例化建模工作。

三、概要文件的实现

面向列控领域混成特性建模的 UML 概要文件的实现，主要通过向构造型加入属性的方式来对元类元素进行结构上的扩展，或通过加注释的形式进行静态语义的扩展，这种概要文件扩展机制使得扩展的定义更容易被理解，扩展元素之间的相互关系以及扩展元素与 UML 模型之间的应用关系都更加清晰、准确而完整。

(一)扩展元素分析

针对列控系统混成特性的建模需通过带有连续变量的微分表达式刻画系统中连续的物理过程和保持这些过程的微分动态约束条件，以及以不变集或信号事件等为条件的状态迁移刻画离散变化过程。在创建列控领域混成特性的概要文件时，为了体现元模型和扩展元素之间的扩展关系、扩展包之间的引入关系以及扩展包与模型包之间的应用关系，可将概要文件中的扩展元素大致分为六个包（见图 2－4）：基础包（Basics Package），数据类型包（Types Package），数据包（Data Package），表达式包（Expressions Package），通信包（Communications Package），扩展类和扩展状态机包（Modes and Agents Package）。从描述、联系、属性、规则等方面，具体的对每个包中的扩展元素进行精确定义。

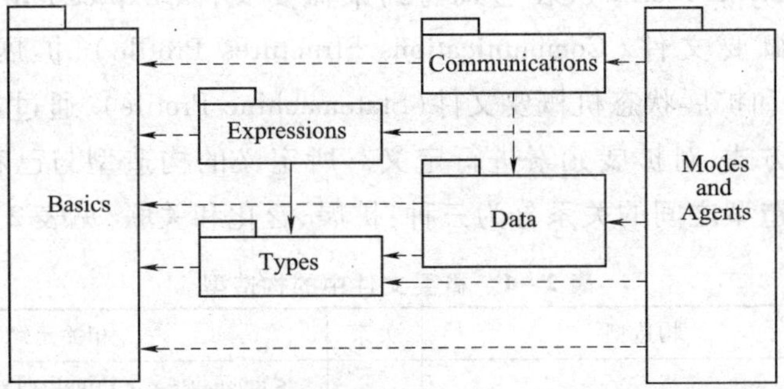

图 2－4　扩展元素模型包的关系结构

基础包被其余的五个包所引用，包含了概要文件中大多以抽象类形式存在的基本建模概念，并以衍化具体类的形式应用于具体建模的过程之中。

数据类型包定义了基本数据类型，特别为刻画列控系统的连续参数变量（如速度、时钟等），基于原始数据类型（Primitive Type）扩展定义了实数（Real）、类实数（Analog Real）两个特殊的数据类型。

数据包和通信包以变量（Variable）或信号（Signal）的方式扩展定义了数据及数据类型在模型中的使用方式。变量分为只读和读写两种，信号可以被发送也可以被接收，这样使得描述列控系统离散和连续的变量和事件都成为可能。

为了刻画列控系统离散和连续的物理过程，表达式包扩展定义了约束（Constraint）和表达式（Expression）的抽象和具体形式。约束的类型分为三种：流条件（flow）、不变集（inv）和代数约束（alge），分别由微分表达式（Differential Expression），布尔表达式（Boolean Expression）和代数表达式（Algebraic Expression）构成。

扩展类和扩展状态机包作为混成系统建模的核心部分，定义了与扩展类（Agent）和扩展状态机（Mode）相关的所有元素。扩展类建立了系统的整个框架结构，扩展状态机描述了系统的行为。

将扩展的概要文件应用于建模过程中，信号触发或变量改变将调用到不同的数据及数据类型。扩展状态机可通过带有实数变量的流条件,代数表达式以及不变集刻画列控系统的混成特性。运用 UML 扩展所建立出的模型易于修改和管理,逻辑性和层次性都较扩展前强。

(二)构造型之间的关系

针对前述六个包中需要扩展的元素,可创建五个 UML 概要文件:数据类型概要文件(Datetype Profile)、表达式与约束概要文件(Expression and Constraint Profile)、通信概要文件(Communications Structures Profile)、扩展类概要文件(Class Profile)和扩展状态机概要文件(Statemachine Profile),通过在概要文件中添加构造型的方式,对扩展元素进行定义。所定义的构造型与已存在的元类元素以及其他构造型之间的关系分为三种:扩展、泛化和关联,见表 2-1。

表 2-1 概要文件中的构造型

概要文件名	构造型	关系	相关元素
数据类型概要文件	实数(Real)	扩展	<<metaclass>>PrimitiveType(元类元素:基本类型)
	类实数(Analog Real)	泛化	<<Real>>(构造型:实数)
	时钟(Clock)	泛化	<<AnalogReal>>(构造型:类实数)
表达式与约束概要文件	扩展表达式(RT Expression)	扩展	<<metaclass>>OpaqueExpression(元类元素:不透明表达式)
	代数表达式(Algebraic Expression)	泛化	<<RTExpression>>(构造型:扩展表达式)
	微分表达式(Differential Expression)	泛化	<<RTExpression>>(构造型:扩展表达式)
	不变集表达式(Invariant Expression)	泛化	<<RTExpression>>(构造型:扩展表达式)
	扩展约束(RT Constraint)	扩展	<<metaclass>>Constraint(元类元素:约束)
	代数约束(Alge Constraint)	泛化	<<RTConstraint>>(构造型:扩展约束)
	流条件约束(Flow Constraint)	泛化	<<RTConstraint>>(构造型:扩展约束)
	不变集约束(Inv Constraint)	泛化	<<RTConstraint>>(构造型:扩展约束)
通信概要文件	扩展信号(RT Signal)	扩展	<<metaclass>>Signal(元类元素:信号)
	信号事件(Signal Event)	扩展	<<metaclass>>SignalEvent(元类元素:信号事件)
扩展类概要文件	扩展类(Agent)	扩展	<<metaclass>>Class(元类元素:类)
		关联	<<metaclass>>Property(元类元素:性质)
		关联	<<metaclass>>Constraint(元类元素:约束)
		关联	<<metaclass>>StateMachine(元类元素:状态机)

续上表

概要文件名	构造型	关系	相关元素
扩展状态机概要文件	扩展状态机(Mode)	扩展	< <metaclass > >StateMachine(元类元素:状态机)
	扩展伪状态(Mode Pseudostate)	扩展	< <metaclass > >Pseudostate(元类元素:伪状态)
	扩展活动区域(Mode Region)	扩展	< <metaclass > >Region(元类元素:活动区域)
	扩展迁移行为(Mode Activity)(Mode Transition Activity)	扩展	< <metaclass > >Activity(元类:活动行为)
	扩展发送行为(Mode Send Activity)	泛化	< <ModeTransitionActivity > >(构造型:扩展迁移行为)
	扩展更新行为(Mode Update Activity)	泛化	< <ModeTransitionActivity > >(构造型:扩展迁移行为)
	扩展状态(Mode State)	扩展	< <metaclass > >State(元类元素:状态)
	扩展迁移(Mode Transition)	扩展	< <metaclass > >Transition(元类元素:迁移)

表2-1中数据类型概要文件中创建的实数(Real)构造型,是对元类元素——基本类型(Primitive Type)的扩展;表达式与约束概要文件中创建的不变集表达式(Invariant Expression)构造型,是构造型——< <RTExpression > >(扩展表达式)的一种泛化形式;而扩展类概要文件中创建的扩展类(Agent)与元类性质之间有着关联关系,需要用不同的性质去刻画不同的扩展类。

(三)构造型的定义

在概要文件的创建过程中,需要具体从描述、联系、属性和规则这四个方面对概要文件中的构造型进行精确定义,最后在工具IBM RSA中实现构造型的创建。下面将以图形的方式,从元素的关系结构、在RSA中的Profile关系图和在RSA中建模实例图三个方面,重点介绍数据类型概要文件以及表达式与约束概要文件。

1. 数据类型概要文件

数据类型概要文件中,在原有的元型元素的基础上扩展定义用于表达连续变量和时间的类实数、实数和时钟。概要文件中元素的关系如图2-5所示。

类实数与时钟是一种特殊的实数(实数的泛化形式),通过流条件、代数表达式、不变集等方式在扩展状态机中可被用于刻画时间连续变量。图2-6为类实数和时钟在RSA中Profile中的关系图。

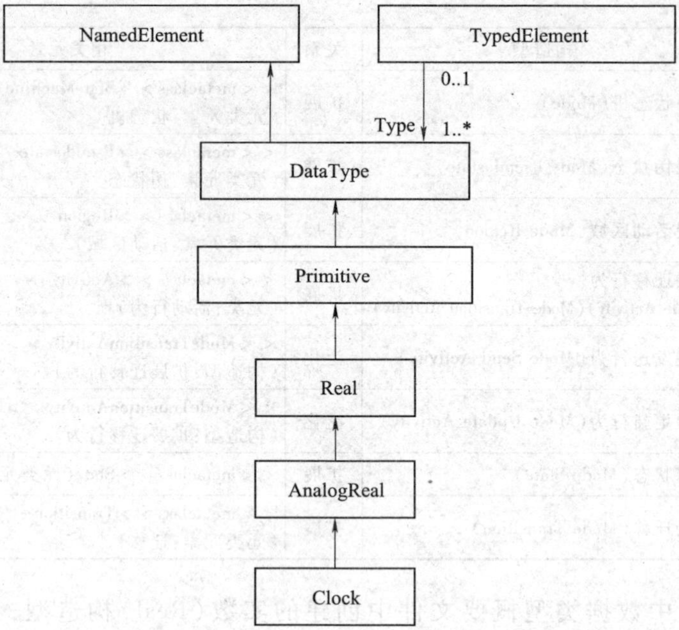

图 2－5　数据类型概要文件的关系结构

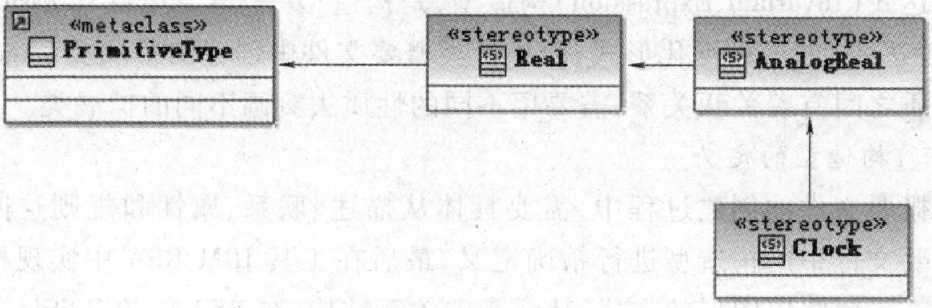

图 2－6　类实数和时钟的 Profile 关系图

在 RSA 中建模实例图中，类实数、时钟可以刻画变量的属性，如图 2－7 所示。

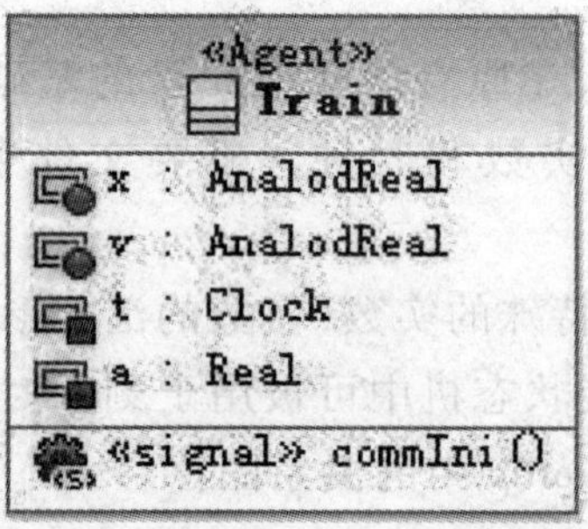

图 2－7　类实数和时钟的建模实例图

2. 表达式与约束概要文件

表达式与约束概要文件定义了建模所需要的表达式和约束,用于描述代数、流条件和不变集等信息,概要文件中元素的关系如图 2-8 所示。

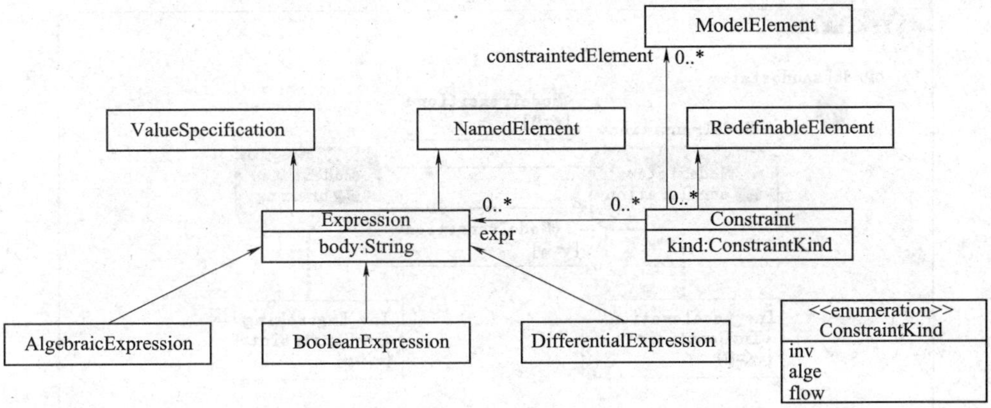

图 2-8 表达式与约束概要文件的关系结构

其中,通过枚举型定义约束类型,共有三种类型,分别表示不变集(inv)、代数(alge)、和流条件(flow)约束,此外,一条约束可以带一个或多个表达式。表达式可继续泛化为三个子表达式:代数表达式、布尔表达式和微分表达式,带有代数表达式的约束为代数约束,带有布尔表达式的约束为不变集约束,带有微分表达式的约束为流条件约束。

表达式和约束概要文件中的构造型扩展约束在 RSA 中的 Profile 关系图如图 2-9 所示。扩展约束是为刻画列控系统的连续物理过程而创建的构造型,它对元类元素 Constraint 进行扩展。扩展约束是一个抽象类,建模应用时以不变集约束、流条件约束和代数约束三种子类形式具体呈现,这三种子类分别由不变集表达式、微分表达式和代数表达式构成。

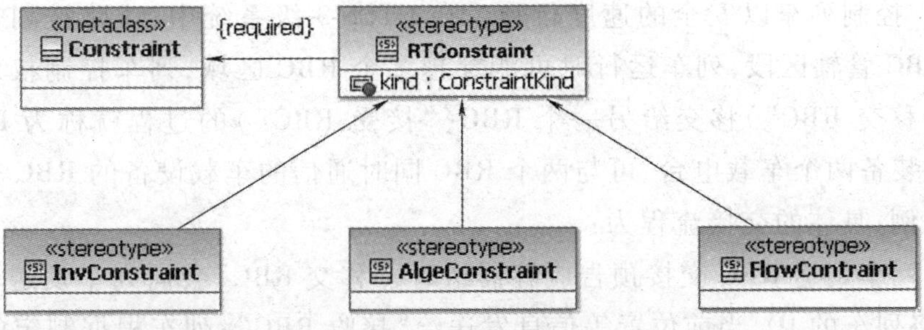

图 2-9 扩展约束在 RSA 中的 Profile 关系图

在 RSA 中建模实例中，扩展状态机刻画扩展类的动态迁移，如图 2－10 所示。图中子状态迁移时需满足一定的迁移条件，且状态机需满足给定的不变集约束和流条件约束信息。

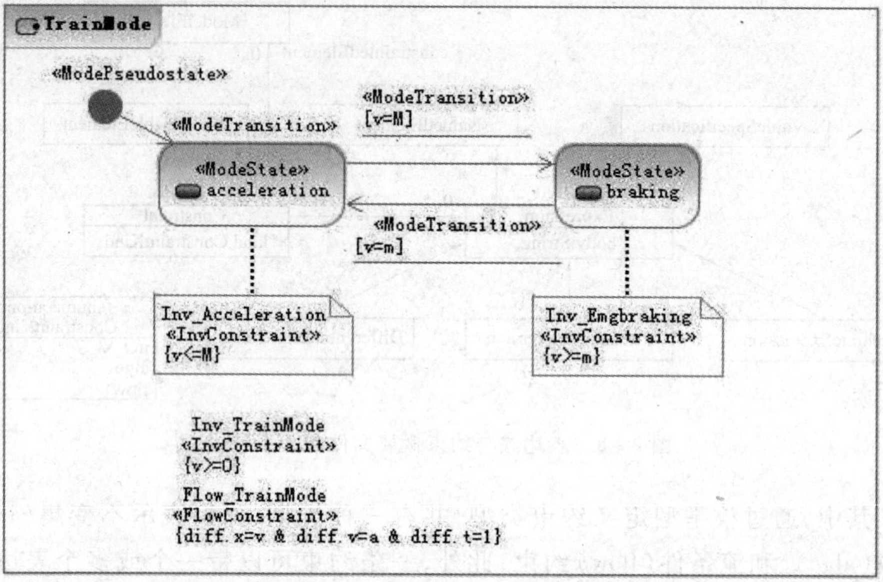

图 2－10　扩展状态机的建模实例图

四、领域建模实例

(一)RBC 交接场景介绍

CTCS-3 级列控系统[7]通过无线闭塞中心(RBC)直接控制列车的运行间隔。运行过程中，列车需要向 RBC 周期性报告位置、完整性等状态信息；RBC 根据列车位置信息计算其安全行车距离，并综合各种静态、动态线路信息发送给列车，控制列车以安全的速度行驶。在 CTCS-3 级系统中，线路被划分成若干个 RBC 管辖区段，列车运行时可能穿越多个 RBC 区域，列车控制权从一个 RBC(“移交 RBC”)移交给另一个 RBC(“接受 RBC”)的过程就称为 RBC 交接。以装备两个车载电台、可与两个 RBC 同时通信的车载设备的 RBC 交接场景[8]为例，具体的交接流程为：

当列车到达 RBC 交接预告应答器组时，“移交 RBC”会向列车发送切换命令，并将列车的 ID、当前位置等信息发送给“接收 RBC”；列车根据制定的 RBC ID/电话号码建立与“接收 RBC”的会话，并向“接收 RBC”发送列车数据；“移交 RBC”向“接收 RBC”发送进路请求信息,并根据“接收”RBC 的回复信息、本方进路信息以及线路状况计算出包含边界的 MA;当列车的最大安全前端(max safe front end)到达边界时,需要发送位置报告。“移交 RBC”接收到该位置报告后,通知“接收 RBC”列车已驶入其管辖区域;当“接收 RBC”收到列车位置报告并检测到最大安全前端已通过边界,它将接管列车控制权并通知“移交 RBC”。列车不再接收除“断链命令”以外任何“移交 RBC”发来的命令;列车完全通过边界后,“移交 RBC”向列车发送结束会话命令,列车收到该命令后发起结束会话程序。

对于列车拥有一部车载电台、一次只能与一个 RBC 通信会晤的情况,也要经历上述交接过程,只是顺序和相应机制稍有不同。当仅一部通信电台时,列车在同一时刻仅能与一个 RBC 进行通信。因此,列车与“移交 RBC”结束会话之后,才与“接收 RBC”建立会话,最后“接收 RBC”才正式接管列车,结束 RBC 交接流程。

(二)类图模型

在此仅考虑采用两部车载电台进行 RBC 交接的情况,在 RBC 交接过程中,列车同 RBC、应答器等进行信息交互。采用面向对象的方法将列控系统中的实体抽象为几个相互关联的类,分别为列车类、无线闭塞中心类以及应答器类。利用前述面向列控系统混成性扩展的 UML,可建立系统的类图,如图 2－11 所示。

图 2－11 给出了 RBC 交接的类图,包括列车类(Train)、无线闭塞中心类(RBC)以及应答器类(Balise),并对每个类的属性、信号事件进行了举例说明。由于 RBC 类的实例化对象分为“移交 RBC”和“接收 RBC”,因此 RBC 类具有两种角色:“takeoverRBC”与“handoverRBC”,即与列车存在两种关联关系。关联线所标示的数字表明关联中的数量关系,例如:1 个无线闭塞中心同时与多个列车的车载设备进行无线通信。图中 AnalogReal 数据类型用以描述时间连续变量,TrainMode 及 RBCMode 表示类所对应的状态转移图名称。图 2－11 中对应属性和信号的含义如表 2－2 所示。

表 2－2　图中属性和信号的含义

名称	含义	名称	含义
train Data	列车数据	arriveLTA( )	列车到达预告应答器组
x	列车位置	arriveRN( )	最大安全前端到达边界
v	列车速度	rout( )	进路信息

续上表

名称	含义	名称	含义
rbcID	RBC 的 ID	routReq()	进路请求信息
telNum	电话号码	emergency()	紧急制动命令
coordinate	应答器的位置坐标	passRN()	最小安全后端经过边界
ma()	移动授权	hma()	包含边界的移动授权
relieve()	紧急制动缓解	trainArriveRN()	转发"列车到达边界"
commclose()	终止会话信息		

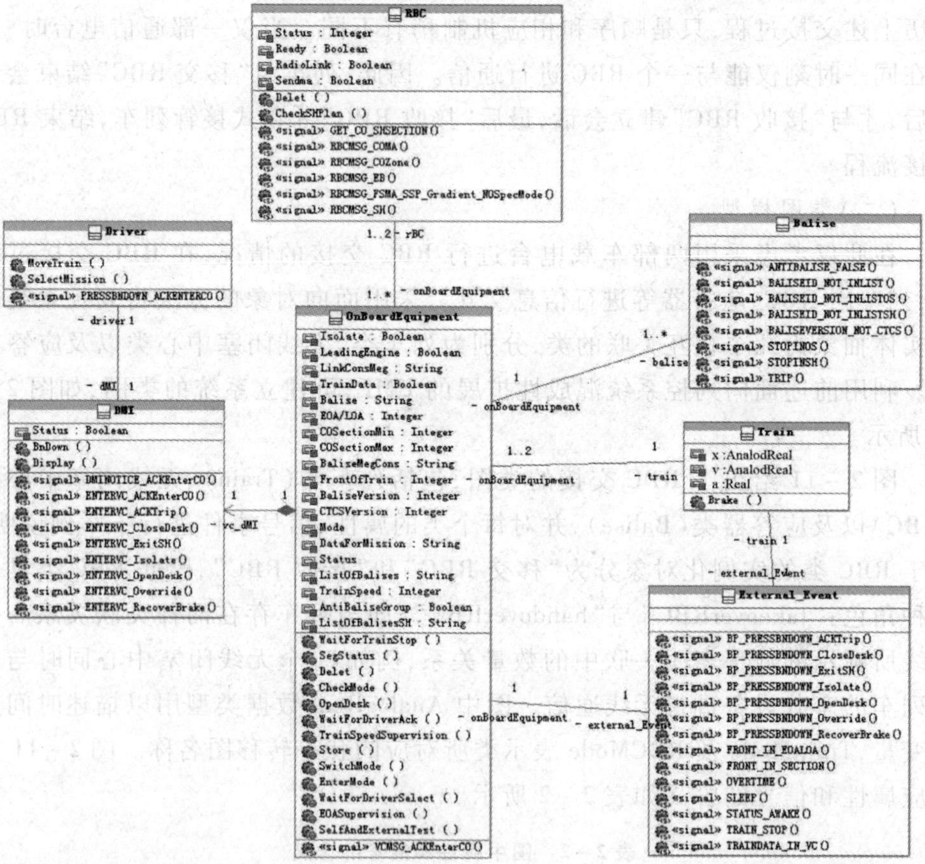

图 2-11 RBC 交接的 UML 类图

(三)状态图模型

根据两部车载电台工作 RBC 交接流程,利用前述扩展后的 UML 建立 RBC 交接时列车与 RBC 的 UML 状态转移图,如图 2-12(a)、(b)所示。

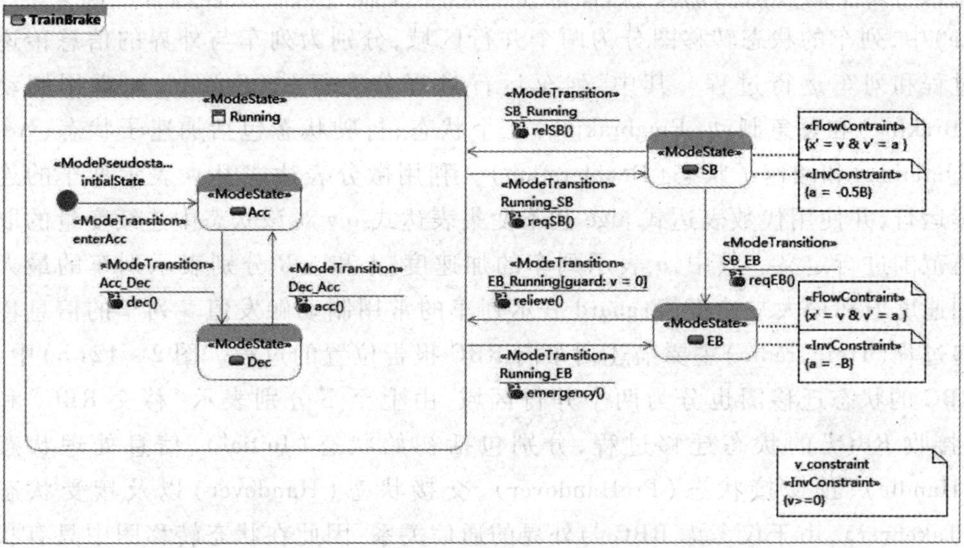

(a)列车的UML状态转移图

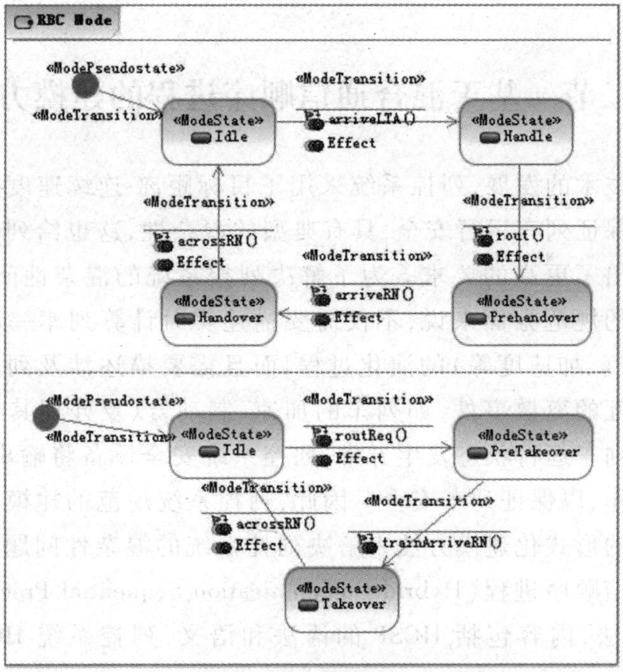

(b)RBC的UML状态转移图

图 2－12　RBC 交接的 UML 状态转移图

图 2－12 给出了 RBC 交接中列车类和 RBC 类的状态转移图。由于应答

器仅与列车进行信息的传递,因此不考虑应答器器的状态迁移过程。图 2 - 12(a)中,列车的状态转移图分为两个并行区域,分别为列车与外界的信息传递过程和列车运行过程。其中,列车运行过程分为行驶(Running)、常用制动(Braking)和紧急制动(Emgbraking)三个状态;行驶状态包括加速子状态(Acceleration)和减速子状态(Deceleration)。利用微分表达式 flow 表示列车的连续运行,并使用代数表达式 alge 和不变集表达式 inv 对该状态中连续变量的取值范围进行定义。其中,a 表示列车的加速度;A 和 $-B$ 分别表示列车的最大加速度值和最大减速度值;guard 表示列车的常用制动触发值。列车的信息传递过程(Train_radio)主要描述列车向 RBC 报告位置的过程。图 2 - 12(b)中,RBC 的状态迁移图也分为两个并行区域,由上至下分别表示"移交 RBC"和"接收 RBC"的状态迁移过程,分别包括初始状态(Initial)、信息处理状态(Handle)、预交接状态(PreHandover)、交接状态(Handover)以及接受状态(Takeover),由于仅考虑 RBC 与外界的通信关系,因此在状态转移图中只有状态的离散迁移过程。其中各状态间的迁移均有信号事件触发,具体的含义可参见表 2 - 2。

第二节　基于混合通信顺序进程的建模方法

随着控制技术的发展,列控系统采用了目标距离-连续速度控制模式曲线的控制方式来保证列车运行安全,具有典型的混杂性,这也给列控系统规范的形式化建模提出了更高的要求。为了解决列控系统的混杂性问题,从精确地描述列控系统的规范方面来说,不仅需要描述实时计算列车一些连续变化参数(如距离、速度、加速度等)的演化过程,而且需要描述涉及列车与驾驶员或者系统设备交互的离散事件,如列车的加速、制动,以及处理其他设备发送的消息等。一旦列车运行状态发生异常,列控系统安全设备将输出制动、报警等一系列跳变动作,以保证列车安全。因此,列控系统规范的建模需要应用描述能力更加强大的形式化建模方法来解决列控系统的混杂性问题。下面介绍一种基于混合通信顺序进程(Hybrid Communication Sequential Process, HCSP)的形式化建模方法,内容包括 HCSP 的语法和语义,列控系统 HCSP 的建模实例等。

一、HCSP 建模方法

基于进程演算的方法通过进程的通信表示系统行为,并给出系统并发行为模型。其核心通常是一种简单的语言,由带标号的变迁系统给出其操作语义。通信顺序进程(Communication Sequential Process, CSP)、通信系统演算(Communication Control Systems, CCS)、HCSP 等是进程演算方法的代表,广泛用于并发系统的规格说明与验证中。CSP 是 1978 年由 C. Hoare 提出的,是很多并发分布式语言的思想基础,它可看作是一种命令式程序设计语言。CSP 模型实际上涉及了三个不同的抽象层次:规格说明、设计和实现。1980 年 R. Minter 提出了 CCS,其目标是将并发系统的语义理论建立在通信基础上,它可看作是一种建立在极小原语集上的函数式程序设计语言,为研究并发系统的通信与不确定性提供了一个通用的数学模型。

HCSP[9] 是 CSP 的推广,可用来描述混合系统的行为,其中的控制部分可逐步求精,变换成可在计算机上执行的软件,从而生成数值控制系统。在 HCSP 中,有一种特殊的语言称为连续构件,可以表示一个具体给定初值的微分方程,而程序语言中的顺序算子、条件算子等则可以刻画连续构件和通信间的耦合关系。基于进程演算的方法,如 CSP、CCS,能较好地表达列控系统的并发特性,尤其是系统中通信的交互过程,但其处理是针对系统运行机制的,不能反映系统的物理结构信息。此外,CSP 无法描述大规模的系统的结构与算法,目前对 CSP 的扩展主要是引入时间约束和连续行为约束,并提出相应的验证方法。HCSP 方法是对 CSP 的一种扩展,不仅能够刻画混杂系统连续变化行为,还能刻画网络通信过程中离散事件交互行为,但其验证非常困难,还没有一套完整的 HCSP 验证框架。

(一)HCSP 的语法

HCSP 由顺序进程 SP 和并行进程 HS 组成。

$$SP \triangleq \text{Primitive} \mid \text{Compsite}$$

$$\begin{aligned}\text{Primitive} \triangleq\ & \text{Stop} \mid \text{Skip} \mid v := e \mid ch?\ x \mid ch!\ e \\ & \mid <F(\dot{s},s)> = 0 \mid <F(\dot{s},s)>_e = 0 \mid\end{aligned} \tag{2-1}$$

$$\begin{aligned}\text{Compsite} \triangleq\ & P;Q \mid P \to B \mid B \to P \mid P \trianglerighteq_d Q \\ & \mid P \trianglerighteq \Pi_{i \in I}(io_i \to Q_i) \mid \mu X.F(X) \mid P \parallel Q\end{aligned}$$

$$HS \triangleq SP \mid (HS \parallel HS) \tag{2-2}$$

其中,SP_1 和 SP_2 两个进程中没有共享变量(连续变量和离散变量),也没有共享的通道(输入通道和输出通道)。同一个通道名下,进程的通信是单向的,并且两个顺序进程(SP_1 和 SP_2)之间可以通过共同的通道名来进行交互通信。即:

$$(\text{State}(SP_1)\cup \text{Var}(SP_1))\cap(\text{State}(SP_2)\cup \text{Var}(SP_2))=\phi$$

$$(\text{InChan}(SP_1)\cup \text{InChan}(SP_2))=\phi$$

$$(\text{OutChan}(SP_1)\cup \text{OutChan}(SP_2))=\phi$$

$$((\text{InChan}(SP_1)\cap \text{OutChan}(SP_2))\cup(\text{Inchan}(SP_2)\cap \text{OutChan}(SP_2)))=\phi$$

由式(2-1)和(2-2)可以扩展以下定义:

$$\text{Wait}\ d \triangleq \text{Stop}\ \underline{\triangleright}_d \text{Skip}$$

$$\Pi_{i\in I}(io_i \to Q_i) \triangleq \text{Stop}\ \underline{\triangleright}\ \Pi_{i\in I}(io_i \to Q_i)$$

$$P \triangleright io \triangleq \mu X.((P\ \underline{\triangleright}\ io);X)$$

$$P \triangleright_d io \triangleq \mu X.((P\ \underline{\triangleright}_d\ io);X)$$

$$\triangleright_d P \triangleq \mu X.((P\ \underline{\triangleright}_d \text{Skip});X)$$

(二)HCSP 的语义

1. HCSP 的非形式化描述

(1)原子语句

Stop:永远不会终止的 *idle* 进程。

Skip:立刻终止并对进程无影响的进程。

$v:=e$:将表达式 e 的值赋给变量 v,然后终止的进程。

$ch?\ x$:通过通道 ch 接收消息,并且将信息赋值到变量 x 中的进程。

$ch!\ e$:通过通道 ch 将表达式 e 的值发送出去的进程。

$<F(\dot{s},s)=0>$:连续变量 s 随微分方程 F 演化的进程。

$<F(\dot{s},s)=0>_e$:连续变量 s 随微分方程 F 演化的进程,并且初值赋值为表达式 e 的进程。

(2)复合语句

$P;Q$:系统行为开始为 P 进程,P 终止后进行 Q 进程。

$P \to B$:系统行为开始为 P 进程,一旦 B 为真则终止。

$B \to P$:如果 B 为真,则进行 P 进程,否则终止。

$P\ \underline{\triangleright}_d Q$:系统开始进行 P 进程,如果在 d 单位时间内没有通信发生,并且 P 没有终止,则切换到 Q 进程。

$P\ \underline{\triangleright}\ \Pi_{i\in I}(io_i \to Q_i)$:系统初始进程为 P,如果有 io 事件发生(io 不属于 P 中的通道集合),则立刻执行 io 对应的进程 Q。

$\mu X.F(X)$:尾递归进程,其中 $F(X)$ 的形式可以是 $P;X$ 或者 $P\ \underline{\triangleright}_d X$。

$SP_1 \parallel SP_2$:两个顺序进程 SP_1 和 SP_2 并发操作。

(3)扩充的一些复合进程

Wait d:系统进程延迟 d 单位时间。

$\Pi_{i\in I}(io_i \to Q_i)$：环境外部选择进程，一旦任意 io_i 事件发生，则对应的 Q_i 进程开始。

$P \triangleright io$：进程 P 被外部事件 io 中断后重复进程 P。

$P \triangleright_d io$：进程 P 如果在 d 单位时间内有 io 事件发生，则重复进程 P，否则在 d 单位时间后重复进程 P。

$\triangleright_d P$：进程 P 在 d 单位时间后重复。

2. HCSP 的形式化语义

HCSP 的语义由 EDC（Extended Duration Calculus）[10] 的指称语义来定义，首先介绍 EDC。

(1) EDC 的语法

Duration Terms (dt)：

Duration Terms (dt) 是定义在实数上的项，它由特殊的符号 l，全局变量 z，对于某一个瞬时 x 的开始值（b.）和前一时刻值（p.）组成，记作：

$$dt::l \mid z \mid b.x \mid p.x \mid \oplus(dt_1,\cdots,dt_n)$$

Duration Formulas：

$$D::\lhd(dt_1,\cdots,dt_n) \mid \lceil S \rceil \mid \neg D \mid D_1 \wedge D_2 \mid D_1 {}^\frown D_2 \mid \forall z.D$$

我们定义：

$$\text{true} \triangleq l \geqslant 0$$

$$\lceil\ \rceil \triangleq l = 0$$

$$\Diamond D \triangleq \text{true}^\frown D^\frown \text{true}$$

$$\Box D \triangleq \neg \Diamond \neg D$$

(2) EDC 的语义

定义 $\mathbf{R}$ 为实数集，其中 $\mathbf{R}^+$ 为非负实数，我们通过解释 I、值 V 和区间 interval$[c,d]$ 来定义 dt 和 D，其中 x_i 表示 x 在 I 下的函数，$V(z)$ 表示 z 的值。Val 表示所有值的集合，$Intv$ 表示所有区间的集合。

dt 的语义：

$I(dt):Val \times Intv \to \mathbf{R}$

$$I(l)(V,[c,d]) \triangleq d - c$$

$$I(z)(V,[c,d]) \triangleq V(z)$$

$$I(b.x)(V,[c,d]) \triangleq \begin{cases} x_I(c^+) & \text{if} \quad c < d \\ x_I(c) & \text{if} \quad c = d \end{cases}$$

$$I(p.x)(V,[c,d]) \triangleq \begin{cases} x_I(c^-) & \text{if} \quad c > 0 \\ x_I(c) & \text{if} \quad c = 0 \end{cases}$$

$$I(\bigoplus(dt_1,\cdots,dt_n))(V,[c,d]) \triangleq \bigoplus(I(dt_1)(V,[c,d]),\cdots,I(dt_n)(V,[c,d]))$$

D 的语义：

$I(D):Val \times Intv \rightarrow \{tt,ff\}$

$$I,V,[c,d] \models \lhd(dt_1,\cdots,dt_n) \text{ iff } \lhd(I(dt_1)(V,[c,d]),\cdots I(dt_n)(V,[c,d])) = tt$$

$$I,V,[c,d] \models \lceil S \rceil \text{ iff } S_I(t)=1 \text{ for every } t \in [c,d] \text{ and } c<d$$

$$I,V,[c,d] \models D_1 \hat{} D_2 \text{ iff } I,V,[c,d] \models D_1 \text{ and } I,V,[c,d] \models D_2$$

$$I,V,[c,d] \models D_1 \hat{} D_2 \text{ iff } I,V,[c,e] \models D_1 \text{ and } I,V,[e,d] \models D_2 \text{ for some } e \in [c,d]$$

$$I,V,[c,d] \models z_i.\ D \text{ iff } I,V',[c,e] \models D \text{ for all valuations } V' \text{ for which } V(z_k)=V'(z_k) \text{ for all } k \neq i$$

(3)观测值

字母表是进程操作的实体。基于字母表，我们定义进程在时间域 $\mathbf{R}^+$ 上的字母表的观测值，记作观测值：

①状态变量：$s:\mathbf{R}^+ \rightarrow \mathbf{R}$

②程序变量：$v:\mathbf{R}^+ \rightarrow \mathbf{R}$

③通道变量：

$$c:\mathbf{R}^+ \rightarrow \mathbf{R}$$

$$c?:\mathbf{R}^+ \rightarrow \{0,1\}$$

$$c!:\mathbf{R}^+ \rightarrow \{0,1\}$$

(4)相关扩展的定义

①inactive^P 表示在一定的时间内，进程 P 不参与任何通信事件。

$$\text{inactive}^P \triangleq \lceil\ \rceil \vee \lceil \neg\ \text{chan}^P \rceil$$

$$\text{Where chan}^P \triangleq \bigcup_{ch \in \text{InChan}(P)} ch? \quad \bigcup_{ch \in \text{OutChan}(P)} ch!$$

②comm^P 表示进程 P 上某一通道发生的通信事件。

$$\text{comm}^P \triangleq \bigcup_{ch \in \text{Chan}(P)} ch? \ \wedge ch!$$

③keep^P 表示进程 P 上所有变量在一定时间内都保持前一时刻的值。

$$\text{keep}^P \triangleq \lceil\ \rceil \vee \bigcap_{x \in (\text{State}(P) \cup \text{Var}(P))} \exists r \in \mathbf{R}.\ (r = p.x \wedge \lceil x = r \rceil)$$

$$\text{keep}^{P/x} \triangleq \lceil\ \rceil \vee \bigcap_{y \in (\text{State}(P) \cup \text{Var}(P) - \{x\})} \exists r \in \mathbf{R}.\ (r = p.y \wedge \lceil y = r \rceil)$$

④$\text{wait}(\alpha, ch\odot)$ 表示通道 ch 已准备好与其对应进程进行通信，并且正在等待同步事件的发生。

$$\text{wait}(\alpha, ch\odot) \triangleq \lceil\ \rceil \vee \lceil ch\odot \wedge \neg\ ch\bar{\odot} \bigcap_{c\odot \in \alpha, c \neq ch} \neg\ c\odot \rceil$$

⑤syn(α, $ch?$, x)和 syn(α, $ch!$, m)表示同步事件在 ch 通道上发生，并且进行了消息传递。

$$\text{syn}(\alpha, ch?, x) \triangleq \text{keep}^{\backslash x} \wedge (\lceil ch! \ \wedge ch? \ \wedge x = ch \bigcap_{c\odot \in \alpha, c \neq ch} \neg\ c\odot \rceil)$$

$$\text{syn}(\alpha, ch!, e) \triangleq \exists r \in \mathbf{R}.\ r = p.\ e \wedge \text{keep} \wedge (\lceil ch! \ \wedge ch? \ \wedge r = ch \bigcap_{c\odot \in \alpha} \neg\ c\odot \rceil)$$

(5) HCSP 的语义

HCSP 是通过捕捉定义在时段公式上字母表的观测值来定义其语义的。离散变量通过赋值和通信等阶梯函数来定义，连续变量通过连续状态来定义。其中连续变量的初始值由连续状态的演化或者通信中断来重置，通道则由前面给出的三种通道观测值来定义。下面我们给出 HCSP 的指称语义。

①Stop

$$[\![\text{Stop}]\!] C \triangleq (\text{inactive} \wedge \text{keep})$$

②Skip

$$[\![\text{Skip}]\!] C \triangleq C$$

③Assignment

$$[\![v := e]\!] C \triangleq \lceil\ \rceil \vee (\exists r \in \mathbf{R}.\ r = p.\ e \wedge \lceil v = r \rceil \wedge \text{keep}^{\backslash v})^\frown C$$

④Continuous

$$[\![< F(\dot{s}, s) = 0]\!] C \triangleq \lceil\ \rceil \vee (b.\ s = p.\ s \wedge \lceil F(\dot{s}, s) = 0 \rceil \wedge \text{inactive} \wedge \text{keep}^{\backslash s})$$

$$[\![< F(\dot{s}, s) = 0 >_e]\!] C \triangleq \lceil\ \rceil \vee (b.\ s = p.\ s \wedge \lceil F(\dot{s}, s) = 0 \rceil \wedge \text{inactive} \wedge \text{keep}^{\backslash s})$$

⑤Input

$$[\![ch?\ x]\!] C \triangleq \text{wait}(\alpha, ch?) \wedge \text{keep} \vee (\text{wait}(\alpha, ch?) \wedge \text{keep})^\frown \text{syn}(\alpha, ch?, x)^\frown C$$

$$\text{where} \quad \alpha \triangleq \bigcup_{c \in \text{InChan}} \{c?\} \cup \bigcup_{c \in \text{OutChan}} \{c!\}$$

⑥Output

$$[\![ch!\ e]\!] C \triangleq \text{wait}(\alpha, ch!) \wedge \text{keep} \vee (\text{wait}(\alpha, ch!) \wedge \text{keep})^\frown \text{syn}(\alpha, ch!, e)^\frown C$$

⑦Condition

$$[\![B \rightarrow P]\!] C \triangleq \lceil\ \rceil \vee (\lceil B \rceil \wedge \text{inactive} \wedge \text{keep})^\frown [\![P]\!] C \vee (\lceil B \rceil \wedge \text{inactive} \wedge \text{keep})^\frown [\![P]\!] C$$

$$
\begin{aligned}
\lceil B\rightarrow P\rceil C \triangleq \lceil\ \rceil\\
&\vee\\
&(\lceil B\rceil \wedge \text{inactive} \wedge \text{keep})^\frown C\\
&\vee\\
&(\lceil \neg B\rceil \wedge \text{inactive} \wedge \text{keep})^\frown(\lceil \neg B\rceil \wedge [\![P]\!]\text{Stop})\\
&\vee\\
&(\lceil \neg B\rceil \wedge \text{inactive} \wedge \text{keep})^\frown(\lceil \neg B\rceil \wedge [\![P]\!]\text{Stop})\\
&{}^\frown(\lceil B\rceil \wedge \text{inactive} \wedge \text{keep})^\frown C
\end{aligned}
$$

⑧Sequential

$$[\![P;Q]\!]C \triangleq [\![P]\!]([\![Q]\!]C)$$

⑨TimeOut

$$
\begin{aligned}
[\![P \underline{\triangleright}_d Q]\!]C \triangleq \lceil\ \rceil\\
&\vee\\
&l<d \wedge [\![P]\!]C\\
&\vee\\
&((l=d \wedge \Diamond\lceil \text{comm}^P\rceil^\frown \text{true}) \wedge [\![P]\!]C)\\
&\vee\\
&((l=d \wedge \lceil \neg\ \text{comm}^P\rceil \wedge [\![P]\!]\text{Stop})^\frown [\![Q]\!]C)
\end{aligned}
$$

⑩Preemption

$$
\begin{aligned}
[\![P \underline{\triangleright}(ch? \rightarrow Q)]\!]C \triangleq \lceil\ \rceil\\
&\vee\\
&(\text{inactive}^P \wedge \text{syn}(\beta, ch?, x))^\frown [\![Q]\!]C\\
&\vee\\
&[\![P]\!]\text{Stop} \wedge \text{wait}(\beta, ch?)\\
&\vee\\
&[\![P]\!]\text{Stop} \wedge \text{wait}(\beta, ch?)^\frown \text{syn}(\beta, ch?, x)^\frown [\![Q]\!]C
\end{aligned}
$$

$$\text{where } \beta \triangleq (\{ch?\} \bigcup_{c\in \text{InChan}(Q)} \{c?\} \cup \bigcup_{c\in \text{OutChan}(Q)} \{c!\})$$

⑪Recursion

$$[\![\mu X.\ F(X)]\!]C \triangleq \bigcap_{i\in \mathrm{N}} [\![F(X)]\!]^i \text{CHAOS } C$$

$$\text{where} [\![F(X)]\!]^i \in (D\rightarrow D)\rightarrow(D\rightarrow D)$$

$$\text{and CHAOS}(C) = \text{true for any } C \in D$$

⑫Parallel

$$
\begin{aligned}
[\![P \parallel Q]\!]C \triangleq\ & [\![P]\!]\mathrm{Skip} \wedge [\![Q]\!]\mathrm{Skip} \\
& \vee \\
& [\![P]\!]\mathrm{Skip} \wedge [\![Q]\!]\mathrm{Stop} \\
& \vee \\
& [\![P]\!]\mathrm{Stop} \wedge [\![Q]\!]\mathrm{Skip} \\
& \vee \\
& [\![P]\!]\mathrm{Stop} \wedge [\![Q]\!]\mathrm{Stop}
\end{aligned}
$$

二、建模实例

(一)列控系统模型

根据 CTCS-3 级列控系统的系统需求规范 SRS[11] 和运营场景规范[12]，定义一个列车从“注册与启动”到“注销”的某一种运营过程，如图 2－13 所示。列车起始停在甲站动车段内，执行“注册与启动”场景；此时，无 GSM-R 网络覆盖，因此转入 CTCS-2 级，在出动车段后执行“级间转换”场景，列车由 CTCS-2 级转入 CTCS-3 级；转换完成后先进行模式转换转到目视行车场景；然后进行“行车许可”场景；列车逐渐加速后，在接近临时限速区段时，按限速要求以限速值通过施工区；在接近分相区时，执行“自动过分相”场景，保持原速通过分相区；在接近 RBC 分界点时，执行“RBC 切换”场景，保持原速通过 RBC 切换区；在经过等级转换应答器时进行 CTCS-3 级转入 CTCS-2 级降级场景，最后进行注销场景。

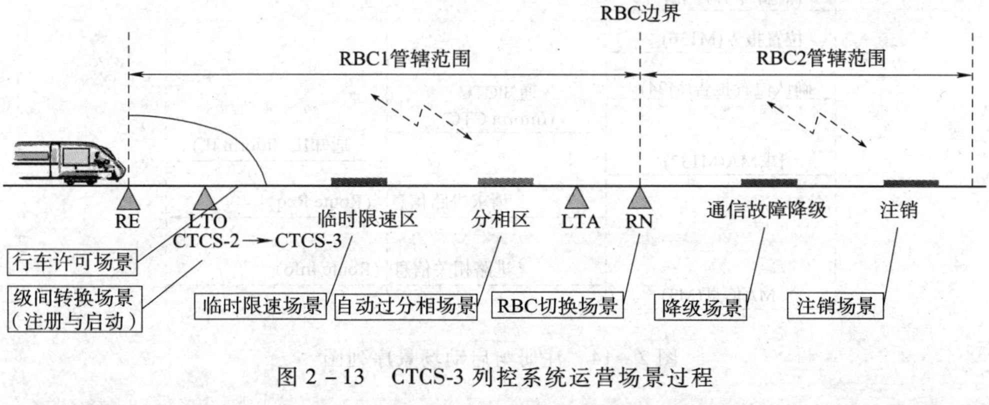

图 2－13　CTCS-3 列控系统运营场景过程

假设以上整个系统层的每个运营场景都由一个 HCSP 的原子公式来描述：

注册与启动场景：PS_0；级间转换场景：PS_1；行车许可场景：PS_2；临时限速场景：PS_3；自动过分相场景：PS_4；RBC 切换场景：PS_5；降级场景：PS_6；注销场

景：PS_7。

则在上述整个运营场景中，我们可以定义整个列控系统的系统层 HCSP 模型为 SYS：

$$SYS \triangleq PS_0;PS_1;PS_2 \parallel (PS_3;PS_4;PS_5);PS_6;PS_7$$

（二）列控系统的运营场景模型

1. 场景交互流程

运营场景主要描述的是列控系统中各个系统组件之间的交互关系及流程。每个场景都是由系统组件中特定的接口信息、特定的消息顺序及严格的时间约束完成的。下面以注册与启动场景 PS_0 为例，介绍某一特定场景的 HCSP 形式化模型。为了说明方法的可行性，简化了注册与启动场景流程，简化后的交互流程如图 2－14 所示。

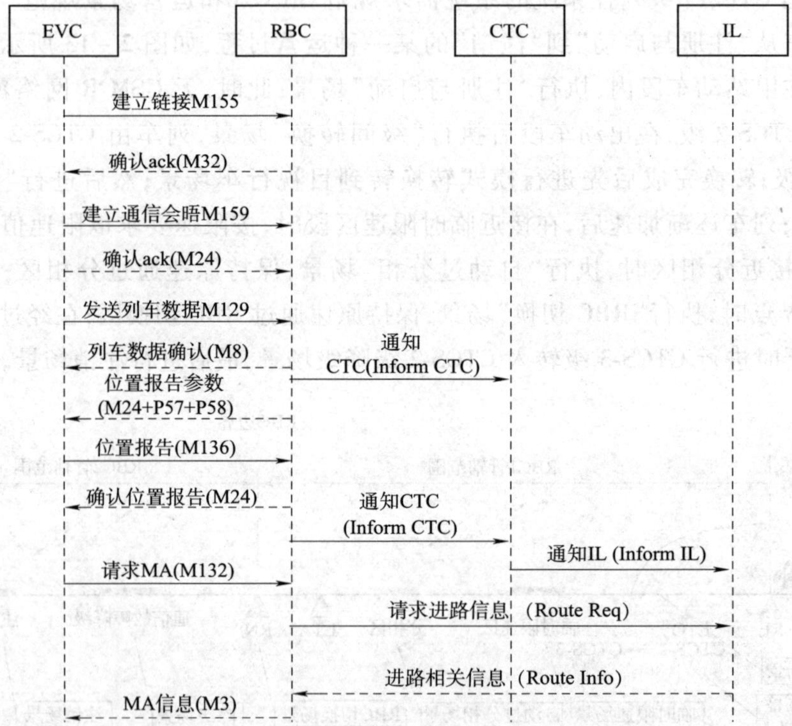

图 2－14 注册与启动场景序列图

假设车载设备处于待机模式，列车处于 RBC 管辖范围内，注册与启动场景的交互步骤说明如下：

（1）车载设备按照设备关闭前存储的 RBC 信息发起链接（M155）。

(2)RBC中注册车载设备有效身份,并回复确定消息(M32)。

(3)车载设备向RBC发送建立通信会晤消息(M159)。

(4)RBC回复消息确认消息(M24),然后将注册的车载设备有效身份信息传送给CTC。

(5)车载设备向RBC发送列车数据(M129)。

(6)RBC回复列车数据确认消息(M8),然后向列控车载设备发送位置报告参数信息M24(消息中带有(ETCS信息包58)和行车许可(MA)请求参数信息(ETCS信息包57))。

(7)车载设备向RBC报告列车位置消息(M136)。

(8)RBC接受列车,向车载设备发送配置参数M24(带有ETCS信息包3)。然后再将数据发送给CTC。

(9)CTC控制联锁为列车排列进路。

(10)车载设备发送请求MA消息(M132)。

(11)RBC收到联锁的进路信息,然后向车载设备发送MA消息(M3)。

(12)车载设备进行模式转换由待机模式转换为目视行车模式,并激活监控列车运行功能。

2. 场景的HCSP模型

整个场景中主要信息交互子系统为:RBC、CTC、IL及车载EVC。定义注册与启动场景PS_0的HCSP模型:

$$PS_0 \triangleq P_{CTC} \parallel P_{RBC} \parallel P_{EVC} \parallel P_{IL}$$

其中变量、通道和功能定义如下:

(1)变量定义:

①车载EVC与RBC之间交互的消息:M155,M32,M159,M24,M129,M8,M132及M3。

②车载EVC与RBC交互的信息包:P57,P58和P3。

③列车位置信息:M136. pos。

④列车数据信息:M129. DATA。

⑤列车进路请求信息:RouteReq。

⑥列车进路信息:RouteInfo。

⑦车载设备模式:SB|OS。

(2)通道定义:

①prSC表示EVC进程向RBC进程发送的通道名。

②prMA表示RBC向EVC进程发送的通道名。

③TP 表示 RBC 向 CTC 发送信息的通道名。

④RN 表示 CTC 向联锁 IL 发送信息的通道名。

⑤RI 表示 IL 向 RBC 发送信息的通道名。

(3)功能定义:

①A_{CTM}表示车载 EVC 模式转换控制功能。

②A_{SUP}表示车载 EVC 速度监控功能。

(4)各子系统进程定义为:

①CTC 进程收到 RBC 发送的位置信息 M136. pos 和列车数据信息 M129. DATA 后向联锁发送进路信息 RouteReq:

$$P_{CTC} \triangleq TP?\ M129.DATA;TP?\ M136.pos \rightarrow RN!\ RouteReq$$

②IL 进程收到 CTC 发送的 RouteInfo 信息后,向 RBC 发送进路信息 RouteInfo:

$$P_{IL} \triangleq RN?\ RouteReq;RI!\ RouteInfo$$

③EVC 进程向 RBC 进程发送建立链接信息 M155。收到 RBC 回复的 M32 后,发送建立通信会晤信息 M159;收到 RBC 回复的确认以后发送列车数据 M129;收到 RBC 回复的 M8 后,等待 RBC 发送位置报告参数配置信息 M24 + P57 + P58;收到参数配置信息后,发送 MA 请求信息 M132;收到 MA 消息后,进行模式转换和监控功能。

$$\begin{aligned} P_{EVC} \triangleq\ & prSC!\ M155;stop \triangleright (prMA?\ M32 \rightarrow prSC!\ M159); \\ & stop \triangleright (prMA?\ M24 \rightarrow prSC!\ M129); \\ & prMA?\ M8;stop \triangleright (prMA?\ M24(P57,P58) \rightarrow prSC!\ M136); \\ & prMA?\ M24 \rightarrow prSC!\ M132;stop \triangleright (prMA?\ M3 \rightarrow A_{CTM} \parallel A_{SUP}); \end{aligned}$$

④RBC 进程收到 EVC 的建立链接信息 M155 后回复 M32;收到 EVC 的建立通信会晤信息 M159 后回复 M24;收到 EVC 发送的列车数据 M129 后;回复 M8 并向 CTC 发送列车数据,然后向 EVC 发送位置报告参数配置信息 M24 (P57,P58);收到列车位置报告 M136 后等待 EVC 的 MA 请求 M132 信息;收到 EVC 的 M132 后,结合 IL 的进路信息发送 M3 消息给车载 EVC。

$$\begin{aligned} P_{RBC} \triangleq\ & prSC?\ M155;prMA!\ M32;prSC?\ M159; \\ & prMA!\ M24;prSC?\ M129;prMA!\ M8; \\ & prMA!\ M24(P57,P58);TP!\ M129.DATA; \\ & prSC?\ M136;prMA!\ M24;TP!\ M136.pos; \\ & prSC?\ M132;IL?\ RouteInfo;prMA!\ M3 \end{aligned}$$

注:

a. HCSP 模型中交互的消息遵从 CTCS-3 级列控系统 SRS 中车地通信协议部分内容。

b. HCSP 模型中具体的功能操作，如调用的 A_{CTM} 和 A_{SUP} 功能在下面的组件层或功能层中有体现。

第三节　需求模型的验证

列控系统规范的验证主要集中在列控系统场景层中运营场景功能和性能的正确性上。在上一节基于 HCSP 的列控系统形式化建模的基础上，本节重点针对运营场景中的混杂性验证进行分析研究。内容包括列控系统规范的形式化验证目标、相关形式化验证的验证方法和验证实例。

一、列控系统规范的形式化验证目标

（一）列控系统功能分类

列控系统的目标是避免列车碰撞和脱轨这两个核心危险事件的发生。从抽象的角度上来说，列控系统的设计目标包括：

（1）防止列车相撞。

（2）防止列车超速。

（3）防止列车倒溜。

（4）能在前方障碍物前停车。

从具体实现角度上来说，为保证上述目标的实现，列控系统的功能可以分成两类：系统级功能和子系统级功能。

1. 系统级功能

根据国际标准 IEC 61508[13]，一个安全苛求系统的功能主要由安全相关的功能和安全不相关的功能组成。作为一个典型的安全苛求系统，列控系统的功能反映在运营场景的交互中，我们将列控系统在运营场景中的功能实体分成两类：安全相关功能和非安全相关功能。

（1）安全相关的功能由防护功能和监督功能组成，如图 2－15 所示。

防护功能主要有：紧急停车功能、冒进防护功能及遛逸防护等，这些功能在任何运营场景中都要激活，即独立于场景的功能。

监督功能主要有：重联与摘解监督功能、调车监督功能、自动过分相监督功能及退行监督功能等，这些功能只有在执行特定的运营场景过程中才激活，即依赖于场景的功能。

(2)安全不相关的功能包括模式相关的功能和等级相关的功能,如图 2 - 16 所示。

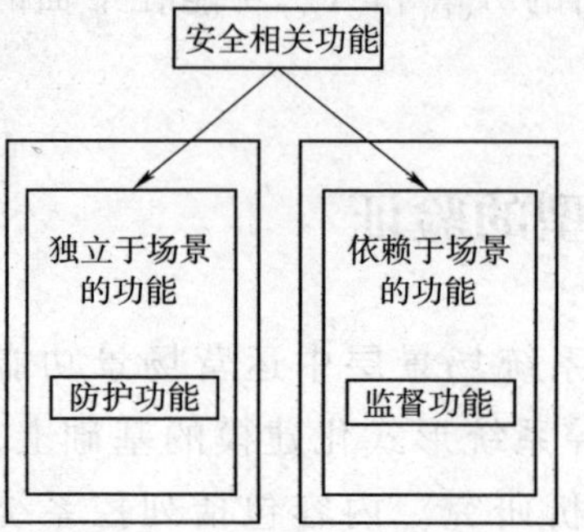

图 2 - 15　列控系统安全相关功能

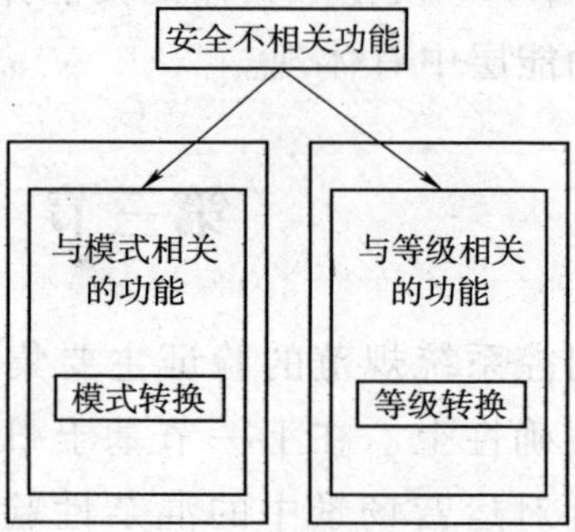

图 2 - 16　列控系统安全不相关功能

模式转换功能:当前满足模式转换条件时各模式之间的转换,即与模式相关的功能。

等级转换功能:当前满足等级转换条件时等级之间的转换,即与等级相关的功能。

2. 子系统级功能

列控系统子系统功能是系统功能实现的基础,本节将子系统功能分成两类:与车载相关的功能和与地面相关的功能。

(1)与车载相关的功能包括:定位功能、静态曲线比较功能、动态曲线计算功能、行车许可和限速监督功能、遛逸防护功能、自动过分相功能、特殊防护功能(重联、摘解等)。

(2)与地面相关的功能包括:RBC 相关的功能、调度中心 CTC 相关功能、联锁相关功能、TCC 相关功能等。我们仅以 RBC 相关功能为例介绍,RBC 相关功能包括:列车完整性检查功能、RBC 区域调车功能、RBC 区域行车许可功能、行车许可缩短功能、列车退行功能、RBC 切换功能等。

这些功能还能继续划分,直到功能成为不能再划分的原子功能,最终可以得到整个列控系统的最底层的功能集。

(二)列控系统的验证特性

本节的验证内容集中在运营场景中系统功能的正确性上。结合列控系统运营场景的特点,我们将验证特性分成三类:混杂性、活性和实时性。

1. 混杂性

安全性就是坏的事情永远不要发生,这里表示安全苛求系统某个非安全状态永远不能出现,例如:前面指出的列车在线路上追踪运行,我们要保证列车碰撞或者出轨的事件(两列车在同一时刻,同一位置状态上)不能出现。列控系统安全性的验证主要集中在与安全相关的功能是否正确上。通常,列控系统安全相关功能与列车的速度、距离和位置有关,列车的安全运行需要依靠这些连续变化过程和离散交互过程共同完成,是一种典型的混杂性验证问题。混杂性是安全性的一种特殊表现形式,本节安全相关功能的验证最终可归结到列控系统混杂性验证的正确性上。

2. 活性

系统的活性说明某种事情必将出现。活性最简单的形式是"好的事情终将会出现"。好的事情是指系统期望的状态,如列车的模式转换、等级转换功能使得系统最终处于好的状态。列控系统活性的验证主要集中在非安全相关功能(模式相关功能、等级相关功能)的正确性上。

3. 实时性

CTCS-3 级列控系统总体技术方案对列控系统重要的时间参数进行了相关规定。列控系统中的时间约束分为三类:固定周期处理时间、设备响应时间和网络通信延迟时间。其中,固定周期主要指硬件设备周期处理时间;设备响应时间包括设备端从接收到信息到处理信息之间的反应时间;网络延迟时间主要指 GSM－R 传输条件下,由于随机信道恶化、越区切换、无线接入设备故障等无线信道失效因素造成的传输时间延迟。列控系统的实时性验证主要体现在运营场景中子系统交互过程中时间约束的正确性上。

二、需求规范的验证方法

本节在使用 HCSP 描述某些运营场景时,根据现有 HCSP 方法的不足,通过改进 HCSP 的语法,结合混合自动机理论,形成了一套验证列控系统规范混杂性的分析方法,并通过模型检验工具 PHAVer 进行了实例的自动验证分析。

(一)假设条件

由于在 HCSP 中通信过程和赋值语句都消耗时间,那么进程 P 会终止τ个单位时间(通信过程和赋值语句的时间),并且给后期模型的验证带来了一定的困难。我们做如下假设:

(1)赋值语句不消耗时间(赋值语句的时间远远小于真实物理过程的处理时间)。

(2)通信同步过程不消耗时间,但通信的等待时间依然存在。

也就是说,整个系统的离散迁移过程可以近似成不消耗时间,这种假设比较符合混合自动机的定义，为了验证 HCSP 模型，我们引入混杂自动机理论(Hybrid Automata, HA)[14]来定义 HCSP，将 HCSP 模型转换成 HA 模型，然后进行模型的验证工作。

（二）验证方法

1. 转换定义

定义 HA：HCSP→HA 的转换函数为 $\Phi: B(V) \times B \rightarrow HA_{frag}$，通过 HA 的 fragment（片段）来定义带有连续变量变迁的 HCSP 语法，下面首先给出关于 HA_{frag} 的几个定义。

（1）HA 的片段：一个 HA 的片段定义成：

$HA_{frag} = (V, v_0, \text{inv}, \text{flow}, \text{done}, E, \text{source}, \text{target}, \text{guard}, \text{jump}, \Sigma, \text{event})$。其中 $v_0 \in V$，是该片段的初始化位置。由于要描述 HCSP 中的顺序进程或者递归进程，我们引入一个函数 done：$V \rightarrow$ ture, false，定义每个位置 $v_0 \in V$ 的状态（true 表示终止，false 表示非终止）。

（2）HA 片段的辅助功能：在通过 HA 的片段来定义 HCSP 语法的过程中，经常将两个位置名字不相连，变迁集合也不相连的两个 HA 的片段组合起来。为此，引入两个函数 L_* 和 R_* 重新定义两个 HA 的片段的位置名字和变迁名字，即对于任何两个 HA 片段 HA_p，HA_q。定义：

$L_*(HA) = (V_l, v_{l0}, \text{inv}_l, \text{flow}_l, \text{done}_l, E_l, \text{source}_l, \text{target}_l, \text{guard}_l, \text{jump}_1, \Sigma_l, \text{event}_l)$

其中：

$V_l = (l, v) \mid v \in V, v_{l0} = (l, v_0), \text{inv}_l(l, v) = \text{inv}(v), \text{flow}_l(l, v) = \text{flow}(v), \text{done}_l(l, v) = \text{done}(v), E_l = (l, e) \mid e \in E, \text{source}_l(l, e) = (l, \text{scurce}(e)), \text{target}_l(l, e) = (l, \text{target}(e)), \text{urgent}_l(l_e) = \text{urgent}(e); \text{guard}_l(l, e) = \text{guard}(e); \text{jump}_l(l, e) = \text{jump}(e); \Sigma_1 = \Sigma, \text{event}_l(l, e) = \text{event}(e)$

R_* 的定义与 L_* 一样。

（3）HA 中使用的变量：

①通道定义：通道用来传输表达式或者接收数据信息，如 $ch!\ v, ch?\ x$，将通道名字 $ch(ch \in H)$ 及通道上的变量 v, x 的个数简写作 $\text{ar}(ch)$，$ch \in H, H_{var} = \{ch'_1, \cdots, ch'_{ar(h)} \mid ch \in H\}$。

②连续变量集合 C，记作 $DC = dc \mid c \in C$，变量值记作 σ。最后，给出如下转换函数定义：

$\Phi_j(p) = (V_p, v_{0p}, \text{inv}_p, \text{flow}_p, \text{done}_p, E_p, \text{source}_p, \text{target}_p, \text{urgent}_p, \text{guard}_p, \text{jump}_p \Sigma_p, \text{event}_p)$ 为混合自动机的一个片段 p，其中 J 为变迁过程中的连续变量

集合,X 为 HA 使用的变量集合。那么一个 HCSP 的进程 p 对应的混合自动机为:

$HA(p) = (X, V_p, init_p, flow_p, E_p, source_p, target_p, urgent_p, guard_p, jump_p, \Sigma_p, event_p)$

其中:

$$\forall v \in V_p:\ init(v) = \begin{cases} \Gamma(\sigma) & \text{if } v = v_{0p} \\ false & \text{otherwise} \end{cases}$$

$$\forall v \in V_P:\ flow(v) = flow_p \wedge (time) = 1$$

函数 $\Gamma(\sigma)$ 定义成:$\{x_0 \mapsto c_0, \cdots, x_n \mapsto c_n\}$ 到谓词 $x_0 \wedge c_0, \cdots, x_n \wedge c_n$ 的一个映射。

2. 转换规则

定义:

$\Phi_J(p) = (V_p, v_{0p}, inv_p, flow_p, done_p, E_p, source_p, target_p, urgent_p, guard_p, jump_p, \Sigma_p, event_p)$

(1) Stop

$$\Phi_J(stop) = (\{v_0\}, v_0, inv, flow, done, \phi, \phi, \phi, \phi, \phi, \phi, \phi, \phi)$$

其中:

$$inv(v_0) = true, flow(v_0) = false, done(v_0) = false$$

Stop 表示永远不会终止的 *idle* 进程,$\Phi_J(stop)$ 表示整个自动机的状态集合为 $\{v_0\}$,初始位置为 v_0。在初始状态下,不变量条件 $inv(v_0)$ 为真,没有任何变迁流条件 $flow(v_0)$ 发生,并且在 v_0 位置下一直不中止 $done(v_0) = false$。

(2) Skip

$$\Phi_J(Skip) = (\{v_0\}, v_0, inv, flow, done, \phi, \phi, \phi, \phi, \phi, \phi, \phi, \phi)$$

其中:

$$inv(v_0) = true, flow(v_0) = false, done(v_0) = true$$

Skip 表示立刻终止对进程无影响的进程,$\Phi_J(Skip)$ 表示整个自动机的状态集合为 $\{v_0\}$,初始位置为 v_0。在初始状态下,不变量条件 $inv(v_0)$ 为真,任何变迁流条件 $flow(v_0)$ 都会使得变迁发生,在 v_0 位置下瞬间执行完毕($done(v_0) = true$),并且对任何变量都不影响。

(3) $v: = e$

$\Phi_J(v: = e) = (\{v_0, v_1\}, v_0, inv, flow, done, E, source, target, urgent, guard, jump, \tau, event)$

其中:$inv(v_0) = true, inv(v_1) = true, source(E) = v_0$,

flow(v_0) = true, flow(v_1) = false, target(E) = v_1,

done(v_0) = false, done(v_1) = true, urgent(E) = true, guard(E) = true, jump(E) = (x, $x = e$), event(E) = τ。

v: = e 表示将表达式 e 的值赋给变量 v,然后终止的进程,如图 2 – 17 所示。$\Phi_J(v:=e)$表示整个自动机的状态集合为$\{v_0, v_1\}$,初始位置为 v_0。在初始状态下,不变量条件 inv(v_0)为真,流条件 flow(v_0)为真,发生瞬时事件 E,其中 guard(E) = true, event(E) = τ, jump(E) = (x, $x = e$), source(E) = v_0, target(E) = v_1。并且在 v_0 位置下 done(v_0) = false,在 v_1 位置下 done(v_1) = true。

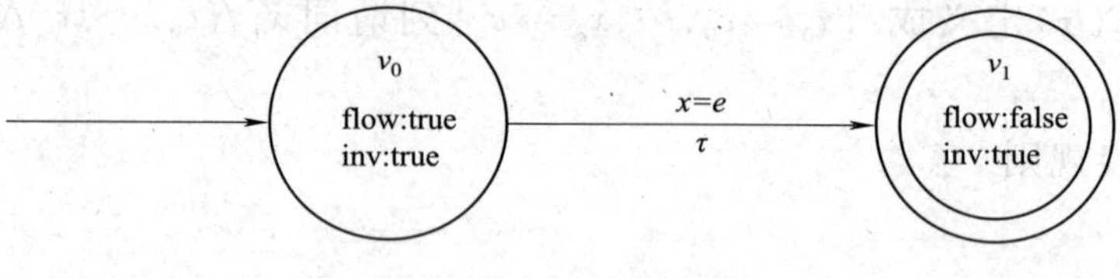

图 2 – 17 赋值语句

(4) ch! e

$\Phi_J(ch!\ e) = (\{v_0, v_1\}, v_0$, inv, flow, done, E, source, target, urgent, guard, jump, ipa(ch), event)

其中: inv(v_0) = true, inv(v_1) = true, source(e) = v_0,

flow(v_0) = true, flow(v_1) = false, target(E) = v_1,

done(v_0) = false, done(v_1) = true, urgent(E) = true, guard(E) = true,

jump(E) = $\{X, e = ch'\}$, event(E) = isa(ch)。

ch! e 表示通过通道 ch 将表达式 e 的值发送出去的进程,如图 2 – 18 所示。$\Phi_J(ch!\ e)$表示整个自动机的状态集合为$\{v_0, v_1\}$,初始位置为 v_0。在初始状态下,不变量条件 inv(v_0)为真,流条件 flow(v_0)为真,发生瞬时事件 E:其中 guard(E) = true, event(E) = isa(ch), jump(E) = $\{X, e = ch'\}$(将表达式的值保存在 e 中), source(E) = v_0, target(E) = v_1。并且在 v_0 位置下 done(v_0) = false,在 v_1 位置下 done(v_1) = true。

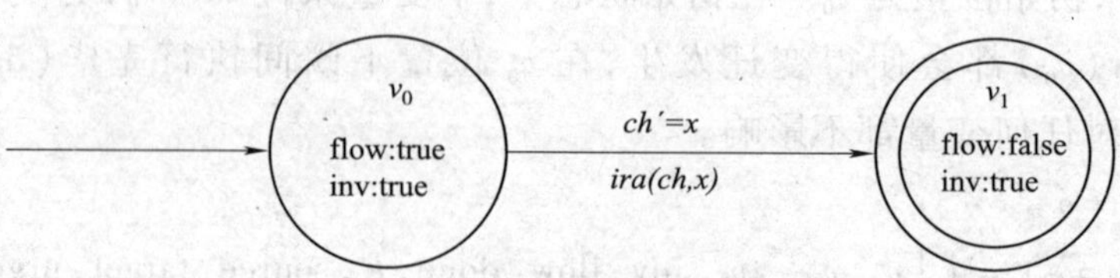

图 2 – 18 通道发送数据

(5) $ch?\ x$

$\Phi_J(ch?\ x) = (\{v_0, v_1\}, v_0, \text{inv}, \text{flow}, \text{done}, E, \text{source}, \text{target}, \text{urgent}, \text{guard}, \text{jump}, \text{isa}(ch), \text{event})$

其中:$\text{init} = (\phi, \text{true}), \text{inv}(v_0) = \text{true}, \text{inv}(v_1) = \text{true}, \text{source}(E) = v_0,$

$\text{flow}(v_0) = \text{true}, \text{flow}(v_1) = \text{false}, \text{target}(E) = v_1, \text{done}(v_0) = \text{false},$

$\text{done}(v_1) = \text{true}, \text{urgent}(E) = \text{true}, \text{guard}(E) = \text{true}, \text{jump}(E) = \{X, ch' = x\},$

$\text{event}(E) = \text{ira}(ch, x)$。

$ch?\ x$ 通过通道 ch 接收消息,并且将信息赋值到变量 x 中(x 可以是连续或者离散的变量)的进程,$\Phi_J(ch?\ x)$ 表示整个自动机的状态集合为 $\{v_0, v_1\}$,初始位置为 v_0。在初始状态下,不变量条件 $\text{inv}(v_0)$ 为真,流条件 $\text{flow}(v_0)$ 为真,发生瞬时事件 E:其中 $\text{guard}(E) = \text{true}, \text{event}(E) = isa(ch), \text{jump}(E) = \{X, ch' = x\}$(将接收到变量的值保存在 ch' 中),$\text{source}(E) = v_0, \text{target}(E) = v_1$。并且在 v_0 位置下 $\text{done}(v_0) = \text{false}$,在 v_1 位置下 $\text{done}(v_1) = \text{true}$。

(三)验证属性的表达

计算树逻辑(Computation Tree Logic, CTL)是时序逻辑的一种分支,一个 CTL 公式由两部分组成,一部分是路径量词 A(对于所有的路径),E(存在某个路径);另一部分是时态运算符 G(Global),F(Future),X(neXt),U(Until),它们的直观含义如下:

(1) $F\phi$(读作"ϕ 在将来的某个状态成立")对于某个路径为真,如果在该路径的某个状态,ϕ 为真。

(2) $G\phi$(读作"ϕ 在全局上为真")对于一条路径为真,如果在该路径的每个状态 ϕ 都为真。

(3) $X\phi$(读作"ϕ 在下一个状态为真")对于某个路径为真,如果在该路径的当前状态的下一个状态,ϕ 为真。

(4) ϕUq(读作"ϕ 成立直到 q 成立")对于某个路径为真,如果在该路径的某个状态为真,而 ϕ 在这个状态以前的所有状态都为真。

下面是一些常用的表示系统性质的 CTL 公式的描述:

(1) AGp 表示系统的不变特性。例如:说明两个进程不可能同时访问一个资源或系统不会到达死锁状态,该公式通常表示"坏的事情永远不会发生"。

(2) $AFAGp$ 表示系统最终停留在 p 为真的状态,用它说明系统失效的次数是有限的特性。

(3) $AG(p \rightarrow AFq)$ 表示从所有 p 为真的状态,最终总能到达 q 为真的状态,它也可以表示在任何状态只要有请求,则系统最终能响应该请求。

(4) AGAFp 表示从任何一个可达状态,能无限多次进入使得 p 为真的状态。可以用于描述从任何可达状态都能进入到复位状态的系统特性。

(5) AFp 表示从初始状态最终总能进入到是 p 为真的状态,即表示“好的事情总是会发生”。

(6) AGEFp 表示 p 总是有可能发生的。例如:可以表示系统总是可能进入到不死锁的状态。

基于动作的时间树逻辑 ACTL(Action Based Temporal Logic)是 CTL 的真子集,是只允许全局公式的规范,其只有路径量词 A,没有存在量词 E。ACTL 的语法定义为:$\phi ::= p \mid \alpha \mid \neg \phi \mid \phi \vee \phi \mid \phi \vee \phi \mid AX\phi \mid AF\phi \mid AG\phi \mid AF(\phi U \phi)$。

这里采用 ACTL 公式来表达列控系统的混杂性。例如:高速列车在线路上追踪运行,我们要保证列车碰撞或者出轨的事件(两列车在同一时刻,同一位置状态上)不能出现,即“列车位置永远小于 EoA(行车许可终点)”等安全功能,这些随时间变化连续参数的性质,我们可以用 ACTL 做如下描述:

$$\neg AG[TP < MA.\,eoa]$$

其中,TP 是随时间变化的连续位置信息($d(TP)/dt = LD.V$;$d(LD.V)/dt = acc$)。

三、实例分析

(一)行车许可场景的建模与验证

1. 场景描述

根据 CTCS-3 级列控系统总体技术方案,整个行车许可场景分成接发车进路、通过进路和区间闭塞分区三种行车许可场景模式,本节主要以区间闭塞分区行车许可场景为例进行分析。如图 2-19 所示,列车在闭塞分区内的运行示意图,整条线路由多个闭塞分区组成,首先假设闭塞分区的长度都一样,每个闭塞分区有自己的限制速度。由于列车运行过程中传感器的测速测距误差,每个闭塞分区都布有一个应答器,用来矫正列车位置。

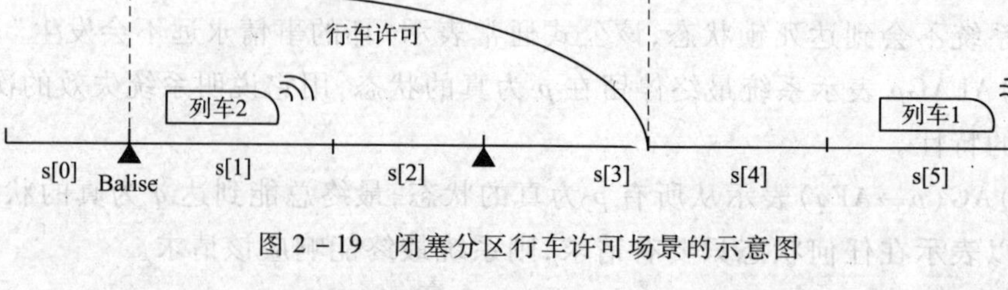

图 2-19 闭塞分区行车许可场景的示意图

2. 子系统交互信息流

闭塞分区行车许可场景交互过程的数据流如图 2－20 所示。列控中心负责将闭塞分区的占用状态及区段的临时限速发送给地面设备 RBC；车载设备将列车的位置发送给 RBC；RBC 根据线路的静态限速信息，列车当前位置、行驶方向、进路信息、轨道电路占用的状态，以及区段的临时限速信息来授权每辆列车可以运行的路径和距离。车载设备根据不同 RBC 信息（MA、SMA、UEM、EM）进行对 MA 的监督，并生成制动模式曲线进行对列车运行的控制，以保证列车运行的安全。

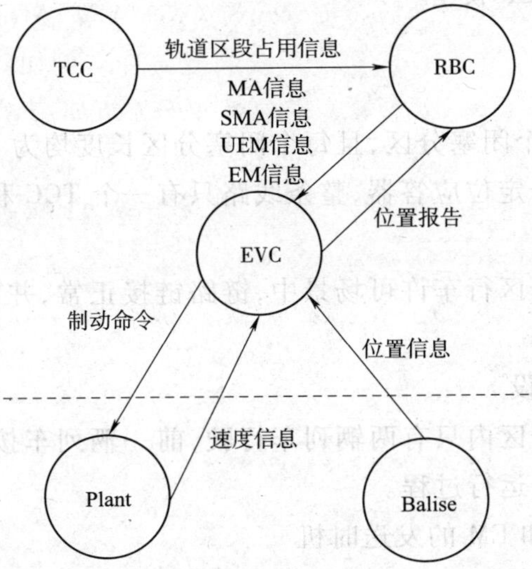

图 2－20 闭塞分区行车许可交互的数据流

3. 场景安全功能需求

（1）正常 MA 监控过程

通过车载设备监控区段限速、监控目标速度及监控 EoA 三个速度监控功能，保证列车安全运行的相关性质如下：

①列车的位置永远小于 EoA。

②进行顶棚速度监控时，列车的速度小于当前限速。

③当列车进行目标点 EoA 监督的时候，如果超过紧急制动触发线，则实施紧急制动。

（2）SMA 监控过程

①如果列车位置越过 SMA 的 EoA 点，则立即实施紧急制动。

②如果 SMA 的 EoA 超过当前的 EoA 点，则拒绝接收 SMA 信息。

(3)UEM 监控过程

如果列车收到 UEM,则立即实施紧急制动。

(4)CEM 处理过程

①如果列车位置介于 CEM 停车点与最小紧急制动点之间,将输出紧急制动命令。

②如果列车位置介于最小紧急制动点与最大常用制动点之间,列车将使用常用制动。

③如果列车越过 CEM 停车点,则忽略 CEM 消息。

(二)场景的 HCSP 模型

1. 模型的假设

(1)线路假设

假设线路有 15 个闭塞分区,且每个闭塞分区长度均为 d(1 km),每个闭塞分区起点都布置一个定位应答器,整条线路只有一个 TCC 和 RBC 管辖。

(2)链路假设

假设整个闭塞分区行车许可场景中,链路链接正常,并能在规定的时间内收到相关的信息。

(3)列车数量假设

假设整个闭塞分区内只有两辆列车行驶,前一辆列车按最大速度行驶,且模型中只考虑后车的运行过程。

(4)SMA、CEM 和 EM 的发送时机

由于 HCSP 目前还不能刻画随机进程操作,我们规定在特定位置由外部环境更改闭塞分区轨道电路占用状态,通知 RBC 发送 SMA、CEM 和 EM 信息。

(5)为了简化验证,模型不考虑常用制动的情况,仅考虑列车紧急制动的情况。

2. 场景的 HCSP 模型

整个场景模型主要由 RBC、train、Balise、EVC、TCC 和 Driver 六个并发进程完成。整个闭塞分区行车许可场景组成的控制系统可以描述成:

$$\text{Process} \triangleq \text{Plant} \parallel \text{Driver} \parallel \text{EVC} \parallel \text{RBC} \parallel \text{Balise} \parallel \text{TCC}$$

模型中的连续变量、离散变量和通道定义如下:

(1)连续变量定义

①s 表示列车的位置。

②v 表示列车的速度。

③t 表示时间变量,$dt = 1$。

(2)离散变量定义

①a 表示列车的加速度。

②v_p 表示列车的允许速度。

③$s[i]$,$m[i]$表示第 i 个区段的状态。

④eoa 表示 MA 的终点位置。

⑤$neoa$ 表示 CEM 或者 SMA 发送新的 MA 终点位置。

⑥v_r 表示 MA 的顶棚限制速度。

⑦T,v_0,bs,be,v_q 表示一些常量。

⑧eb,v_e,de 表示列车计算目标速度监控的变量,以及紧急制动变量。

⑨A,B,C 是一些布尔变量。

(3)通道定义

①ch_{p2e}表示 plant 进程向 EVC 进程发送当前速度的通道。

②enter 和 leave 表示列车进入或者离开某个区段以后,向 TCC 发送的同步信息的通道。

③ch_{d2p}和 ch_{e2p}分别表示 Plant 从 Dirver 和 EVC 进程加速度 a 的通道。

④press 表示列车一旦压到应答器上与应答器 Balise 的同步通道。

⑤ch_{e2d}表示 EVC 向 Dirver 发送列车当前速度和允许速度的通道。

⑥ch_{t2r}表示 TCC 向 RBC 传输轨道占用状态的通道。

⑦ch_{b2e}表示 Balise 向 EVC 发送应答器信息的通道。

⑧ch_{r2e}表示 RBC 向 EVC 发送 MA 的通道。

⑨ch_{e2r}表示 EVC 向 RBC 发送列车位置的通道。

(4)功能定义

①A_{PSMA}:车载处理 SMA 功能。

②A_{EM}:车载处理紧急停车消息功能。

③A_{SMA}:RBC 发送 SMA 功能。

④A_{CEM}:RBC 发送 CEM 功能。

⑤A_{UEM}:RBC 发送 UEM 功能。

(5)各个进程操作

①Plant Process:假设 Plant 的递归子进程 P_0 定义为:列车 Train 实时计算列车的位置和速度,其变化规律遵从 $<\dot{s}=v,\dot{v}=a>_{(s=0,v=0,a=0)}$,假设列车的速度、位置、加速度初始化均为零;通过通道 ch_{p2e}将列车的速度周期性地发送给车载 EVC;并且当列车的位置通过应答器位置时($(s=s_1)$)向应答器发送同步命令 press。

pProc 是 Plant 递归进程：假设列车初始位置占用股道为 $i:=1$ 且 $i=\left[\frac{p}{d}\right]$，当列车运行或者出清一个股道的情况下，向 TCC 发送同步信息 enter 和 leave；当 Train 收到来自通道 ch_{d2p} 的加速度信息 a，则更新自己列车位置和速度信息；当列车收到更高优先级通道 $ch_{e2p}?\ a$，则立即更新加速度信息 $a=be$，然后执行功能 A_{EB}：

$$P_0 \triangleq \langle \dot{s}=v, \dot{v}=a \rangle_{(s=0,v=0,a=0)} \rhd (ch_{p2e}!\ v; (s=s_1)\rightarrow press!)$$

$$pProc \triangleq \rhd (i:=1; enter!\ i; leave(i-1)!; i=\left[\frac{p}{d}\right];$$
$$P_0 \rhd (ch_{d2p}?\ a) \rhd (ch_{e2p}?\ a; (a=be)\rightarrow A_{EB}))$$

②Driver Process：Diver 进程定义成递归 dProc：周期性地对从车载 EVC 进程通道 ch_{e2d} 接收到的信息 (v,v_p) 进行判断，如果实际速度小于最大允许速度 $(v\geqslant v_p)$，则司机在 $[-be,0]$ 区间内选择一个加速度 a，通过通道 ch_{d2p} 发送给 Plant 进程；反之，在区间 $[-be,A]$ 上选择一个减速度。

$$dProc \triangleq \rhd (ch_{e2d}?\ (v,v_p); (v\geqslant v_p)\rightarrow (\exists a\in[-be,0].\ ch_{d2p}!\ a);$$
$$(v\leqslant v_p)\rightarrow (\exists a\in[-be,A].\ ch_{d2p}!\ a))$$

③Balise Process：对于每个应答器进程 bProc 定义成：应答器的位置初始化为 $S:=d$，当接收到 Plant 进程的 press 同步信息后，向 EVC 进程通过通道 ch_{b2e} 发送位置 S。

$$bProc \triangleq S:=d; press?; ch_{b2e}!\ S$$

④TCC process：TCC 进程 T_cProc 定义成：前五个区段状态 $s[i]:=0; i\leqslant 14$，最后一个区段状态 $s[5]:=1$，且布尔变量初始化为 $B:=0$；递归进程收到 Plant 的同步信息 enter 和 leave 后，改变相应 $s[i]$ 的状态，同时将布尔变量 B 置为 true；通过通道 ch_{t2r} 将状态信息 s 发送给 RBC 进程，然后将 B 复位。

$T_cProc \triangleq s[0]:=0; s[1]:=0; s[2]:=0; s[3]:=0; s[4]:=0; s[5]:=1; \cdots; s[14]=0; B:=0; \rhd (enter?\ i\rightarrow (s[i]:=1); leave?\ j\rightarrow (s[j]:=0); B:=1; (B=1)\rightarrow (ch_{t2r}!\ s; B:=0));$

⑤RBC Process：RBC 进程 $rP_{ma}(loc)$ 定义成：所有区段状态 $m[i]:=0; i\leqslant 14$，列车位置初始化 $p:=0$，移动授权终点初始化 $eoa:=0$，区段限速初始化 $v_r:=0$，最大速度 $v_0:=0.097$ km/s（折算成实际速度 350 km/h），三个布尔变量初始化 $A:=0; B:=0; C:=0$；递归进程，从通道 ch_{e2r} 收到 EVC 进程的位置信息 pos 赋值给 p，从通道 ch_{t2r} 收到 TCC 进程的区段状态信息 s 赋值给 m，然后布尔变量 $A:=1; B:=1$；当 $(A=1)\wedge(B=1)$ 时，计算 $eoa:=(i-\left[\frac{p}{d}\right])\cdot d-p$，赋值

最大速度 $v_r:=v_0$，布尔变量 C 置 1；当 C 为真，通过通道 ch_{r2e} 把 eoa、v_r 发送给 RBC 进程，然后清零所有的布尔变量 A,B,C。

RBC 发送 SMA、CEM 和 UEM 的时机如下：

①SMA：当列车速度为 0.05 km/s 时，RBC 向车载 EVC 发送 SMA 信息，新的 EoA 终点 $neoa$ 为 10 km 处。

②CEM：当列车位置经过第四个区段时，RBC 向车载 EVC 发送 CEM 信息，新的 CEM 停车点 $neoa$ 为 3 km 处。

③UEM：当列车位置经过第五个区段时，RBC 向车载 EVC 发送 UEM 信息。

RBC 进程如下：

$$rP_{ma}(loc) \triangleq m[0]:=0;m[1]:=0;m[2]:=0;m[3]:=0;m[4]:=0;$$
$$m[5]:=0;\cdots;m[14]=0;$$
$$p:=0;eoa:=0;v_r:=0;i:=5;v_0:=0.03;d:=1;neoa=10;$$
$$A:=0;B:=0;C:=0;$$
$$\triangleright(ch_{e2r}?\ pos;p:=pos;ch_{t2r}?\ s;m:=s;A:=1;B:=1;$$
$$(A=1)\wedge(B=1)\rightarrow(eoa:=(i-\left[\frac{p}{d}\right])\cdot d-p;v_r:=v_0;C:=1;$$
$$(C=1)\rightarrow(ch_{r2e}!\ (eoa,v_r);C:=0;A:=0;B:=0);$$
$$(v_0=0.05)\rightarrow A_{SMA};(s=4)\rightarrow A_{CEM};(s=5)\rightarrow A_{UEM})$$

④EVC Process：EVC 进程 eP_{evc} 定义为：列车初始化位置 pos，目标速度 v_e，与 eoa 之间距离 de，列车的允许速度 v_p，加速度 a 都置零，列车紧急制动 $eb:=-be$，周期 $T:=1$，速度差 v_q 为常量 0.004 km/s；递归进程从 Plant 进程通道 ch_{p2e} 收到列车速度 v 后，计算列车位置 $pos:=pos+vT$，但会被 Balise 进程通道 ch_{b2e} 发送的位置 s 矫正 $pos:=s$；从 RBC 进程通道 ch_{r2e} 收到移动授权信息 eoa、v_r 后，计算距离 eoa 距离 $de:=eoa-v^2/2be-T\cdot v$，列车目标速度 $v_e:=\sqrt{2be(eoa-de)}$，允许速度 $v_p:=v_e-v\cdot T$；当列车速度大于最大限速与速度差之和（$v>(v_r+v_q)$）或者列车位置在 de 和 eoa 之间且实际速度超过 v_e 时，则通过通道 ch_{e2p} 向 Plant 进程发送紧急制动命令，同时通过通道 ch_{e2d} 向 Diver 进程发送实际速度和允许速度（v,v_p）。一旦列车收到 RBC 发送的 SMA、CEM 和 UEM 信息则调用相关的功能：

a. SMA：当车载 EVC 收到 RBC 发送的 SMA 消息，则调用 A_{PSMA} 功能。

b. CEM 和 UEM：当车载 EVC 收到 RBC 发送的 EM 消息（CEM 或者 UEM），则调用 A_{EM} 功能。

EVC 进程如下：

$$eP_{evc} \triangleq pos:=0;v:=0;eb:=-\mathrm{be};v_e:=0;de:=0;$$

$$v_p:=0;a:=0;T:=1;\mathrm{v}_q:=15;$$

$$\triangleright(\mathrm{ch}_{p2e}?\ v;(pos:=pos+vT)\ \underline{\triangleright}\ [(\mathrm{ch}_{b2e}?\ s;pos:=s)];$$

$$\mathrm{ch}_{r2e}?\ (eoa,v_r);de:=eoa-v^2/2\mathrm{be}-T\cdot v;$$

$$v_e:=\sqrt{2\mathrm{be}(eoa-de)};$$

$$v_p:=v_e-v\cdot T;$$

$$((v>(v_r+\mathrm{v}_q))\vee((v>v_e)\wedge(pos<eoa)\wedge(pos>de))\rightarrow(\mathrm{ch}_{e2p}!\ eb);$$

$$\mathrm{ch}_{e2d}!\ (v,v_p);\mathrm{ch}_{r2e}?\ sma\rightarrow \mathrm{A}_{PSMA};(\mathrm{ch}_{r2e}?\ cem\vee \mathrm{ch}_{r2e}?\ uem)\rightarrow \mathrm{A}_{EM})$$

（三）混杂性的 ACTL 描述

1. 正常 MA 监控过程

（1）列车的位置永远小于 EoA：

$$\mathrm{AG}[\mathrm{TP}<\mathrm{MA}.eoa]$$

（2）进行顶棚速度监控时，列车的速度小于当前限速：

$$\mathrm{AG}[v<v_r+\mathrm{v}_q]$$

（3）当列车进行目标点 EoA 监督的时候，如果超过紧急制动触发线，则实施紧急制动：

$$\mathrm{AG}[v>v_e\rightarrow \mathrm{EB}]$$

2. SMA 监控过程

如果列车位置越过 SMA 的 EoA 点，则立即实施紧急制动：

$$\mathrm{AG}[(pos>neoa\&\&mes=sma)\rightarrow \mathrm{EB}]$$

3. UEM 监控过程

如果列车收到 UEM，则立即实施紧急制动：

$$\mathrm{AG}[mes=uem\rightarrow \mathrm{EB}]$$

4. CEM 处理过程

如果列车位置介于 CEM 停车点与最小紧急制动点之间，将输出紧急制动命令：

$$\mathrm{AG}[pos>neoa-dEB\rightarrow \mathrm{EB}]$$

（四）模型的验证

PHAVer(Polyhedral Hybrid Automation Verifier)[15] 由法国格勒诺贝尔第一大学的 Goran Frehse 于 2005 年开发完成，是目前比较高效的混合系统形式验证工具。PHAVer 使用混杂自动机建模，主要用于计算含有不确定输入的线性混杂自动机的可达集，它的流管道过近似算法是基于不动点理论，过近似流管道的表达方式是使用 Parma Polyhedra Library 的齐诺多面体算法(Zonotopes)。本实例就是利用 PHAVer 仿真上述 HA 模型,然后根据验证属性的 ACTL 公式判定性质的正确性。

1. 模型的仿真

通过转换规则,将上述 HCSP 模型转换成 HA 模型(具体转换过程见附录 A),设定初始状态:$s \in [0,15]$,$v \in [0,0.097]$,离散变量 $a \in [-0.001, 0.001]$,对闭塞分区行车许可场景我们用验证工具 PHAVer 进行仿真,下面给出验证步骤:

(1)自动机模型

Plant 自动机模型的输入语言如下:

```
automaton plant
contr_var:i,a,v,s,t;
input_var:ad,eb;
synclabs:tau,Press,Enteri,Leavei,sendV,receiveU,EB;
loc normalRun:
        while a > =bs&a < =Await{s' = =v&v' = =a&t' = =1}
        when ture sync EB do {a' = =eb} goto EmergencyBrake;
        when s = =d sync Press goto normalRun;
        when t = =T sync sendV do {t' = =0} goto normalRun;
        when ture sync Enteri goto normalRun;
        when ture sync Leavei goto normalRun;
        when ture sync receiveU do {a' = =ad} goto normalRun;
        when ture sync tau goto normalRun;
loc EmergencyBrake;
        while a = = -be &v >0 wait{s' =v & v' = -be & t' =1}
        when v = =0 sync tau goto stop;
        when ture sync goto EmergencyBrake;
loc stop;
        while true wait {true}
        when ture sync tau goto stop;
```

(2)参数设定

PHAVer 程序中关键函数参数的设定值:

REACH_USE_CONVEX_HULL = false;

```
REACH_MAX_ITER = 0;
REACH_USE_BBOX = false;
BOUND_BOX_BITSIZE = 0;
CONSTRAINT_BITSIZE = 0;
REFINE_DERIVATIVE_METHOD = 0。
```

2. 模型验证

PHAVer 提供了四种分析混合系统的可达集,分别是:从初始集出发的前向分析可达集;从不安全区域出发的后向分析可达集;全局出发分析的可达集;前向/后向法分析可达集。本节使用第一种可达集分析方法,即:从初始集出发的前向分析可达集。根据前面提出的安全功能的 ACTL 形式化描述,PHAVer 内部的验证属性的非可达集状态表示为:

(1)正常 MA 监控过程的非可达集

①进行顶棚速度监控时,列车的速度大于当前限速:

forbidden1 = sys. {\$ ~ \$ ~ \$ ~ normal ~ \$ ~ \$& $v > v_r + v_q$}

②列车的位置大于 EoA:

forbidden2 = sys. {\$ ~ \$ ~ \$ ~ normal ~ \$ ~ \$& $v > v_r + v_q$}

③当列车进行目标点 EoA 监督的时候,如果超过紧急制动触发线,未实施紧急制动:

forbidden3 = sys. {\$ ~ \$ ~ \$ ~ normal ~ \$ ~ \$& $v > v_e$}

(2)SMA 监控过程

如果列车位置越过 SMA 的 EoA 点,未立即实施紧急制动:

forbidden4 = sys. {\$ ~ \$ ~ \$ ~ normal ~ \$ ~ \$& $pos > neoa - de$}

(3)CEM 处理过程

如果列车位置介于 CEM 停车点与最小紧急制动点之间,未输出紧急制动命令,则与 forbidden4 相同:

forbidden5 = sys. {\$ ~ \$ ~ \$ ~ normal ~ \$ ~ \$& $pos > neoa - de$}

(4)UEM 监控过程

如果列车收到 UEM,未实施紧急制动:

forbidden6 = sys. {\$ ~ \$ ~ \$ ~ normal ~ \$ ~ \$&uem}

执行命令函数:

```
sys = Plant&Balise&Driver&EVC&RBC&TCC;
sys. set_refine_constraints((pos,0. 05),(v,0. 05),tau);
reg = sys. reachable;
```

```
reg.intersection_assign（forbidden1,forbidden2,forbidden3,forbidden4,
                         forbidden5,forbidden6）;
echo"";
echo"Reachable forbidden states:";
echo"";
echo"Reachable forbidden states empty?";
reg.is_empty;
```

通过 PHAVer 的仿真验证，这些 forbidden1、forbidden2、forbidden3、forbidden4、forbidden5 和 forbidden6 状态都是不可达的，即满足前面提出的混杂性要求，证明了闭塞分区行车许可场景功能的正确性。

参考文献

[1] Object Management Group. Unified Modeling Language: Superstructure version2.0,2009.

[2] Object Management Group. UML Testing Profile Version 1.0,2005.

[3] Berkenkötter K,Bisanz S,Hannemann U,et al. The HybridUML Profile for UML 2.0. International Journal on Software Tools for Technology Transfer,2006,8(2):167－176.

[4] Object Management Group. Object Constraint Language-OMG Available Specification Version 2.0, 2006.

[5] Object Management Group. UML Testing Profile,Version 1.0,2005.

[6] Object Management Group. MARTE specification version 1.0,2011.

[7] 铁道部科技司．CTCS-3 级列控系统标准规范—CTCS-3 级列控系统系统需求规范（SRS）（第一册）．北京：中国铁道出版社，2009.

[8] 牛儒，曹源，唐涛．ETCS-2 级列控系统 RBC 交接协议的形式化分析．铁道学报．2009，31（4）：52 － 58.

[9] Zhou C, Wang J, Ander P. A Formal Description of Hybrid Systems. Lecture Notes in Computer Science ,1996,1066:511－530.

[10] Zhou C,Hoare C,Anders P. A Calculus of Durations. Information Processing Letters,1991,40:269－276.

[11] 铁道部科技司．CTCS-3 级列控系统标准规范—CTCS-3 级列控系统功能需求规范（FRS）．北京：中国铁道出版社，2009.

[12] IEC61508. Functional Safety of Electrical/ Electronic/Programmable Electronic Safety－Related Systems. IEC. 2005.

[13] Alur R,Dill D. A Theory of Timed Automata. Theoretical Computer Science,1994,126:183－235.

[14] Frehse G. PHAVer: Algorithmic verification of hybrid systems past HyTech. Lecture Notes in Computer Science,2005,3414: 258－273.

第三章　列控系统的安全分析

安全分析方法是指系统安全工程中所使用的分析方法。而系统安全工程的目的是保障安全苛求系统在组件失效或异常的状态下仍然按照预设程序工作。在大多数情况下，安全工程师需要依赖一系列安全分析方法来发现安全隐患、提出设计要求，并证明当前设计足够安全。从这个方面来说，安全分析方法就是帮助人们认识安全苛求系统，并定性或定量得出安全相关结论的方法。

随着越来越多的高新技术在新一代列控系统中得到运用，列控系统的特性也在随之改变。系统的规模日趋庞大、功能更加强大、组件交互更加频繁和复杂。与之对应的，安全分析方法也经历着从传统的事件链分析技术到基于模型的安全分析技术的转变。

第一节　安全分析方法及其演变

一、安全工程与安全分析

19 世纪 50 年代系统安全工程成为了一门独立的学科。系统安全工程，又称为系统安全，是指以将安全风险降低到可接受范围为目的，在系统全生命周期中对各种工程学和管理学原则、准则和技术的综合应用。

风险，即危险发生概率和后果严重程度的乘积，是随着计算机技术而产生的用于衡量系统安全性的概念。在机械和电气时代，系统安全由系统元件的自身所具有的物理特性来保证的。对于这些本质安全系统来说，安全是一个绝对的概念，而事故被看作是失效的产物，因此这一时期安全并没有作为一个独立的系统特性提出。随着电子技术的出现，系统的复杂程度显著提高、规模日趋庞大，频繁的事故和巨大的人员、财产损失使人们逐渐认识到系统安全的重要性。1947 年，美国航空航天领域一篇题为《为了安全的工程》的科技论文首次提出了系统安全的概念，并认为系统安全与系统稳定性、可用性一样，必须融入系统设计和制造的各个环节之中。19 世纪 70 年代以来，计算机技术逐步替代了具有本质失效—安全性质的电气设备，绝对安全的概念也随之消失。为了能够评价系统的安全性，从安全性的两大要素——事故的损失和发生频率的角度引入了“风险”的概念，安全性也被重新定义为“不存在不可接受的风险”。而且，由于计算机技术、信息技术的飞速发展，人们全面、正确的理解和认识系统的所有行为及行为交互已经变得非常困难。因此，失效也不再是造成事故的唯一原因，硬件设计缺陷和错误、人为因素、环境干扰等在安全分析中都需要着重考虑的方面。

19 世纪末，逐步形成了一套以风险为主线，在生命周期的不同阶段组合使用多种离散事故链模型的安全分析方法。在概念阶段，首先从官方危险数据库或用户提供的危险历史积累，根据系统功能和特点选取危险集合。以此为基础召开 HAZOP 会议，采用头脑风暴的形式分析危险可能的原因、后果、防御措施和风险等级。对于风险级别较高的危险，进一步使用原因结果分析(Cause Consequence Analysis，CCA)方法和系统层失效树分析(Fault Tree Analysis，FTA)方法分别对危险的各种后果和原因进行分析。在系统规范确定之后，对每一个安全功能应用功能失效分析(Function Failure Analysis，FFA)，查找其可能出现的失效模式及其原因后果。在之后的架构设计、详细设计以及集成、测试阶段，针对不同层次的系统信息，应用 FTA、FMECA 等结构化的方法，对结论进行检验和细化。在整个设计过程中，安全分析需要在不同阶段反复进行。

二、传统安全分析方法

本节依次介绍对失效树、失效模式影响分析和危险与可操作性分析三种传统的经典安全分析方法，这也是目前工业界仍然成熟使用的安全分析方法，进行简单的介绍，着重评述每个方法的特点和应用局限。

(一)失效树分析

1961 年，美国贝尔实验室科学家 H. A. Watson 首先提出了失效树分析(Fault Tree Analysis，FTA)方法，并将该方法成功应用于美国空军 Minuteman 导弹发射控制系统的研制。几年之后，该方法在波音公司得到应用和发展。20 世纪 80 年代，美国原子能管理委员会将 FTA 及其分析过程规范化，并编写了失效树分析手册。随着该方法日趋成熟，出现了很多 FTA 的自动分析求解工具，到 1995 年全球已经开发出一百多种 FTA 工具。目前，该方法被广泛应用于电子、化工、机械、核能等多种工业领域，是应用最为广泛的推演安全分析技术。

FTA 是一种逻辑推导方法,其图形描述由事件符号(基本事件、中间事件、未展开事件、条件事件)和逻辑连接符号(与门、或门、异或门、优先与门、禁止门)组成。该方法将某个确定的不希望发生事件(通常是危险事件或事故)作为"顶事件",根据分析者的经验寻找引发该事件的直接原因,并使用逻辑连接符号表述原因事件的组合关系,与顶事件关联。而后,再分析每一个直接原因事件的产生原因,直到推导出"基本事件"。FTA 的目的就是推演出所有可能引发顶事件的基本事件组合,并可以根据基本事件的发生概率数据计算出顶事件的发生概率。

为了适应计算机控制系统,国际上很多著名学者对标准 FTA 方法进行了改进,出现了两种不同的研究方向。其中一种是在标准失效树的基础上进行扩展,使之适应复杂硬件失效建模的需要。例如:在传统失效树中增加新的逻辑连接符号,用于描述复杂计算机系统中经常出现的各种冗余结构[1,2],从而弥补了传统 FTA 对于基本事件独立性的限制。但是,这种思路没有顾及软件逻辑以及硬件失效对软件的影响等方面的问题。另一种方式则与传统 FTA 完全不同,而是将 FTA 思想应用在软件可靠性领域。Leveson 和 Harvey 在文章中[3,4]首次提出了软件失效树分析(SFTA),用来分析软件逻辑是否会导致系统危险状态。

失效树分析方法定义灵活,并不限制事件的类型,不论是系统内部的逻辑错误、硬件失效还是外部环境的温度、湿度、震动等等因素均可纳入同一个模型中,因此该方法适用领域非常广泛。而且失效树分析可以基于系统的各个层次,对系统、子系统、模块、程序、工作环境等都可采用这种方法,基本涵盖了系统生命周期从概念阶段到维护等各个阶段。在分析结果方面,该方法既能得出危险事件发生原因的最小割集,使得系统安全设计有的放矢;也能进行定量分析,根据各个基本事件的发生概率估计出危险事件的发生概率。

然而,该方法虽然简便易行,但是要求使用者对于分析对象认识全面、经验丰富。而且,系统一旦改动需要重新进行分析,不同阶段的分析结果之间的重用性较差,对于大规模复杂系统来说时间成本和人力成本都比较巨大。

(二)失效模式与影响分析

失效模式与影响分析(Fault Modes and Effects Analysis, FMEA)最初是 1949 年颁布的美国军方程序文件《MIL－P－1629A 执行失效模式、影响和严重度分析方法》提出的一种安全分析程序。之后,逐步在飞机制造、航空安全、化学化工以及汽车制造领域得到应用。1980 年美国海军颁布了美军标 MIL－STD－1629A 将这一流程标准化,成为安全分析的经典方法。

FMEA 是通过系统、子系统、单元、元器件的失效模式来辨识系统危险，并在此基础上评估失效模式对系统影响的一种归纳型安全分析方法。FMEA 从单元失效模式入手，考虑每一种失效模式对于子系统、系统的影响，从而检查其是否能够满足系统安全需求。FMEA 的结果通常被用于元器件选择或维护检查点的确定，也被用于检查系统是否存在单点失效。

FMEA 的一种常见的扩展方法是失效模式、影响及危险度分析（Fault Modes, Effects and Criticality Analysis, FMECA）。这种方法在 FMEA 中增加了关键度分析，以确保具有严重后果的失效模式具有足够低的发生概率，发生概率高或后果严重的失效模式将分配较高的关键度，需要在之后的设计工作中进行纠正。

FMEA 方法对每个元件的每一种失效模式及其影响一一进行分析，可以得到比其他基于事件的安全分析方法更加精确、细致的定性和定量结果。但也正因为如此，这种方法的工作量非常巨大，对大规模复杂系统进行整体 FMEA 分析是不可想象的。尽管美军标给出了大多数硬件元件的失效模式，但要对这些失效模式的影响进行准确估计，仍然要求使用者对于系统有足够的了解。FMEA 方法的另一个显著缺陷是忽略了各个单元、模块之间的相互影响，无法分析组合失效模式对系统的影响。目前，工程上这种方法大多和 FTA 等方法组合使用，在详细设计阶段分析系统硬件模块或失效模式明确的（Commercial-off-the-Shelf, COTS）设备能否满足系统级的安全需求。

（三）危险与可操作性分析

19 世纪 70 年代早期，英国帝国化学工业公司（ICI）的工程师从化学生产流程安全管理中总结出危险与可操作性分析（Hazard And Operability Analysis, HAZOP）方法。该方法从生产系统中的工艺状态参数出发，运用启发性引导词来研究状态参数的变动，从而进行危险辨识、安全分析。

HAZOP 方法是一种团队工作流程，其核心概念由“HAZOP 参数”和“引导词”组成。“HAZOP 参数”是 HAZOP 分析的研究对象，“引导词”是 HAZOP 参数可能出现的偏差种类。HAZOP 分析的过程就是集合系统相关各方面专家，讨论在所有系统工序流程中“HAZOP 参数”是否可能出现“引导词”所表示的偏差，以及这种偏差的后果和防护措施。因此，确定“HAZOP 参数”和“引导词”是适应 HAZOP 方法的前提。

传统的 HAZOP 主要应用在化工生产过程的安全分析，逐步引入到计算机控制领域。1990 年，Bondavalli 等人对于软件单元失效模式进行了分析研究，为 HAZOP 的引导词引入打下基础。两年后，Earthy 首先将 HAZOP 应用在计算机控制系统中,提出以处理器、存储器与外围设备的接口,以及数据流图作为 HAZOP 参数,但没有给出明确的引导词。随后,Burns 和 Pitblado 以计算机化工控制系统为例细化了这一思路,提出以信号(signal)和活动(action)作为 HAZOP 参数并给出对应的引导词(No,More,Less 和 Wrong)[5]。剑桥学者在前人工作的基础上,对于基于数据流图的 HAZOP 方法进行了总结细化,给出了较为详细的参数-引导词对照表和分析流程[6]。

HAZOP 方法从某个参数的可能偏差出发,既"向前"推演其原因,又"向后"归纳其影响,是一种综合型定性安全分析方法。HAZOP 也可以被看作头脑风暴(Brainstorming)的一种改进方法,其原理简单,对系统信息以及历史数据都没有过多要求,可以在系统生命周期的各个阶段对任何类型的系统进行分析。但是,这种方法的分析过程比较冗长,而且其分析结果对于专家知识和经验依赖性更强,分析结果准确性有限。因此,HAZOP 方法多应用在系统信息缺乏的系统研发初期阶段。

三、传统安全分析方法的问题

上述经典的系统安全分析过程简单易行,在工程中应用广泛,至今仍然是各个行业系统安全标准推荐的安全分析方法。这些方法集成了可靠性分析思路,以离散失效事件链模型为基础,认为事故是由基本失效事件造成的,安全分析的目的是确定系统的哪个组件有可能出现导致事故发生的基本原因。然而,随着计算机系统复杂程度的提高,这些出自分立元件设备分析经验的传统方法逐渐显现出他们的不足。首先,这种离散事故事件链模型仅能描述事件之间简单的线性关系,而对于非线性关系(如反馈)或者较为复杂的逻辑关系(备用组件)以及时序和时间关系的描述都非常困难。因此,对于功能和结构会随系统所处的模式变化的动态系统以及强调事件顺序的系统(如通信协议)来说,无法给出准确的描述。其次,传统方法对于事件、事件之间的关系以及分析深度的选择都过于主观,很难保证分析的完备性和正确性。例如:令美国航空航天局遭受严重信任危机的"火星极地火星探路者"号火星探测器的失败就是因为遗漏了机械腿组件和控制单元的接口错误。另外,方法的拼凑在实际应用中往往无法达到各显其长的目的。一方面,生命周期不同阶段使用的不同方法对系统描述存在差异。传统过程用不同方法对不同抽象程度的系统进行分析,例如:FFA 只需要功能层系统描述,而 FMEA 则需要更加详细、复杂的系统结构信息。而系统研发过程不仅仅是一个细化过程,也存在变更,因此不同阶段的描述和分析结果不可避免的出现一致性问题,无法重用。另一方面，不同方法之间很难建立联系，很多分析仅仅针对系统的某一部分或某一特性，造成不同方法的分析结果各有侧重，很难相互对照或借用。

第二节　基于模型安全分析的建模思想

一、基于模型的安全分析

基于模型的安全分析（Model Based Safety Analysis，MBSA）是一类方法的统称，这一类方法的共同特点是将安全分析过程抽象为能够转化为计算机语言的模型，应用计算机计算能力和计算速度自动生成系统危险致因或计算系统风险。

基于模型安全分析方法由于采用了清晰定义的描述语言和计算机辅助分析工具，与传统安全方法相比，它的描述能力和分析方式都发生了巨大变革。总的来说，基于模型的安全分析方法具有以下几个特点。

1. 具有统一、规范、严谨的系统描述

传统的安全分析方法，如 FTA、FMEA 等通常使用自然语言描述系统行为和失效，而且往往对于其语句的句型结构和语法结构不加任何约束。安全工程师完全根据自己的经验和当时的思维组织语句。这样的语句往往不能准确描述系统，甚至遗漏重要的约束、条件信息。而基于模型的安全分析方法定义了明确、清晰、严谨的语法和语义，消除了自然语言可能带来的歧义，而且能够保证语义的完整和语法的正确。方便不同开发成员之间的交互，以及模型的检查和更新。

2. 模型灵活性、重用性强

传统安全分析方法的另一大弊端就是模型结构不灵活，重用性差。一旦改动系统设计往往需要重新对系统重新进行分析，原系统的分析结果和过程都无法重新使用。基于模型的安全分析方法通常都采用分层、模块化建模，同时大量采用标准化的模型库，如失效模式库、系统运行场景库等。一旦系统设计发生变化，可以方便定位到具体模块，仅仅需要修改局部模型信息或替换调用库。分析结果也自动计算生成，节省了大量的人力工作。

3. 具有高效的分析效率

基于模型安全分析方法的主要初衷就是自动化安全分析过程，从而使安全工程师从大量繁杂的计算、整理工作中解脱出来，将工作重心放在系统特性的分析和理解上。另一方面，自动化的分析过程和标准化的输出也节省了安全分析的时间成本和人力成本，能够更好地配合轨道交通系统的工程周期。

二、失效传播模型

失效传播模型是安全工程师以安全分析为目的建立的系统模型。失效传播模型原理如图 3－1 所示，它包括组件失效模型和组件失效关联模型两部分。安全工程师基于个人对系统的理解，在组件层面分析并描述各种失效因素，失效因素的转化、融合、传播关系以及组件对于失效的屏蔽、抑制、消除作用。而后，根据组件间的安全关联关系，将各个组件连接起来。因此，在某种程度上，我们可以把失效传播模型看做是传统安全分析模型的模块化方法。

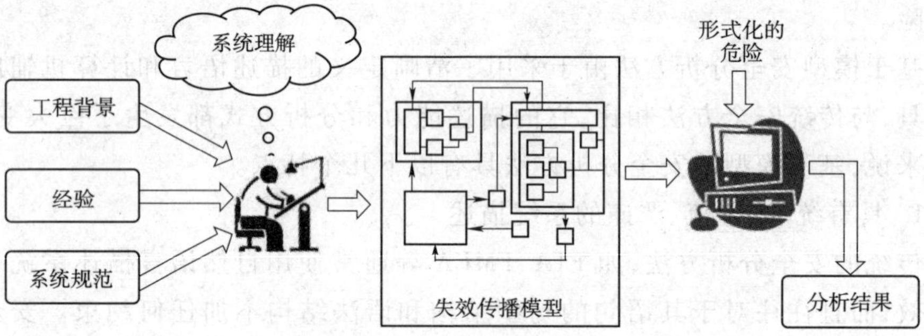

图 3－1　失效传播模型原理

失效传播模型将传统的自然语言描述的危险事件转化为计算机可以理解的形式化的表述形式，因此分析和求解可以根据预先设定的算法，通过计算机自动完成。由于在组件层级上，传统的归纳分析方法和推演分析方法是可以相互印证的。因此，失效传播模型的分析可以生成归纳形式或推演形式的结果，即可以自动生成 FT 模型和 FMEA 表格。当然，也可以直接生成危险事件的最小故障模式割集。

需要注意的是，失效传播模型的失效模式并不仅仅指组件规范的偏差。完全遵照规范定义工作的组件也会由于其所依赖的服务出现偏差或者规范本身的缺陷而失效。例如：水泵没有按照预先设计出水的原因可能是供水阀门未开（其他组件失效的输入），也可能是水泵没有按照控制指令开始工作（自身的失效）。

失效传播模型是以安全分析为目的建立的模型，其分析思路与传统安全分析方法有很多的相似之处。该模型不依赖系统设计细节，可以应用于系统开发的初期阶段，而且支持模型的不断精化，配合系统开发各个过程。同时，自动化的分析计算节省了人力成本和时间成本,有效地缓解了安全分析与系统进度的矛盾。因此,这一类方法近几年受到工业界的广泛关注和尝试。

FPTN 及其演变形式 FPTC 是最经典的失效传播模型,我们将在本章第三节对其进行详细介绍。

三、故障注入模型

如果我们将失效传播建模方法看成是根据系统结构模块化安全工程师的人工安全分析过程,使安全分析与系统设计更好的结合起来;那么故障注入则是将系统模型与失效行为完全融为一体。近几年,很多学者借用形式化模型和方法来实现这一建模思想, ESACS[7,8] 和 ISAAC[9] 两个欧盟项目是这一方法的成功范例。与失效传播建模不同,故障注入不需要单独为安全分析建立模型。安全工程师会在系统不同阶段的设计模型(如 SCADE 或 StateMate)中加入若干个模块进行失效模式的描述,而后利用成熟的形式化工具对其进行模型检验分析或仿真分析,从而得到这些失效模式对系统整体影响的定性或定量结果。通常,这种模块都会有两个输入和一个输出,其中一个输入和输出配合将失效引入到系统模型中,另外一个输入(通常是布尔类型),用于控制该失效在什么时候被激活。没有被激活的失效是不会对系统产生影响的。一旦失效被激活,该模块会根据预设的失效模式对相关系统数据或行为进行相应改变。假设我们给一个布尔信息定义了一个"翻转"失效模式,那么激活后,系统下一步使用的将是该原有数据的翻转。相似的,失效模式"恒输出 0"激活后,系统不会再理会原有数据,而是使用"0"。

通常原始的系统行为模型被称为"系统模型(System Model,SM)",故障注入后的模型被称为"扩展系统模型(Extended System Model,ESM)"。在 ESACS 项目所开发的工具中,除了模型分析之外,还提供了预设失效模式类的数据库。当然,也为用户设计了自己定义新的失效模式和模型扩展的用户界面。图 3-2 描述了模型建立、扩展和分析的过程关系。

得到扩展模型后,安全工程师需要定义若干个"安全需求"(验证命题),通常是描述系统不会导致某种危险情况。根据所使用的建模语言和分析工具的不同,安全需求可能表现为时序逻辑表达式(如 SCADE 模型)或定义了一个布尔输出的观测模块。如果将安全需求表述为时序逻辑表达式,那么 ESM 模型本身就必须包含能够判断安全需求是否被违背所需的所有信息,包括系统行为的描述和失效模式的描述。

ESM 模型的分析求解过程通常会借助成熟的模型检验工具,例如:ESACS

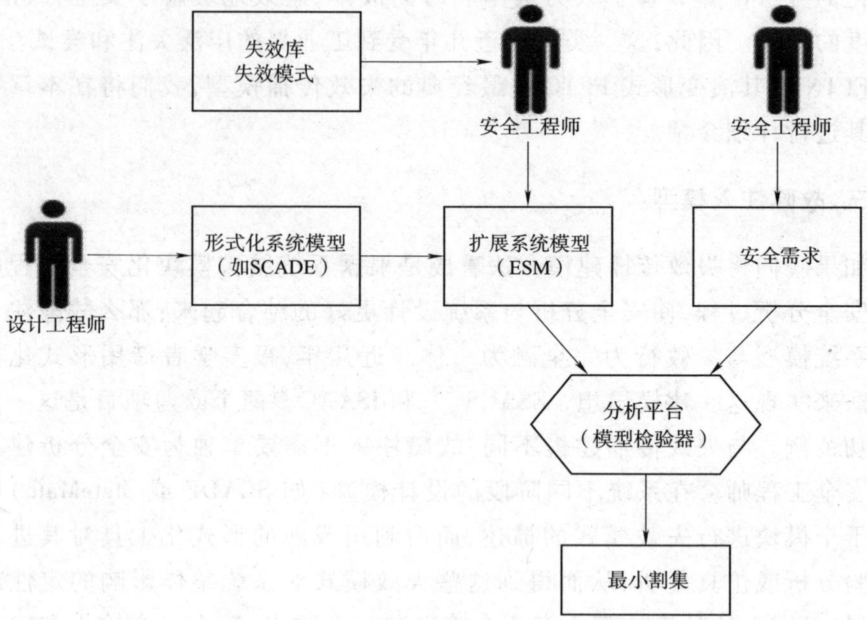

图 3－2　故障注入模型原理

项目和 ISSAC 项目分别使用了 NuSMV 和 Prover 模型检验机。模型检验是通过搜索所有模型状态空间的方法来判断命题的“真”、“假”。因为只要出现一个反例就足以证明命题为“假”，因此模型检验算法是一旦找到反例则可以推出并输出结果。然而，安全分析的目的是找到所有可能使系统陷入危险情况的系统因素，因此安全工程师的目标并不仅仅是找到一个反例，而是找到所有导致危险的失效模式，即最小割集。

与失效传播模型相比，故障注入建模思想有下面两个主要的优势：

（1）由于 ESM 模型包含完整的系统设计规范模型，因此该方法不仅仅能辨识出可能导致危险情况的失效及失效组合，而且能够证明系统在理想情况下（即不引入任何失效模式）是否可以满足所有的安全需求。而失效传播模型只是对失效行为的分析，也就是说这种方法有一个隐含前提，即系统设计规范已经通过其他方法进行安全需求验证。

（2）对于故障注入建模来说，ESM 模型是对系统设计模型的扩展。而设计模型是跟随系统开发的逐步深入递进迭代产生的，能够保证其与系统真实设计的一致性。因此，也就能保证 ESM 模型与系统设计的一致性。然而，对于失效传播模型来说，其与设计的一致性并不那么显而易见。

同时，故障注入方法也有一些不足和限制：

(1)故障注入模型需要详细而且完全确定的系统设计模型。也就是说,该方法只能应用于系统开发的末期,而这个时候任何系统修改会非常困难。

(2)故障注入方法中,安全分析的完整性取决于失效模式集合是否完备,但是,目前还没有任何方法可以指导失效模式集合的生成。而且,ESM 模型是用失效行为描述来扩展系统模型,因此故障注入方法使用的是失效模式的具体描述,例如:延迟 x 秒,这使得失效模式完备性问题更加恶化。失效传播模型则不存在这一问题,它只对失效进行抽象描述。

(3)故障注入分析结果的完备性和正确性可能会受到系统模型定义的信息流的限制。由于建模方法的限制,失效模式的影响只能通过系统模型的某些信息流引入。但是,系统模型是设计工程师为了描述系统行为而建立的,并不是为安全分析而建立的。所以,在模型抽象的过程中,很可能会省略非实体的组件间关联,而这些关联(例如:组件间失效的相互影响)恰恰很可能导致危险情况的产生。而且,自动安全分析结果和设计模型之间的形式化关系很容易让人们误以为安全分析结果是正确且完备的。

(4)随着系统复杂性的不断提高,由于实时性和非线性问题,系统模型自身已经非常复杂。加入失效模式扩展后的模型给分析工具提出了更加艰巨的挑战。

因此,单单使用故障注入一种方法并不能完成有效、恰当的安全分析。与一些应用于系统开发早期的安全分析方法相配合,将会使故障注入方法更加有效地发挥其作用。

四、混合模型

失效传播模型是针对安全分析建立的模型,故障注入模型建立在即有系统模型的基础上。两种建模方法各有所长,一些学者对两种思路的结合进行了研究。

在 Joshi 和 Heimdahl 的研究中[10,11],首先与 ESACS 和 ISSAC 项目的故障注入技术不同,故障模式通过“wrapping”组件而不是“into flow”注入到系统模型中。这种组件允许输入失效模式可以影响输出失效模式,在某种程度上扩展了 ESM 模型的描述能力。更重要的是,这种方法可以描述两个没有设计连接的组件之间的失效关联关系。因此,失效可以通过系统设计连接和“error propagation layer”两种方式进行传播。

Reeze 和 Leveson 给出了另一种两种建模方法的融合方式——软件偏差分析(Software Deviation Analysis, SDA)[12,13]。这种方法的目的是分析软件对于其输入信息所处环境偏差干扰的鲁棒性。而软件自身和其执行平台则假设为完全正确无误的。与故障注入相同,该方法直接利用软件模型,将偏差集合作为软件模型的输入,而不是另外建立独立的模型。同时,SDA 使用符号化的失效模式及其组合,以 token 的形式在模型中传播,这一点与失效传播思想一致。这种处理很大程度上降低了分析计算的复杂程度。

第三节　基于模型安全分析的建模语言

一、FPTN 及其演化方法

1993 年,Fenelon 提出了一种新的安全分析方法——失效传播转化符号(Failure Propagation and Transformation Notation,FPTN)[14,15]。该方法与基于事件的传统分析方法不同,其核心目的并不是直接描述故障与原因或故障与后果之间的因果关系;也不同于基于状态的方法,并不对系统的正常行为进行建模;而是专注于故障如何在系统中传播,系统如何改变故障的类型或消除故障。

FPTN 是一种描述和研究复杂系统故障行为的分层图形化符号语义系统,它将系统看成是模块的集合。而这些模块并没有明确的限定,可以是几行代码,也可以是整个系统。模块与模块之间用在其间传导的失效模式相连。如图 3 - 3 给出了一个简单的防火报警器控制单元的 FPTN 模型。模块用圆角矩形表示,其左右两侧的箭头分别表示输入失效模式(即 Smoke_detected:tl, Smoke_detected:o 和 Smoke_detected:c)和输出失效模式(即 Sprinkling:c 和 Sprinkling:o)。失效模式由两部分组成,故障宿主和故障类型,表示成形如"故障宿主:故障类型"的形式。模块内部的语句描述输入故障的传播(Propagation)、转化(Transformation)、消除/控制(Handle)过程,以及模块内部产生新故障(Internal)。

Fenelon 认为 FPTN 符号是在安全分析过程早期使用的结构化建模工具。首先,将系统分解为若干个表示其运行特征的 FPTN 模块,并将各个模块用假设的失效模式暂时连接起来。而后从底层开始,运用近似软件故障树的分析方法,将输出失效模式作为顶事件,从而逐步确定模块间传播的故障。但是,非常遗憾的是该方法受到的关注有限,至今没有发表相关文献对于上述过程给出的详细应用说明。因此,该方法目前仅仅作为一种紧凑的描述语言,用于总结传统方法分析得出的故障信息。

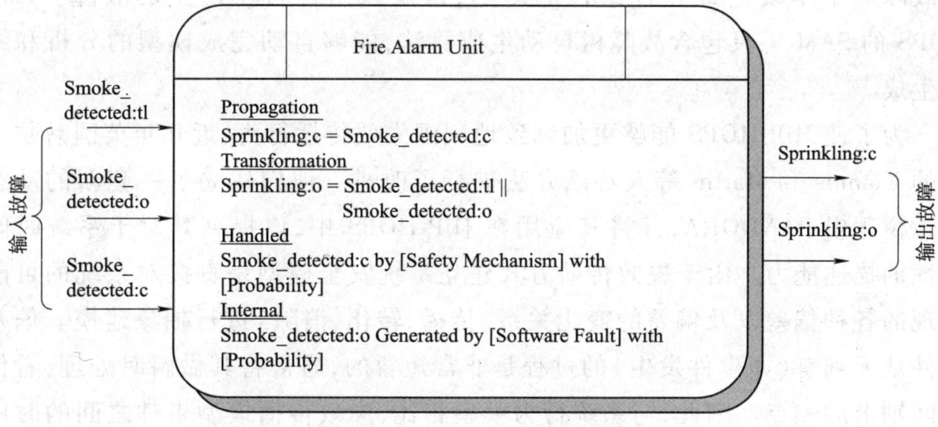

图 3－3　防火报警器 FPTN 模型

FPTN 是一种定性的分层模块化安全分析方法。由于该方法本身没有对模块和层次做过多限制，可以以任意精度对故障在系统中的行为进行刻画，因此适用于全生命周期的任一阶段。这种方法是针对软件安全分析开发的，但是由于其具有一定的不确定性描述能力，也可以描述硬件故障，对计算机控制系统有更好的适应性。FPTN 将人工逻辑推理限制在模块级，降低了对于人员素质的要求，增加了推理的正确性。但是这种方法还不成熟，没有工具辅助，工作量仍然较大。

基于失效传播的安全分析方法在系统结构和行为的框架下，将系统偏差作为建模对象，直接描述偏差的传播、转化、消除过程，可以统一描述软、硬件失效，而且模块化的结构为复杂系统的描述和自动求解打下了良好的基础。这种安全分析思路更加适合新一代安全苛求系统的需要。但是，这类方法对于故障行为的描述过于简单，无法描述偏差事件的时序关系以及系统结构、行为的动态特性。

在 FPTN 方法的基础上，英国约克大学计算机学院提出了一种针对复杂系统安全分析的改进方法，称之为分层危险起因和传播研究(Hierarchically Performed Hazard Origin and Propagation Studies，HiP-HOPS)方法[16,17]。HiP-HOPS 方法仍然采用 FPTN 基本相同的失效描述语言，为了应对系统规模和复杂性给安全分析带来的问题，该方法将 FPTN 改进为一种分层、模块化分析方法。该方法首先建立系统结构的分层模型，而后使用一种传统 FMEA 的改进形式——IF-FMEA，对系统分层模型进行精化，描述每一个底层组件的本地故障行为，从而构成系统的 HiP-HOPS 模型。IF-FMEA 以表格的形式记录其他组件的故障对于本硬件或软件组件的影响，以及该组件自身产生的故障。HiP-HOPS 的 SAM 工具包含故障树自动生成算法，能够自动完成模型的分析和结果生成。

为了使 HiP-HOPS 能够更加细致地刻画失效传播行为，近几年英国赫尔大学的 Yiannis 和 Martin 等人对该方法进行了改进。他们建立了一套新的动态故障树逻辑 PANDORA，并将其应用在 HiP-HOPS 中，以提高其对于系统时间特性的描述能力。由于失效传播方式建立系统安全模型是直接对系统的可能出现的各种偏差以及偏差的变化关系（传播、转化、消除）进行抽象建模。偏差事件从无到有（即事件发生）的过程是非常短暂的，通常将其做瞬时处理，看作时间轴上的一点。因此，与系统行为模型相比，失效传播模型事件之间的时序逻辑较为简单。Yiannis 和 Martin 等人提出了 Pandora 逻辑[18]，将二值逻辑的基础上定义了"Simultaneous-AND（SAND）"和"Priority-AND（PAND）"，分别表示"at the same time as"和"before"。

二、AltaRica OCAS 模型

1998 年，法国 LaBRI 实验室针对并发系统提出了一种新的基于接口自动机的形式化语言 AltaRica。最初，该方法的提出是为了描述包含多个交互模块的复杂系统。由于其语义和语法遵从状态迁移模型的架构，可以灵活地选择各种迁移模型分析技术和工具完成模型求解，因此深受工程领域青睐并成功应用在航空航天领域。由于 AltaRica 支持模块化建模并且定义了丰富的组件接口，能够非常方便地描述故障传导模型和故障注入过程，该方法很快被应用于基于模型安全分析领域。法国空客公司的 ONERA 研究所在 AltaRica 的基础上定义了新的同步规则，提出了更适合安全分析建模的 AltaRica OCAS 语言，并开发了与之配合的分析工具 Cecilia OCAS[19-21]。本节主要介绍 AltaRica 方法的这种安全分析分支，对于 AltaRica 的形式语义、语法、求解算法等并不做详细介绍。

一个 AltaRica 模型主要由多个分层的组件构成，这些组件被称为节点（nodes）。每个节点包括数据流（flow）、状态（state）、事件（event）、迁移（transition）和断言语句（assertion）五个要素构成。

```
node clock
    flow
        O : bool : out;
```

```
        I,A : bool : in;
state
        S : bool;
event
        failure;
trans
        S| - failure →S := false;
assert
        O = (I and A and S);
      extern initial_state = S = true;
edon
```

在这些元素中 flow 和 state 都是节点定义的变量。有所不同的是,flow 是节点的可见参数,而 state 是内部变量。例如:在这个简单的例子中,定义了一个命名为“clock”的节点,可以看做一个简单钟表。该节点接收两个布尔输入,当该组件获得某种形式的能量(可以是电能或机械能)时“I”为真;当钟表被激活(开关打开)后“A”为真。“O”是该节点的输出 flow,当该组件可以输出电能时为真。我们还定义了一个状态变量“S”,并将其初始值设为真,用以指示该组件是否处于无故障状态。

Assertion 是一系列的布尔表达式,用于描述 flow 和 state 变量之间的相互作用、相互约束关系。例如:在本例中,输出数据流“O”在“I”、“A”、“S”均为真的情况下成立,及当该钟表获得能源、处于开启状态并且设备没有故障的情况下可以正常运行。

Transition 描述内部 state 变量在 flow 变量情况下,随 event 作用而变化过程。Transition 由三部分组成:约束(节点的 flow 和 state 变量的布尔约束表达式),事件名和操作部分(状态变量的赋值)。在本例中仅定义了一个迁移,即在钟表模块无故障(状态变量 S 为真)的情况下,事件 failure 发生,迁移的结果是电源模块故障(状态变量 S 被赋值为假)。

对于分层模型来说,还需要定义一个特殊的节点来描述不同节点的组合关系,称为主节点(main node)。主节点的全局断言用于定义 flow 的连接,例如:全局断言可以声明一个节点的输入 flow 是另一个节点的输出。

为了能够描述各个组件之间的并发关系,AltaRica OCAS 还定义了三种节点同步关系:

(1)并发同步。多个事件可以同时被“触发”。AltaRica OCAS 模型中这些同时触发的事件被一个系统层的事件所代替,即同步事件,而这些事件本身在模型中是不可见的。

(2)共模失效(CCF)同步。这种同步方式是给所有需要同步的事件增加新的条件约束。当该条件满足时,所有被同步事件都同时都被“使能”。注意,这种同步方式并不能保证所有事件都同时发生,如果某个事件的约束条件不被满足,那么它仍然不会发生。这与共模失效致因非常相似,多个失效事件的致因集合都包含某个(些)相同的元素。这种同步方式中,系统层定义的同步事件并不会替代各个节点中原有的事件。

(3)扩散(diffusion)同步。这种同步方式跟共模失效同步类似,不同的是,节点中被同步事件将被系统层定义的同步事件所代替。

我们仍然使用上述简单钟表的例子来说明以上三种同步方式的区别。现在,给这个简单的钟表增加一个闹铃功能(R),当该钟表运行到事先设定好的时间,正常运行的闹铃就会转入“AlarmOn”状态。我们可以重置闹铃(“reset”事件)来关掉闹铃(“AlarmOff”)。那么除了修改变量定义部分之外,我们需要增加如下迁移语句:

S and R = AlarmOff | - time_up→R: = AlarmOn;

S and R = AlarmOn | - reset→R: = AlarmOff;

进一步假设,为了确保按时起床我们设定了多个闹钟,每个闹钟设定的时间稍有差别(如相差 5 min)。现在我们来考虑这些闹钟的“reset”事件的同步情况。如果我们使用第一种同步方式,所有闹钟的 reset 都被同一个事件所代替(假设命名为 synReset),而且 synReset 只有当所有约束条件都满足的时候才会触发。也就是说只有当所有闹铃都响了之后,才对所有闹钟进行重置。现在来换 CCF 同步,“synReset”事件是各个闹钟“reset”事件的一个必要致因。这种情况下,每个闹钟仍然可以单独被重置(因为每个闹钟仍然有自己的“reset”事件),当“synReset”事件被触发时,就像是同时按下了所有闹钟的重置按钮,已经响了的闹钟被重置了,但对于没有响的丝毫不起作用。对于扩散同步来说,效果介于上述两种情况之间,即所有闹钟都只能同时被重置(当“synReset”事件触发时),但是该事件仅能重置已经响了的闹钟,对于未响闹钟没有作用。

Cecilia OCAS 是法国空客公司的 ONERA 研究所开发的失效传播建模分析工具[22],该工具示意图如图 3-4 所示。该工具除了 AltaRica 模型编辑功能外,还面向安全分析提供了自动生成失效树、自动生成最小失效序列或最小割集,以及观察器和仿真器功能。失效树的生成是通过对用户所设定 Target(即顶事件)进行搜索,将模型中所有与该 Target 变量相关的事件和变量用树型结构表达。当所搜索 Target 的关联事件中有时序约束(各种不同的同步定义)时,无法用传统的失效树来描述定性安全分析的结果,此时可以选择生成失效序列。最小失效序列与最小割集的区别是前者元素之间的关系并不只是二值逻辑关系,还包含时序逻辑关系。有些情况下,需要观察特定的失效或失效集合在系统中的演化过程,Cecilia OCAS 的观察器可以单步动态展示所设定失效事件发生时系统的情况。Cecilia OCAS 仿真器提供了随机仿真功能,当给相关节点定义了随机属性时,可以输出定量的安全分析结果。

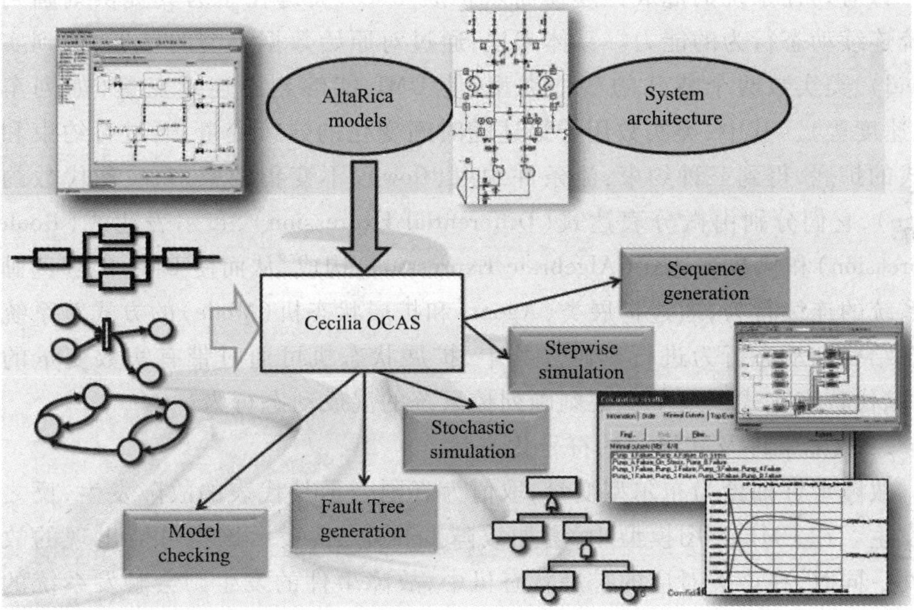

图 3-4 Cecilia OCAS 工具示意图

三、UML-PHAVer 模型

前两节介绍了两种基于失效传播模型的安全分析建模语言,本节介绍一种故障注入模型构造方式。故障注入模型通常是在系统行为模型的基础上进行扩展,因此不需要定义新的语义语法体系。通常,使用者需要根据所分析对象的特点来选择使用何种形式化语言和模型检验器。本节介绍的故障注入模型 UML-PHAVer 是利用一种扩展统一建模语言(Unified Modeling Language, UML)语言在系统行为模型的基础上加入故障模式扩展建立 ESM 模型,利用混成系统分析工具 PHAVer[23]模型进行可达集计算完成验证及功能安全性分析。UML-PHAVer组合的选择是根据轨道交通列控系统的混成性特点决定的。UML语言具有很强的通用性和灵活的扩展能力，可以通过简单扩展将系统的离散特性和连续特性在同一个模型中通俗易懂的表达出来，便于设计人员掌握应用。PHAVer是可以对混成模型进行分析的模型检验器，但是由于该语言的语义和语法较为复杂，不便设计人员使用。因此，我们通过设计UML到PHAVer的转换规则，自动生成PHAVer模型。这样利用二者各自的优势，形成一套安全分析方法。

1. UML的扩展

针对列控系统的混成性建模需求扩展UML，关键在于为其提供刻画列控系统连续动态行为的能力。具体来说，通过对原始数据类型的扩展，得到实数(Real)、类实数两个特殊的数据类型，使UML能够刻画连续变量(如列车位置、速度等)。其中，类实数用于描述随时间变化的连续变量；通过对约束和表达式的扩展，得到三种约束：流条件约束(flow)、不变集约束(inv)和代数约束(alge)，它们分别由微分表达式(Differential Expression)，布尔表达式(Boolean Expression)和代数表达式(Algebraic Expression)构成，从而使UML能够刻画列控系统的连续行为；通过扩展类(Agent)和扩展状态机(Mode)的方式对系统的静态结构和动态行为进行刻画。其中，扩展状态机可通过带有实数变量的流条件、代数表达式以及不变集刻画列控系统的混成动态行为。

2. 故障事件及其组合的符号化表示

故障事件抽象为布尔型变量，取值为真则表示其代表的故障发生，反之则不发生。在UML类图模型中，增加故障变量定义，表示该类可能出现的故障事件。同时，在该类对应的扩展状态机中，故障事件的发生则会触发系统的某些状态迁移。通过这种方式，使列控系统的UML模型既能描述系统正常工作过程又能描述潜在故障情况。

3. UML模型到PHAVer模型的转化

根据PHAVer模型的结构定义，将UML模型转化为PHAVer形式化模型，主要从以下几个方面进行。

(1)系统组成。PHAVer模型由若干个自动机模块automaton和1个系统声明部分组成。自动机模块描述系统的连续和离散动态过程，对应于UML模型的扩展类和扩展状态机；系统声明部分定义了系统的组成和待验证的目标状态集合。

(2)自动机模块。PHAVer模型中的自动机模块对应于UML模型的扩展类和扩展状态机，包含系统的静态属性以及动态行为。完整的自动机模块由变量声明、标签定义、状态描述以及迁移过程的定义等部分组成。

(3)变量声明。变量声明针对系统的变量进行定义,具体可分为两种情况。一类变量声明是对UML模型中扩展类的属性变量进行定义,标记为contr_var;另一类主要针对来自于其他扩展类的变量进行定义,标记为input_var。

(4)标签定义。标签定义以关键字synclabs为标记。标签定义部分针对UML模型中扩展状态机的迁移触发事件进行声明,对应于UML扩展类中的信号事件和故障事件。

(5)状态描述。状态描述以关键字loc为标记,针对UML模型中的系统状态进行描述。首先对状态中连续变量的取值范围进行定义,对应于UML扩展状态机中的不变集;然后对状态的连续变化过程进行刻画,对应于UML扩展状态机中的流条件。

(6)迁移过程的定义。迁移过程的定义以关键字when开始。首先对UML模型中扩展状态机的迁移条件进行描述;然后对状态迁移过程中的执行动作进行定义;最后对迁移的目标状态进行描述。

(7)系统声明。系统声明针对系统的组成结构以及待验证的目标状态集合进行定义,分别以关键字sys和forbidden为标记。其中,目标状态集合用于模型的可达集分析过程。

4. 故障监视器模型的建立

在这种方法中,通常使用定义故障监视器模型的方式观察系统模型中故障的演化情况。故障监视器可以定义为一个四元组,表示为 $M=(S,A,f,Init)$,其中,$S=\{s_1,s_2\cdots s_n\}$ 是监视器状态集合;$A=\{a_1,a_2\cdots a_n\}$ 是故障事件集合;$f:A\to S$ 是故障事件集合 A 到监视器状态集合 S 的映射函数;$Init=S_0$ 是监视器的初始状态集合。

故障监视器遵循PHAVer语言的语法、语义,可与系统模型构成新的PHAVer模型,并且故障监视器并不影响系统模型的结构与运行。具体而言,针对 A 中的每一个故障事件,建立相应的监视变量。当故障发生时,根据映射关系 f 相应的监视变量取值发生变化。由于所有的监视变量又是监视器的状态变量,因此 S 取值也会发生变化。这样,利用故障监视器的状态来确定故障的发生情况。根据上述定义,建立故障监视器模型的结构如下所示:

```
automatonmonitor
    contr_var:m_a,…;
    synclabs:a,…;
```

```
loc loc_ident:
while true wait {m_a' = =0…}
when true sync a do {m_a' = =1…}
            goto loc_ident;
      when. . .
   initially:loc_ident & m_a =0;
end
```

其中,a 为系统的故障事件,且 $a(A;m\_a$ 为故障事件 a 的监视变量,同时也为故障监视器模型的状态变量。初始情况下,监视变量 m_a 取值为 0 且保持不变,当故障 a 发生时,相应的故障监视变量则会由 0 变为 1。需要指明的是,故障监视器模型仅对系统模型中的故障事件进行监视,并不作用于系统的运行,不会对安全分析的结果产生影响。

5. 模型的安全分析

利用前向可达集计算方法对模型进行安全性分析。前向可达集计算是从确定的系统初始状态集合出发,通过一系列离散转移和连续演化,计算所有可能到达的状态集合,然后检查可达集是否在给定的目标状态集合内。前向可达集计算的过程可通过形式化分析工具 PHAVer 辅助实现。首先根据系统的安全目标确定非安全状态,其中,安全目标是指期望的系统安全运行状态;然后将非安全状态表示为目标状态集合的形式;最后分析系统模型是否会由初始状态集合到达该目标状态集合。若可达,则说明系统不安全,可在工具给出的实际可达集中,通过故障监视变量确定是哪些故障事件导致系统进入非安全状态。以列车运行为例,假设"列车速度始终不超过线路限速"为安全目标,则非安全状态为"列车超出限速"。令限速为 v_{limit},列车速度为 v,则目标状态集合为 $\{v > v_{\text{limit}}\}$。利用工具分析,若目标状态集合可达,可通过故障监视变量的取值确定危及系统安全的故障组合,从而采取有效防护措施。

第四节　基于 MBSA 方法的列控系统安全分析

本节主要介绍 MBSA 方法在轨道交通列车运行控制系统安全分析中的应用。笔者所在的研究小组近几年在列控系统的 MBSA 分析方面做了深入而广泛的研究,本节选取了两个代表性研究成果,目的是展示 MBSA 方法的两种主要类型(即故障逻辑和故障注入)在列控领域的应用方式。

一、基于 AltaRica OCAS 模型的 CBTC 车载系统安全分析

前面章节我们提到 AltaRica OCAS 模型可以建立分层故障逻辑模型，是目前最为成熟的 MBSA 方法之一。配合其辅助工具 Cecilia OCAS 可以对其进行仿真定性、定量分析和故障树自动生成，也可以转化为其他模型（如随机 Petri 网模型，SMV 自动机模型等）对安全目标进行逻辑分析。笔者曾与约克大学 Oleg Lisagor 博士合作应用该方法进行 CBTC 车载系统的安全分析，本节将介绍该项研究的方法和部分成果。

CBTC 系统是基于通信的列车运行控制（Communication Based Train Control）系统的简称。系统主要组成如图 3－5 所示，区域控制器（Zone Controller, ZC）和车载设备（Vital On－Board Controller, VOBC）构成 CBTC 系统的核心。ZC 根据 ATS 的近路命令、列车的实时位置信息等计算一定区域内所有列车的行车许可（Movement Authority, MA）。车载设备根据 ZC 分配的 MA，自身的实时速度和线路限速信息计算列车在前方不同位置点的允许速度和运行速度，控制列车运行。

本案例分析采用失效传播模型建模思路，即模型包括两个部分：组件失效关联模型和组件失效模型。组件失效关联模型如图 3－6 所示，采用分层递进迭代建模方式，首先建立系统层模型，对 CBTC 系统的所有相关设备和接口的关联关系进行描述。在此基础上对系统层模型的所有组件进行进一步精化，以车载 ATP 系统为例，第一步描述车载设备的结构，核心控制器与人机界面、速度传感器、雷达传感器、无线接收器等设备之间的关联关系。第二步描述车载控制器的功能框图，从物理结构上包括通信机和主处理器，功能上主处理器又包括 ATP 和 ATO 两大功能模块。对于每一个 ATP 模块来说都采用了 3 取 2 冗余设计。到此为止，已经可以清晰地描述 ATP 功能组件与其他组件之间的失效影响关系。模型中的连接关系并不是物理连接关系，而是表示失效影响关系。

通常，使用 AltaRica OCAS 语言代码来描述组件失效模型，即按照定义该组件的所有输入失效模式，输出失效模式和输出失效模式与输入失效模式、自身失效模式的关系。下面以应答器的失效传播组件为例进行介绍。如图 3－7 所示，该段语句定义了应答器的失效传播行为。应答器为地面和移动的车辆提供了一个点式的通信通道，主要功能是向列车传送地面的限速信息和 MA 信息。本例分别给这两种信息定义了输入和输出 flow，flow 的取值分别对应这两种信息的不同的失效模式。例如：限速的失效模式包括缺失、数据损坏、

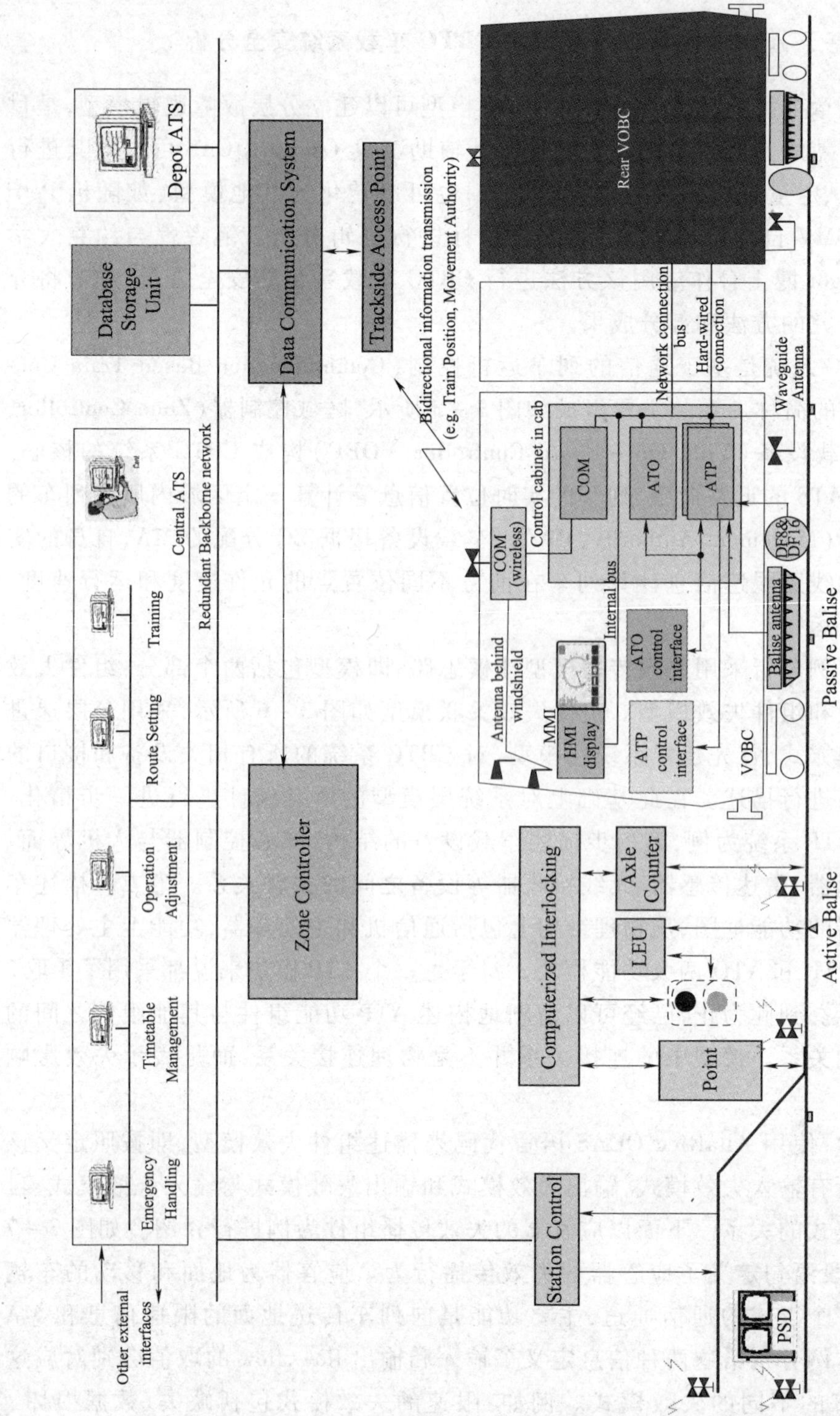

图 3-5 CBTC 系统组成

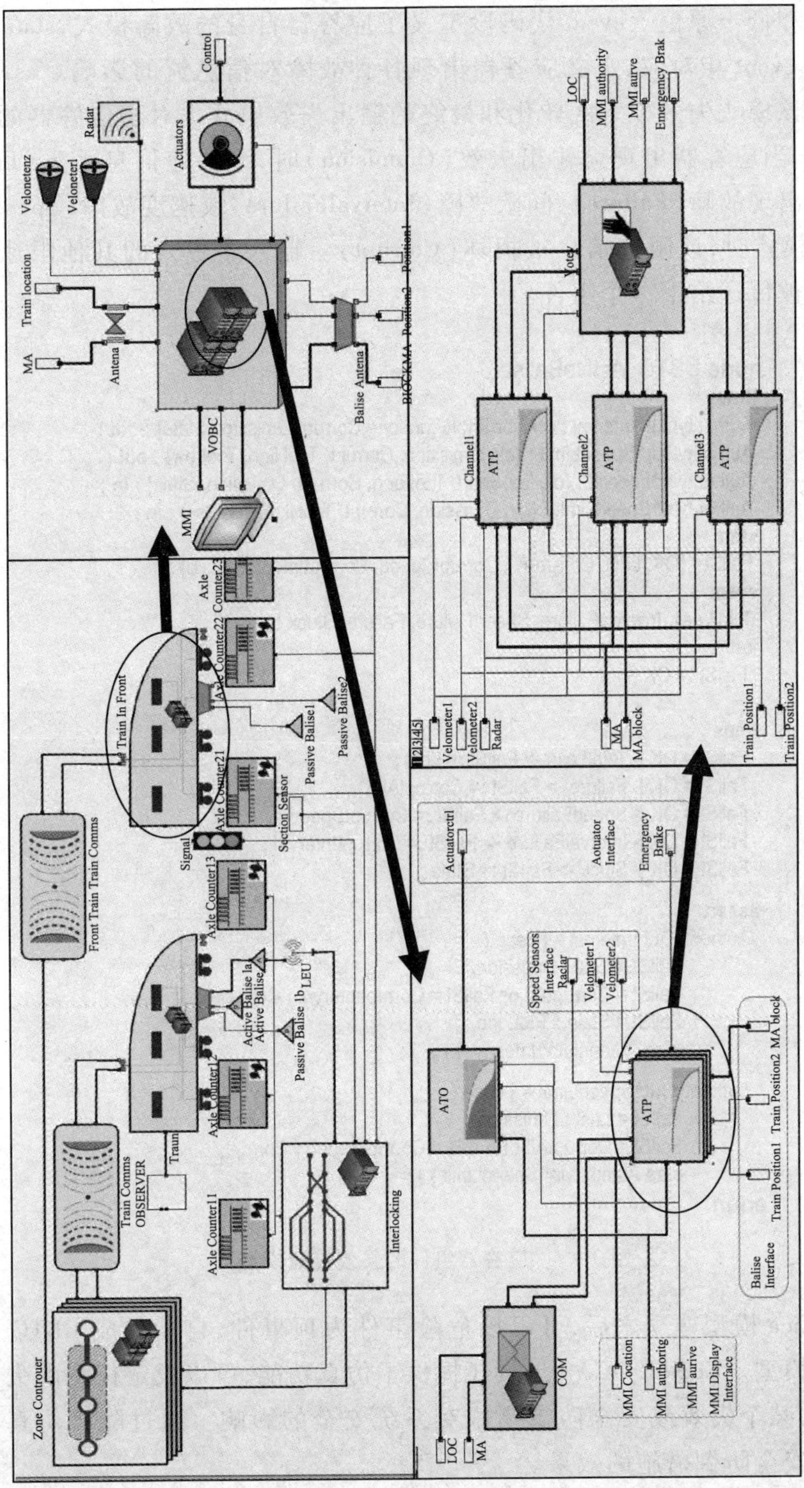

图 3－6　CBTC 系统失效传播模型

高于原值和低于原值。event 代码段定义了应答器自身的故障模式，state 代码通常是与 event 相对应，定义应答器出现各种故障对信息流的影响。assert 代码段描述该模块失效模式的转化和最终的输出失效模式。对于应答器的限速信息来说，当应答器出现无输出失效（Ommision）时，该限速信息丢失（Loss）；当应答器出现故障（Failure）、间歇故障（IntervalFailure）或速度故障（SpeedFailure）失效模式时，该限速信息被损坏（Corrupt）。输入多带入的其他限速失效模式仍然被传送给下一个组件。

```
node CBTC_ActiveBalise
 flow
  AuthorityOut^Interval : {ok,TooShort,TooLong,Corrupt,Omission,Stale} : out ;
  AuthorityOut^SpeedLimit : {ok, Omission, Corrupt, TooHigh, TooLow} : out ;
  AuthorityIn^Interval : {ok, TooShort, TooLong, Corrupt, Omission, Stale} : in ;
  AuthorityIn^SpeedLimit : {ok, Omission, Corrupt, TooHigh, TooLow} : in ;
 state
  FailSt : {OK, Lost, CorruptAll, CorruptSpeed, CorruptInterval, Stale} ;
 event
  TotalLoss, IntervalFailure, SpeedFailure, Failure, Stuck ;
 init
   FailSt := OK ;

 trans
   FailSt = OK |- TotalLoss -> FailSt := Lost ;
   FailSt = OK |- Failure -> FailSt := CorruptAll ;
   FailSt = OK |- SpeedFailure -> FailSt := CorruptSpeed ;
   FailSt = OK |- IntervalFailure -> FailSt := CorruptInterval ;
   FailSt = OK |- Stuck -> FailSt := Stale ;

 assert
  AuthorityOut^Interval = ( case {
           FailSt = Lost : Omission,
           FailSt = CorruptAll or FailSt = CorruptInterval : Corrupt,
           FailSt = Stale : TooLong,
           else AuthorityIn^Interval } ) ;

  AuthorityOut^SpeedLimit = ( case {
           FailSt = Lost : Omission,
           FailSt = CorruptAll or FailSt = CorruptSpeed : Corrupt,
           else AuthorityIn^SpeedLimit } ) ;
edon
```

图 3－7　应答器组件的失效传播模型

AltaRica 模型建立之后，可以以危险事件为顶事件，自动生成 CBTC 系统的故障树模型。Cecilia OCAS 工具还提供了仿真功能，可以设定任意的失效场景，来观察某个失效或安全防御措施对系统安全的影响。通过随机仿真器来对比不同安全防御措施的效果。

二、基于 UML-PHAVer 的 RBC 交接安全性分析

在 CTCS-3 级列控系统中，RBC 通过向列车提供行车许可（MA）来保障列车的安全运行。然而单个 RBC 的管辖范围有限，当列车从一个 RBC（“移交 RBC”）区域运行到相邻 RBC（“接收 RBC”）区域时，列车控制权要进行相应的交接，这个过程称之为 RBC 交接。CTCS-3 系统需求规范中对此有详细介绍，在此不再赘述。

（一）RBC 交接的 UML 模型

仅考虑采用两部车载电台进行 RBC 交接的情况。在 RBC 交接过程中，列车车载设备同 RBC、应答器等进行信息交互。采用面向对象的方法将列控系统中的实体抽象为几个相互关联的类，分别为列车车载设备类、无线闭塞中心类以及应答器类。利用前述面向列控系统混成性扩展的 UML，建立 RBC 交接的 UML 类图，如图 3 - 8 所示。

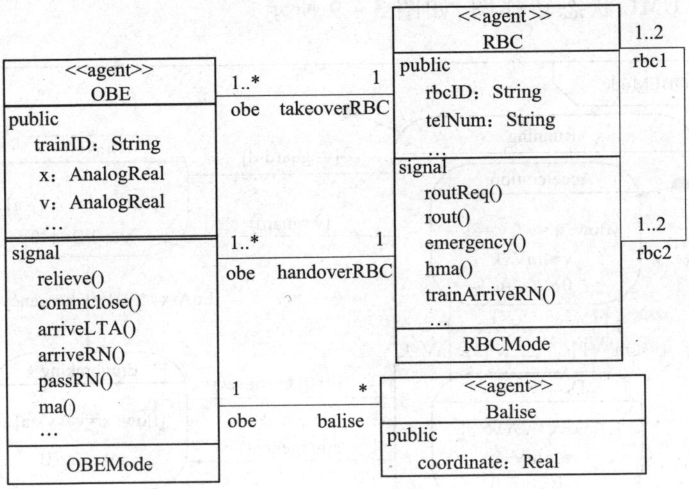

图 3 - 8　RBC 交接的 UML 类图

图 3 - 8 给出了 RBC 交接的 UML 类图，包括列车车载设备类（OBE）、无线闭塞中心类（RBC）以及应答器类（Balise），并对每个类的属性、信号事件进行了举例说明。由于 RBC 类的实例化对象可分为“移交 RBC”和“接收 RBC”，因此 RBC 类具有两种角色：“takeoverRBC”与“handoverRBC”，即与车载设备存在两种关联关系。关联线所标示的数字表明关联中的数量关系，例如：1 个 RBC 同多个列车的车载设备进行无线通信。图 3 - 8 中 AnalogReal 数据类型用以描述连续变量。OBEMode 及 RBCMode 表示类所对应的状态转移图名称。

图 3 - 8中对应属性和信号的含义如表 3 - 1 所示。

表 3 - 1　图 3 - 8 中属性和信号的含义

名称	含义	名称	含义
train Data	列车数据	arriveLTA( )	列车到达预告应答器组
x	列车位置	arriveRN( )	最大安全前端到达边界
v	列车速度	rout( )	进路信息
rbcID	RBC 的 ID	routReq( )	进路请求信息
telNum	电话号码	emergency( )	紧急制动命令
coordinate	应答器的位置坐标	passRN( )	最小安全后端经过边界
ma( )	移动授权	hma( )	包含边界的移动授权
relieve( )	紧急制动缓解	trainArriveRN( )	转发"列车到达边界"
commclose( )	终止会话信息		

针对两部车载电台工作的 RBC 交接场景，利用前述扩展后的 UML 建立 RBC 交接的 UML 状态转移图，如图 3 - 9 所示。

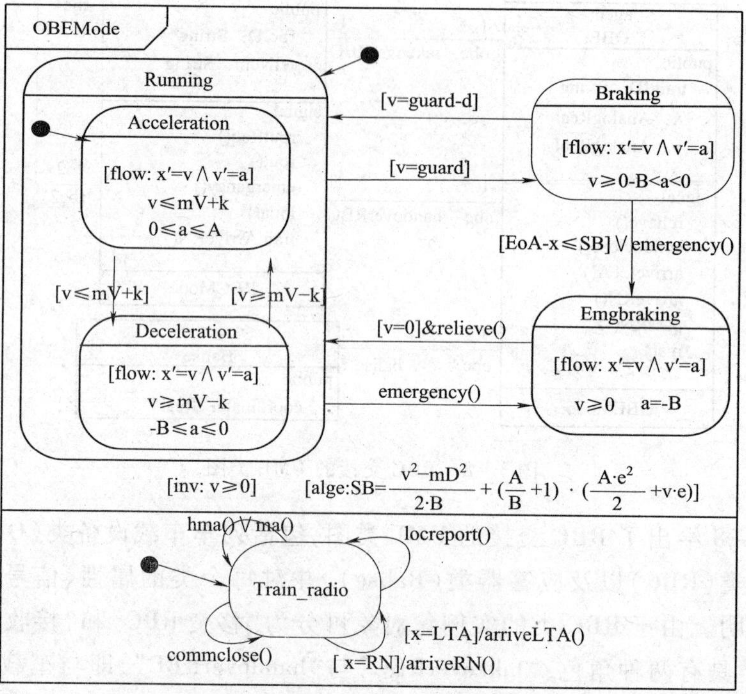

(a)RBC交接过程的列车车载设备状态转移图

图　3 - 9

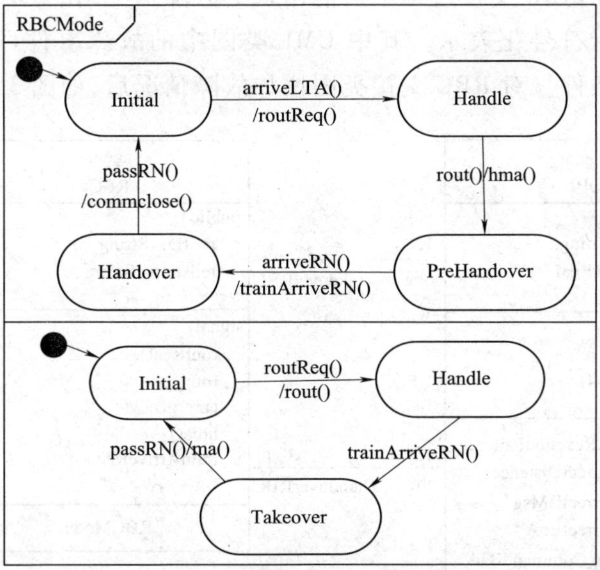

(b)RBC交接过程的RBC状态转移图

图 3-9　RBC 交接的 UML 状态转移图

图 3-9 给出了 RBC 交接中列车车载设备类和 RBC 类的 UML 状态转移图。由于应答器仅与车载设备进行数据报文的传递,因此不考虑应答器的状态迁移过程。图 3-9(a)中,车载设备的状态转移图分为两个并行区域,分别为车载设备与外界的信息传递过程和控制列车运行过程。其中,控制列车运行过程分为行驶(Running)、常用制动(Braking)和紧急制动(Emgbraking)三个状态,行驶状态包括加速子状态(Acceleration)和减速子状态(Deceleration)。利用微分表达式 flow 表示列车的连续运行,并使用代数表达式 alge 和不变集表达式 inv 对连续变量的取值范围进行定义。其中,a 表示列车的加速度,A 和 -B 分别表示列车的最大加速度值和最大减速度值,guard 表示列车的常用制动触发值,mV 和 k 分别表示列车期望行驶速度值和允许偏差值。信息传递过程(Train_radio)主要描述车载设备接受信息并向 RBC 报告位置的过程。图 3-9(b)中,RBC 的状态转移图也分为两个并行区域,由上至下分别为“移交 RBC”和“接收 RBC”的状态迁移过程,包括初始状态(Initial)、信息处理状态(Handle)、预交接状态(PreHandover)、交接状态(Handover)以及接受状态(Takeover),由于仅考虑 RBC 与外界的通信关系,因此在状态转移图中只有状态的离散迁移过程。其中各状态间的迁移均由信号事件触发,具体的信号含义可参见表 3-1。

对于系统在 RBC 交接过程中可能出现的故障情况，在 UML 模型中使用故障事件机制进行符号化表示。其中 UML 类图中的故障事件可作为状态转移图的迁移触发条件。对 RBC 交接类图增加故障情况后，如图 3－10 所示。

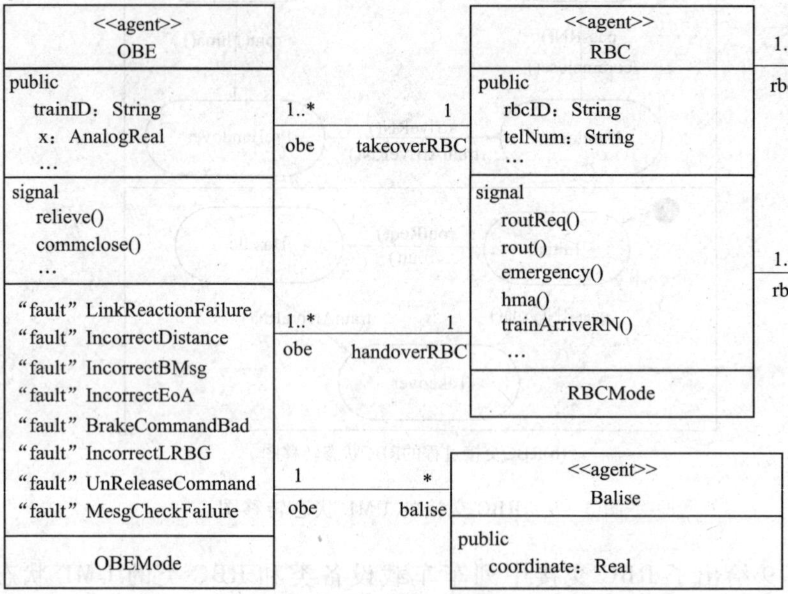

图 3－10　包含故障情况的 RBC 交接类图

图 3－10 给出了包含故障的 UML 类图。列举了八种可能的基本故障情况，以故障事件的形式进行刻画并以"fault"作为标记。图 3－10 中变量及信号事件与图 3－8 一致，不再赘述。图 3－10 中故障事件的含义可参见表 3－2。

表 3－2　图 3－10 中故障事件的含义

事件名称	含义	事件名称	含义
BrakeCommandBad	车载设备的刹车命令无法下达	IncorrectEoA	当前车载设备得到的移动授权终点存在误差
Incorrect Distance	车载设备对距离的计算失误	LinkReaction Failure	车载设备无法与应答器进行链接反应
MesgCheck Failure	消息一致性检查出现错误	IncorrectLRBG	车载向 RBC 报告的最近相关应答器组（LRBG）信息存在误差
IncorrectBMsg	车载收到错误的应答器组信息	UnRelease Command	列车正在刹车时，出现不希望的刹车缓解命令

针对类图中的故障事件，建立包含故障情况的 UML 状态转移图。由于仅列举了在车载设备控车过程中可能发生的故障情况，因此只需对车载设备控制列车运行的状态转移图进行改动，RBC 的状态转移图保持不变，不再赘述。

包含故障的车载设备的状态转移图如图 3 – 11 所示。

图 3 – 11 给出了包含故障的车载设备 UML 状态转移图。由故障事情触发的状态包括无刹车状态 NoBraking,该状态加速度为正值且无法进入刹车状态;错误列车位置状态 IncorrectLoc,该状态可通过链接反应返回正常状态;错误限速信息状态 IncorrectVMesg,该状态下无法保证有效的顶棚限速,可通过信息一致性检查返回正常状态;无效监控运行状态 AbnormalRun,该状态下车载设备无法对列车目标速度进行有效监控。其中,各状态均通过对微分表达式中变量(如速度、加速度)的取值范围进行约束,刻画故障事件发生后车载设备对列车运行的控制情况。

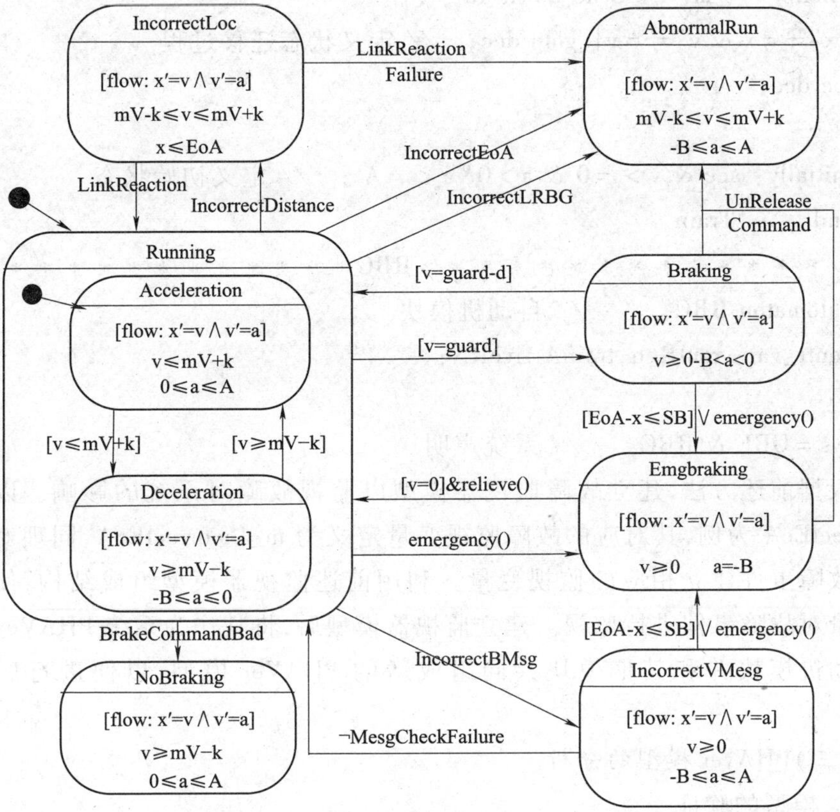

图 3 – 11　包含故障的车载设备 UML 状态转移图

(二)RBC 交接的 PHAver 模型

根据前述方法,将 RBC 交接的 UML 模型转化为 PHAVer 模型。转化后的 PHAVer 模型片段如下所示。

```
//****************OBE***************
automaton OBE   // 自动机模块
contr_var: x,v,a…;        // 对类图中的变量进行声明
input_var: ma…;
synclabs: up,recover,emergency…; // 定义迁移标签
loc acc:                  // 定义状态图中的状态
while v> =0& v< =mv+k & a>0&a< =A
& x< =eoa-60*v  wait {x'= =v & v'= =a}
when v= =mv+k sync down do
{x'= =x & v'= =v} goto dcc;  // 定义状态迁移过程
loc dcc:
……
initially: acc & v> =0 & a>0&a< =A ;  // 定义初始状态
end - - Train
//****************RBC**************
automaton RBC      // 自动机模块
contr_var: routReq,trainArriveRN;
……
sys=OBE & RBC      // 系统声明
```

根据前述方法,建立故障监视器模型以监视故障对系统的影响。以故障IncorrectEoA为例,其对应的故障监视变量定义为m_IncorrectEoA,同理对其他几个故障事件建立相应的监视变量。利用前述监视器模型组成结构,使各监视变量对故障事件进行监视。建立监视器模型后,将其作为系统PHAVer模型的自动机模块并和其他模块共同组成新的PHAVer模型,以便进行后续的分析。

(三)PHAver模型的分析

1. 模型的验证

为确保模型能够实现RBC交接所需要的基本功能,利用形式化工具PHAVer对模型进行以下内容的验证:

(1)列车能在交接过程中接收到RBC的MA信息。目标状态集合表示为:goal = $\{v>0\&ma()=1\}$,其中v为列车速度。

(2)列车能在运行过程中同时向两个RBC发送位置报告。目标状态集合

表示为：goal = {$v>0$ & locreport( ) = 1}。

(3)在正常交接过程中，列车可以到达 RBC 管辖区段的任何位置。目标状态集合表示为：goal = {$v>0$&$x=p$}，其中 x 为列车位置，p 为任意位置。

(4)在交接过程中，"移交 RBC"能向"接收 RBC"发送进路请求信息。目标状态集合表示为：goal = {$v>0$&routReq( ) = 1}。

(5)"接收 RBC"收到进路请求后，能向"移交 RBC"发送本方进路信息。目标状态集合表示为：goal = {routReq( ) = 1&rout( ) = 1}。

(6)列车能够通过边界点并被"接收 RBC"接管，即 RBC 能够完成交接功能。目标状态集合表示为：goal = {$v>0$&passRN( ) = 1&ma( ) = 1}。

(7)列车完全通过边界后能够接收到"移交 RBC"的断链命令。目标状态集合表示为：goal = { passRN( ) = 1& commclose( ) = 1}。

利用形式化验证工具 PHAVer 对上述内容进行分析，结果显示模型可由初始状态集合到达各目标状态集合，说明该模型能够实现以上功能，可根据此模型进行安全分析。

2. 安全性分析

利用可达集计算原理对系统的 RBC 交接模型进行安全分析。首先需确定目标状态集合。选取"列车在交接过程中始终不超出 MA 的终点(EoA)"作为 RBC 交接的安全目标，即如果列车超出 EoA，则认为列车处于危险状态。因此非安全状态为列车以大于零的速度超出移动授权的终点(EoA 限速为零)，那么目标状态集合表示为：{$v>0$&$x>$EoA}。然后利用形式化工具 PHAVer 分析模型是否会由初始状态集合到达该目标状态集合。其中，初始状态为：列车位于 RBC 交接预告应答器组，并且当前速度和加速度均大于零。

经过工具的计算可知，模型会由初始状态集合到达目标状态集合，即模型会进入非安全的状态，计算结果如图 3 - 12 所示。由图 3 - 11 可知，{$v>=0$ & $x+60\times v>=$EoA}是模型的实际可达集，而这个集合包含了非安全集合{$v>0$&$x>$EoA}。因此，图 3 - 12 中的六个可达集均是非安全的。同时，通过图 3 - 12中故障监视变量的取值可以得到危及系统安全的故障事件组合，即将非安全集合{$v>0$&$x>$EoA}作为顶事件，则由图 3 - 12 可得导致顶事件发生的割集为：{ MesgCheckFailure, IncorrectBMsg}，{ LinkReactionFailure, IncorrectDistance}，{ UnReleaseCommand}，{ Incorrect - LRBG}，{ IncorrectEoA}，{ BrakeCommandBad}，各故障事件的含义可详见表 3 - 2。另外，这些割集也是最小割集，并且后四个割集中的故障均为单点故障，它们对于顶事件的影响相对较大，可以采取冗余设计等方式降低这些故障的结构重要度以提高系统的安全性。需指明的是,上述分析得到的割集仅对应于文中列举的八种基本故障情况。若增加基本故障情况,则相应的割集数目也会增加。

```
fault~t1~failure[3]
1: m_MesgCheckFailure == 1, m_IncorrectBMsg == 1, 7*t >= 10*v - 600
, 10*a <= 7, EoA <= 70000, t >= 0, EoA >= 0, a >= 0, v >= 0, x >= 0
, x + 60*v >= EoA
2: m_LinkReactionFailure == 1, m_IncorrectDistance == 1, 7*t >= 10*
v - 600, 10*a <= 7, EoA <= 70000, t >= 0, EoA >= 0, a >= 0, v >= 0,
 x >= 0, x + 60*v >= EoA
3: m_UnReleaseCommand == 1, 7*t >= 10*v - 600, 10*a <= 7, EoA <= 70
000, t >= 0, EoA >= 0, a >= 0, v >= 0, x >= 0, x + 60*v >= EoA
4: m_IncorrectLRBG == 1, 7*t >= 10*v - 600, 10*a <= 7, EoA <= 70000
, t >= 0, EoA >= 0, a >= 0, v >= 0, x >= 0, x + 60*v >= EoA
5: m_IncorrectEoA == 1, 7*t >= 10*v - 600, 10*a <= 7, EoA <= 70000,
 t >= 0, EoA >= 0, a >= 0, v >= 0, x >= 0, x + 60*v >= EoA
6: m_brakeCommandBad == 1, 7*t >= 10*v - 600, 10*a <= 7, EoA <= 700
00, t >= 0, EoA >= 0, a >= 0, v >= 0, x >= 0, x + 60*v >= EoA
```

图 3-12　可达集计算结果

参考文献

[1] Dugan J B, Bavuso S J, Boyd M A. Fault Trees and Sequence Dependencies: Proceedings of Reliability and Maintainability Symposium [C], 1990. IEEE, 286-293.

[2] Dugan J B, Bavuso S J, Boyd M A. Dynamic Fault-Tree Models for Fault-Tolerant Computer Systems [J]. IEEE Transactions on Reliability. 1992. 41(3): 363-376.

[3] Leveson N G, Harvey P R. Analyzing Software Safety [J]. IEEE Transactions on Software Engineering. 1983. SE-9(5): 569-579.

[4] Leveson N G, Havery P R. Softwaer Fault Tree Analysis [J]. Journal of Systems and Software. 1983. 3: 173-181.

[5] Bondavalli A., Simoncini L. Failure Classification with Respect to Detection: Second Workshop on Future Trends of Distributed Computing Systems [C], Cairo, Egypt, 1990, 47-53.

[6] Earthy J V. Hazard and Operability Studies as an approach to Software Safety Assessment [J]. IEE Computing and Control Division Colloquium on Hazard Analysis Digest. 1992. 198: 5/1-5/3.

[7] Bozzano M, et al., ESACS: an Integrated Methodology for Design and Safety Analysis of Complex Systems [C], in proceedings of European Safety and Reliability Conference (ESREL), Balkema Publishers. 2003, 237-245.

[8] ESACS Project Consortium. ESACS Project Website. Available from: www.esacs.org.

[9] ISAAC Project Consortium. ISAAC Project Website. Available from: http://www.isaacfp6.org/.

[10] Joshi A, Heimdahl M P E, Behavioral Fault Modelling for Model-based SafetyAnalysis, in proceedings of 10th IEEE High Assurance Systems Engineering Symposium (HASE) [C], IEEE Computer Society. 2007, 199-208.

[11] Joshi A, Heimdahl M P E, Miller S P, et al. Model - Based SafetyAnalysis [R], Contractor Report: Nr. NASA/CR - 2006 - 213953, US National Aeronauticsand Space Administration (NASA): Hampton, VA. 2006.

[12] Reese J D. Software Deviation Analysis [D], 1996. University of California, Irvine. 128.

[13] Reese J D, Leveson N G. Software Deviation Analysis [C], in proceedings of 19th International Conference on Software Engineering, ACM. 1997, 250 - 260.

[14] Fenelon P, Mcdermid J A. Integrated Techniques for Software Safety Analysis: IEE Computing and Control Division Colloquium on Hazard Analysis Digest [C], London, 1992, 211 - 216.

[15] Fenelon P, Mcdermid J A. An Integrated Toolset For Software Safety Analysis [J]. Journal of Systems and Software. 1993: 2/1 - 2/16.

[16] Papadopoulos Y, Mcdermid J A. Hierarchically Performed Hazard Origin and Propagation Studies: 18th International Conference on Computer Safety, Reliability and Security SAFECOMP '99 [C], Toulouse France, 1999, 139 - 152.

[17] Martin Walker, Yiannis Papadopoulos. Synthesis and analysis of temporal fault trees with PANDORA The time of Priority AND gates [J]. Nonlinear Analysis: Hybrid Systems. 2008 (2): 368 - 382.

[18] Martin Walker, Yiannis Papadopoulos. PANDORA 2: THE TIME OF PRIORITY - OR GATES: IFAC Workshop on Dependable Control of Discrete Event Systems DCDS'07 [C], Paris, 2007.

[19] Pagetti C, Cassez F, Roux O, Hierarchical Modelling and Verification of Timed Systems in Timed AltaRica, in 1st Workshop on Formal Aspects of Component Software (FACS) [C], . Pisa, Italy, 2003.

[20] Airbus France and ONERA, Common Cause Analysis: Coupling of Functional and Geometrical Models. Dissemination Presentation, 2005. Available from: http://www. cert. fr/isaac/doc/EYDLT_PR0503970_v2. pdf.

[21] Motor Industry Software Reliability Association, Guidelines for Safety Analysis of Vehicle Based Programmable Systems 2007, MISRA: Nuneaton, UK.

[22] Airbus Operations & MISSA Project Consortium. MISSA Project Website. Availablefrom: http://www. missa - fp7. eu/.

[23] Goran Frehse. PHAVer: Algorithmic Verification of Hybrid Systems past HyTech. *Proceedings of the Fifth International Workshop on Hybrid Systems: Computation and Control* (HSCC), Lecture Notes in Computer Science 3414, Springer - Verlag, 2005, pp. 258 - 273.

第四章　基于模型的列控系统软件设计

传统的列车运行控制系统软件设计采用代码为中心的设计方法，即系统规范、概要设计都是为代码生成服务。但是，这种方法往往存在疲于应付需求的不断变更，文档迅速失效和维护困难等突出问题。随着列车运行控制系统软件的规模、复杂度和性能需求不断提升，传统的以代码为核心的开发方法已经不能适应这种趋势。在基于模型的开发中，模型不再仅仅是描述系统、辅助沟通的工具，而是开发过程的核心和主线，系统的开发和演化过程就是模型自顶向下、逐步精化的过程。系统的生命周期就是以模型为载体并由模型转换来驱动的过程。基于模型的开发方法有效提高生产效率，方便了文档的维护和与代码的同步，提高了系统的可移植性，克服了传统的以代码为中心的设计方法的缺陷，成为目前列控系统开发的主流方向。本章主要介绍系统软件设计理论和方法，基于模型的软件设计 SCADE，基于模型驱动的列控系统设计等内容。

第一节　软件设计理论和方法

一、软件开发方法

以计算机技术为代表的信息技术，已逐步渗透到社会的各个领域，正在改变着人们的生产与生活方式、工作和学习方式。随着网络通信技术的进一步发展，人们对于信息的获取、传输、处理的要求也越来越高。在信息技术中，计算机硬件及网络设施是载体，而软件是核心。软件是计算机的灵魂，没有软件就没有计算机应用，也就没有信息化。然而，软件生产技术却一直没有成熟起来，面对软件工业化生产的需求，必须改变传统手工艺阶段的软件开发模式。

早期的软件主要是指程序，程序的开发采用个体工作方式，开发工作主要依赖开发人员的个人技能和程序设计技巧。当时的软件通常缺少与程序有关的文档，软件开发的实际成本和进度往往与预计的相差甚远，软件的质量得不到保证，开发出来的软件常常不能使用户满意。随着计算机应用的需求不断增长,软件的规模也越来越大,然而软件的开发生产率远远跟不上计算机应用的迅速增长。此外,由于软件开发时缺少好的方法指导和工具辅助,同时又缺少有关的文档,使得大量已有的软件难以维护,从而导致了"软件危机"[1]。

软件工程就是用工程化的原则和方法来克服软件危机。软件工程是一门交叉学科,它应用计算机科学、数学及管理科学等,借鉴传统工程的原则和方法,创建软件以达到提高质量,降低成本的目的。其中,计算机科学、数学用于构造模型和算法;工程科学用于制定规范、设计模型、评估成本及确定权衡;管理科学用于计划、资源、质量、成本等管理。软件工程是一门指导计算机软件开发和维护的工程科学。

软件工程包括三个要素:方法、工具和过程。软件工程方法为软件开发提供了"如何做"的技术。软件工具为软件工程方法提供了自动或者半自动的软件支撑环境。软件工程的过程则将软件工程的方法和工具综合起来以达到合理、及时地进行软件开发的目的。软件工程就是包含方法、工具及过程在内的一些步骤。软件工程学科的研究内容主要包括:软件开发模型、软件开发方法、软件过程、软件工具、软件开发环境、计算机辅助软件工程(Computer Aided Software Engineering,CASE)及软件经济学等。20 世纪 60 年代末,人们提出了结构化程序设计思想。这种理论是自顶向下,逐步求精,大问题分解为小问题,最后分解为一个一个单独的模块来进行编码,再逐个模块进行测试,最后组装起来进行统一测试。

20 世纪 70 年代,软件开发的前期阶段受到重视,人们开始研究结构化分析和设计方法;程序设计方法学研究成为独立研究领域;以数据为中心的抽象数据类型概念提出,软件工具开始出现。

20 世纪 80 年代,从程序设计方法学研究转向软件开发方法学的研究;计算机辅助软件工程(CASE)及软件工程环境的研究成为热点;面向对象技术开始出现并逐步流行。

20 世纪 90 年代,面向对象方法和技术成为主流软件开发技术;软件过程研究及企业软件过程改善成为热点;软件复用和软件构件技术被视为解决软件危机的一条可行路径。20 世纪 90 年代后期,在面向对象基础上提出了基于组件开发的方法。基于组件开发的目标是为了改进软件开发的过程,手段是通过一些预先构建的软件组件来组装新的软件。这种方法的提出确实使软件的重用提升到一个新的层面,但是基于组件的软件重用并没有大规模铺开,绝大多数软件还必须从头开始,其中的原因是多方面的。

与组件技术同时成熟起来的还有面向对象建模技术。90 年代初,各种各样的面向对象建模语言大量出现,并在实践中不断完善。但是,面向对象方法的用户并不了解不同建模语言的优缺点及相互之间的差异,因而很难根据应用特点选择合适的建模语言,于是爆发了一场“建模大战”。经过 Booch、Rumbaugh 和 Jacobson 三人的共同努力,面向对象建模语言逐渐形成了统一的标准语言——统一建模语言(UML)。

目前,系统设计方法存在如下几种:

1. 代码为中心的设计方法

代码为中心的设计方法即将代码为中心。系统规范、概要设计都是为代码生成服务。但是,这种方法往往存在疲于应付需求的不断变更,文档迅速地失效和维护困难等突出问题,具体说来,存在如下不可克服的弱点:

(1)生产力和维护性问题。当今的软件开发过程是以概要设计和编码为驱动。无论是采用增量开发还是迭代开发,或者是传统的瀑布式开发途径,文档和相关的设计图表都是在前三个阶段中产生。当编码开始的时候,前三个阶段产生的文档和相关图片就迅速失去了它们的价值。随着时间的推移,系统不断地被修改,文档、设计图表和代码之间的距离就越来越疏远。一般来说仅仅是修改代码,因为修改文档和设计图表所要花费的代价是令人无法容忍的。问题是当第一版发布之后,团队可能会解散,其他来维护这个系统的人可能是一个新人,那么他就只有代码和测试结果,这就使得系统维护极其困难。如果一个系统的代码多达万行,而缺少原始的设计、分析文档的话,将是非常难以维护的。

(2)无法实现新技术同步。软件工业与传统工业相比,有一个特点就是其发展速度非常快。每年都会出现各种新技术并迅速流行起来,如 Java,Linux,XML,HTML,SOAP,UML,J2EE,.NET,JSP,ASP,Flash,Web Service 等。许多公司必须跟从这种改变,这是因为新技术能够使得一些公司获得一些切实的好处,但是人们必须面临的困境就是,他们必须快速跳跃前进,而且必须忍受前期投资失去价值的现实,这是非常痛苦的。情况更加复杂的是,新技术本身也在发生变化。它们也会不断推出不同的版本,而且并不能保证能完全做到向后兼容。软件供应商通常也只是对最近版本提供支持。

现存的一些系统要么提供接口与新技术开发的系统连接,要么转向新技术,那些仍然使用旧技术的遗产系统必然需要和使用新技术开发的系统进行互联。如果系统和某种技术紧密绑定,那么注定这个系统在跟随技术发展的道路上的步履是沉重的。

(3)互操作性问题。软件系统很少能够孤立地存在,大多数都需要和其他系统进行通信。一个典型的例子就是,很多公司在他们的现存系统上构建了基于 Web 的新系统,基于 HTML,ASP,JSP 等的 Web 应用程序需要从现存的后端系统中获取信息等。系统往往要使用多种技术来实现,他们之间也存在互操作的问题。现在系统中往往使用组件,不同的组件使用各自最佳的技术来实现,他们之间也需要互操作。不同的工具对于元数据的管理均有自己的策略,这就给元数据的共享形成了障碍,也降低了不同软件的互操作性。通过模型驱动开发的软件系统能够应对这些互操作的需求。

(4)文档问题。许多开发人员总是认为编码才是他们的主要任务,文档可用性的支持可以延后。最终写文档成了强制的任务,而不是出于激励的目的,不是出于自愿的工作当然不能做好,这个是以代码为中心的文档为什么质量总是不够高的原因之一。更为严重的是,每次代码改变之后必须手工地在一堆文档中找出设计中需要更改的地方,这是非常繁琐的工作。如何能够保持文档和代码的同步,而又不额外增加很多工作量是个难以解决的问题。

2. 模型驱动(Model Driven Development,MDD)的方法

随着任务关键和安全苛求系统的规模、复杂度和性能需求的不断提升,传统的以代码为核心的开发方法已经不能适应这种趋势。行业报告显示,用在安全苛求系统(包括高速列车运行控制系统)的验证和确认过程的成本和工作量常常超过开发整个系统的一半,基于手工编程和文本规范的传统方法的这个问题更严重。使用 Ada、C 语言等开发模型不仅代码冗长而且代码可能有错误,在不同设计阶段重新利用模型时可能产生不经意的改变而导致不正确的结果。类似地,在团队间频繁用于交流的需求、规范、测试和其他内容的文档可能引起歧义和误解。因此,开发的重点从代码级提升到模型级,以提供在早期进行系统集成的可能性。

以模型驱动架构(Model Driven Architecture,MDA)为核心的第三代软件开发方法为分布式、实时、安全苛求系统的开发提供了良好的架构支持。在模型驱动的设计方法中,模型不再仅仅是描述系统、辅助沟通的工具,而是开发过程的核心和主线。系统的开发和演化过程就是模型自顶向下、逐步精化的过程。模型构造、模型转换与模型精化技术是模型驱动开发的核心。系统的生命周期就是以模型为载体并由模型转换来驱动的过程。

模型是在整个开发过程中不断细化的可执行规范,与写在纸上的规范相比,可执行的规范能使系统工程师更深入了解他们策略的动态表现。在开始编码之前的很长时间就对模型进行测试,确保规范的完整性和无歧义。自动代码生成避免了手工拼写错误和对设计的误解,同时自动化的验证和确认帮

助测试人员开发完整的、基于需求并可在自动产生的代码上重用的测试用例。

MDA 的开发理念带来了如下优点:

(1)生产效率的提高。在 MDA 中,开发者的焦点转移到了平台无关模型(Platform Independent Model,PIM)的开发上,因为不必要关注平台的细节,所以他们将摆脱更多技术细节的困扰。理论上这些技术细节会通过从 PIM 的映射自动加入到平台相关模型(Platform Specific Model,PSM)中,当然只有使用从 PIM 全自动生成 PSM 的工具才能获得这样的生产效率的提高。

(2)提高了系统移植性。在 MDA 中,可移植性是通过把开发焦点转移到 PIM 而获得的。按照定义,PIM 是完全技术实现无关的、跨平台的,同一个 PIM 可以被自动转换成多个不同平台上的 PSM。在 PIM 层次上指定的所有构件都是完全可移植的。

(3)方便了文档的维护。在 MDA 生命周期中,开发者可以把注意力集中在 PIM 上。PIM 抽象层次比代码高,因此 PIM 起到了软件系统所需要的高层次文档的作用。

MDA 的重要标准之一是统一建模语言(UML)。UML 是一种表述软件模型的可视化建模语言。它通过使用不同的符号集来实现不同表达目的,并通过统一语义及用法等,使其涵盖各个应用领域的表达。自 20 世纪 80 年代末至 90 年代,OMG(Object Management Group 是定义、发布对象互操作等各种技术的工业联盟组织)提出 UML 后,UML 得到迅速得发展,并成为软件工业的标准建模语言。但是,UML 存在如下明显的缺点:

(1)UML 是一种大家熟知的设计语言,它以类、方法、属性等概念建模外部世界。它对开发的自动化和提高产能上基本上没有提供帮助,它没有提高抽象级别来支持代码生成。无法提供特定域语言的支持,其语义被这一领域的所有从业人员所熟悉。如在汽车工程领域,软件模型表现防锁制动系统,或方向盘等属性。

(2)添加了精确的动作语义的可执行 UML(Executable UML)[1]通过动作语义可以对类的方法(包括状态无关方法和状态相关方法)以及类之间的关系(类的创建、调用、查询等)进行精确的描述。使得设计模型可以执行,易于发现前期分析设计中的错误,降低后期开发的风险。但是,可执行 UML 的目标是把 UML 作为一种编程语言,它的抽象级别很低,不支持特定的问题域。

3. 特定领域建模语言(Domain Specific Languages,DSL)

特定领域建模(Domain Specific modeling,DSM)是指使用特定领域语言(DSL)对系统进行多视角建模方法,它是一种模型驱动开发(Model Driven Development, MDD)方法。与通用型的建模语言相比,DSL 支持更高层次的抽象,更加接近实际问题领域,而不是执行领域。因此,DSL 遵从领域抽象的思想,允许直接使用领域概念对系统进行理解和建模。更为重要的是,具体领域规则作为约束体现在 DSL 中,防止语法错误和不正确模型出现。

特定域建模(DSM)往往还包括代码生成的想法:直接从 DSM 模型自动创建可执行源代码。摆脱手工创建和维护源代码,意味着 DSM 可以显著提高开发人员的工作效率。与手工编码相比,自动生成的代码比较可靠、生成的程序可减少缺陷从而提高质量。

在基于组件开发技术基础上,2001 年对象管理组织 OMG 提出了模型驱动架构 MDA(Model Driven Architecture),表明把模型开发为核心贯穿于整个开发过程中,毫无疑问,这种以模型为核心的开发方法必然会给软件开发带来极大变革。

二、程序设计语言

纵观软件开发的历史,我们不难得出结论:软件开发是不断提高抽象层次的。作为软件开发中最重要的部分——程序设计语言经过了四个发展阶段,分别是机器语言阶段、汇编语言阶段、高级语言阶段和面向领域的语言(Domain Specific Language, DSL)。

在计算机发展的早期,人们普遍使用机器语言进行编程。机器语言表现形式就是 0 和 1,人们通过编写 0 和 1 来输入计算机指令,而不同的 CPU 所使用的指令是不同的,这就使得人们需要针对每种 CPU 来进行编程。使用机器语言编程的前提是程序员必须熟悉计算机的指令系统,并记住各个寄存器的功能,还要了解机器的许多细节。机器语言不需要翻译就可以立即执行,但是由于它采用二进制形式表示,很难阅读和理解,还容易出错,给编程带来极大困难。因此,机器语言语言是面向硬件的,抽象层次最低,编程方面没有任何智能化。

针对机器语言的缺点,人们发明了便于理解和阅读的汇编语言。它主要就是用英文字母、符号来表示指令操作操作码、寄存器、数据和存储地址等,并在程序中用它们来代替二进制码数。汇编语言的抽象层次也很低,而且可移植性较差。但是,从机器语言到汇编语言是一个巨大的进步,因为程序员可以使用比较符合人们思维习惯的语言来进行编程,然后通过汇编语言源程序直接翻译成可执行的机器指令程序。这样汇编语言通过汇编程序提高了编程的抽象层次,方便了人们的编程,使得在编程方面可以体现出一定的智能化。

高级语言的出现是程序设计语言的一大进步。它屏蔽了机器的细节，提高了语言的抽象层次，人们可以使用比较接近思维习惯的自然语言进行编程，从而便于人们减少对程序的阅读和理解。另外，通过使用高级语言，人们需要编写的代码也相对减少了，提高了编程的效率。高级语言不依赖特定的机器的结构和指令系统，使用高级语言编写的程序通常能在不同的机器上使用，可移植性较好。20 世纪 80 年代，在高级语言的基础上，出现了面向对象程序设计语言，它更直接地描述客观世界个体存在的事物（即对象）以及他们的关系，这进一步提高了语言的抽象层次，同时也体现了较高的智能化编程技术，因为面向对象程序设计更加符合客观现实和人们的思维习惯。

特定领域建模（DSM）是指使用特定领域语言（DSL）对系统进行多视角建模方法，其突出的优点如下：

（1）提高抽象级别，可将从专用的方案域技术相关内容转到直接使用问题域的业务概念和规则。建模语言与程序语言一样，向着人类认识世界和解决问题的方式的方向发展，即提高抽象程度（见图 4－1）。抽象程度决定着建模和系统开发的生产力。

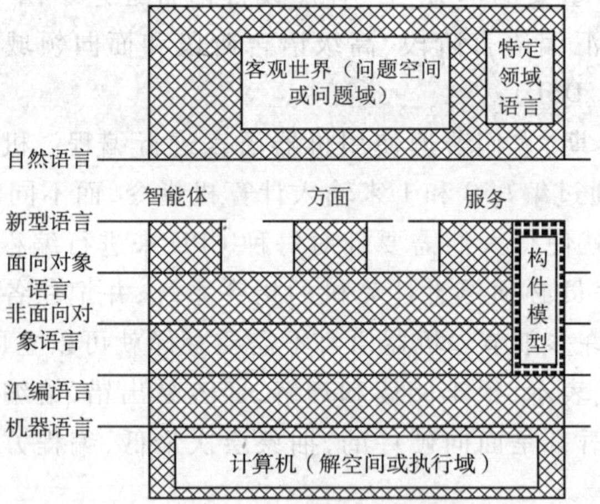

图 4－1 建模语言抽象层次比较

与机器语言、汇编语言、面向对象的语言相比，DSL 将抽象层次提升到了问题空间或问题域，用于描述具体应用领域的实例，例如：手机 DSL 语言可以让用户指定用户界面的高级抽象，以及存储数据的低级抽象，如电话号码或设置。同样，金融服务 DSL 语言可以允许用户指定客户的高级抽象，以及实现股票和债券交易算法的低级抽象。其优势在于采用具体领域的术语和概念，有利于领域专家和计算机开发人员之间的沟通，而广谱的建模语言如 UML 使用独立于任何具体领域的建模元素。不幸的是，对于非计算机领域的人员来说，最终的模型常常难于理解。因此，UML 这种谱系的语言难以在领域专家（系统工程师）和计算机专家进行有效沟通，后者善于处理软件相关的控制系统。对于安全苛求系统，DSL 是首选，通过方便领域专家和计算机专家间的沟通，降低了误解的风险。

（2）对 DSL 运行，用户完全可控。DSL 允许用户选择某种语言或其他形式来生成最终产品。基于这点，MDA 和 DSL 的区别之一是 MDA 不能由用户控制生成的代码，而 DSL 运行用户完全控制生成步骤。DSL 不期望生成所有的代码，但是可以基于模型生成大部分通用代码。

（3）商业效益。DSL 通过提高抽象程度实现软件生产力的提高[2]，它有希望能够大幅度的提高开发速度并简化软件开发。在过去十年中，早期采用 DSL 已经提高了 5 到 10 倍的速度。如图 4－2 所示，给出了不同建模语言的生产率比较，可以明显看出，特定领域的建模语言比 Java 等语言的效率高出 6 倍多。

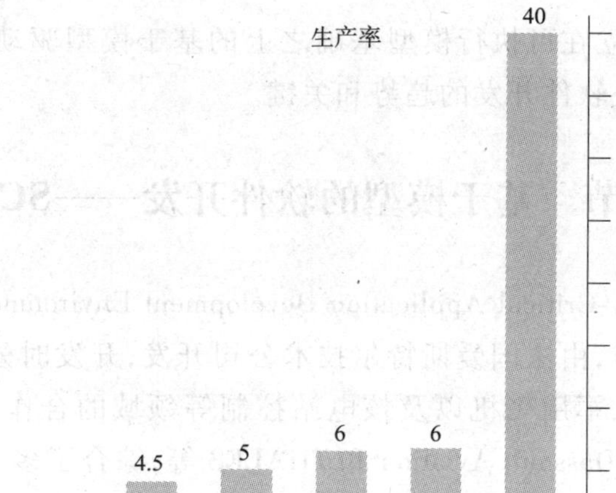

图 4－2　不同建模语言的生产率比较

图 4－3 给出 DSL 投资成本比较。可以看出，DSL 先期投入的成本虽然比通用模型要多，但综合成本会更低，因为前期投入的人力会比通用目的建模的人少，但到了后期明显可以看出使用 DSL 比通用目的建模所需要的成本要低很多。

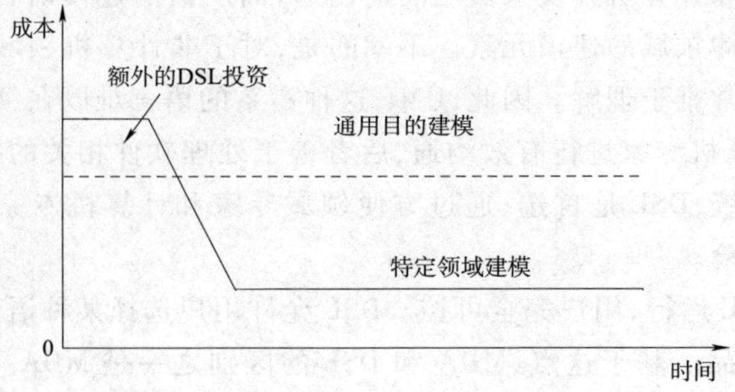

图 4－3　DSL 投资的成本比较

纵观整个程序设计语言的发展历程,可以看出,程序设计语言的发展是不断提高抽象层次,使得人们在编程的时候可以尽量使用符合人们思维和客观现实的方式进行,同时,在软件过程中也越来越体现出智能化的编程思想[2]。按照这样的发展趋势,可以预料今后的程序设计语言的发展必将是朝着符合人们思维习惯和客观现实的方向进行,同时在编程的智能化方面也将不断提高。

因此,未来建立在可执行模型基础之上的基于模型驱动和基于 DSL 的软件设计将成为解决软件开发的趋势和关键。

第二节　基于模型的软件开发——SCADE

SCADE(Safety-Critical Application Development Environment)是一个高安全性的应用开发环境,由法国爱斯特尔技术公司开发,开发时爱斯特尔联合了航空电子、汽车电子、军用飞机以及核电站控制等领域的合作伙伴,如 AIRBUS,Schneider Electric,Dassault Aviation 和 THALES 等,综合了多个领域对嵌入式软件开发的不同要求,提出了一整套高安全性嵌入式软件开发的自动化工具和相应的方法学。

一、SCADE 同步编程理论和 LUSTRE 语言

SCADE 采用同步编程理论,在创建无歧义的软件模型方面有着强大的优势。首先将 SCADE 的图形描述首先转换成 LUSTRE 语言,然后在通过 LUSTRE 转化成 C 语言或 ADA 语言。LUSTRE 语言可以看成是 SCADE 的核心。

(一)同步编程理论提出的背景

同步编程理论起源于20世纪80年代的法国。当时,计算机控制已经逐步运用于工业控制,例如:在核电领域,核反应堆中最关键的功能是紧急关闭功能,该功能就是由一个计算机系统来完成的。核电、轨道交通和航空业对控制软件提出了很高的要求:控制软件能够提供强大的反应能力,即实时与外界环境交互信息;控制软件必须满足苛刻的限定条件,如执行速度、内存大小以及故障容忍;最重要的一点,控制软件必须是安全关键性的。

控制工程师和软件工程师经过对计算机控制系统的认真分析,将其软件定义为反应式程序。反应式程序的特点是维持与其环境不断地交互作用,并非产生一个最终结果,因此它们不能通过初始和终止状态之间地关系来描述,而需要对它们不断变化地这一特征加以描述。反应式程序与其控制的硬件系统之间的联系则十分紧密,有时甚至是不可分开的,通常一个反应式程序会永久地运行与某个专门地硬件之上,即是“嵌入式”的,程序成为完整系统的一个组成部分,故将反应式程序及其控制的系统叫做反应式系统。

环境是反应式系统中十分重要的概念,反应式系统可看作一个实体,而环境可看作由其他实体组成,一个反应式系统与其环境是并发执行的,程序运行时,环境可随时提供新的输入和使用所产生的输出,程序又同时对这些输入和输出进行读、写操作,即程序和环境不断交互作用,系统与其环境之间的行为是并发的,而不是顺序的,因此并发性是反应式系统的重要的也是基本的特征。反应系统的行为可抽象为一个不断接收输入和产生输出的黑盒,当前的输出可能影响以后的输入。反应系统模型如图4-4所示。

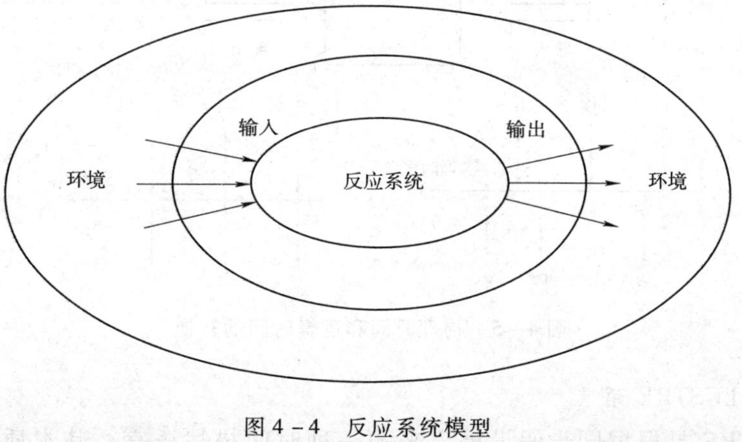

图4-4　反应系统模型

由于反应式系统存在并发性，其程序的执行顺序是不可预期的，这就对反应式程序的设计提出了很大的挑战。针对这些困难和挑战，使用形式化的、有严格数学语义的语言来描述高层需求和底层需求被提了出来，同步编程理论就在这样的背景下产生的。

(二)同步假设

同步假设是假设反应式系统有着无限快的响应速度，即系统在一个不可分割的时间微粒中响应输入，并产生输出，然后等待下一个输入。由于这个时间粒度不可分割，因此，在系统响应输入并产生输出的时间微粒中，系统并没有发生其他的变化，即系统在一个时间微粒中只响应一个输入。因此，任何连续的两次响应之间都有间隔，不会前后重叠。这样，系统在响应每一个输入并产生输出之前，系统的内部状态是不变的。这看似不可实现，但实际上，这等价于要求系统的环境在每个反应期间是不变的，或等价于要求系统的输入是以大于系统反应时间的周期离散输入的。在这种情况下，同步假设就可以实现了。同步假设极大地简化了反应系统的设计考虑，适用于许多应用领域。

同步假设引入了基本时钟这个概念，基本时钟就是前文所指的不可分割的时间粒度。通过基本时钟将实际的物理时间分成若干离散的时刻，从而产生了逻辑的时间。同步模型是在一个逻辑周期内发生的事情，即每个时刻从外部环境获取输入并计算输出，由于实际的计算时间小于采样时间，可以假设系统在零时间内完成了输入到输出的计算，从而确保了系统满足同步假设。物理时间和逻辑时间的转换如图 4－5 所示。

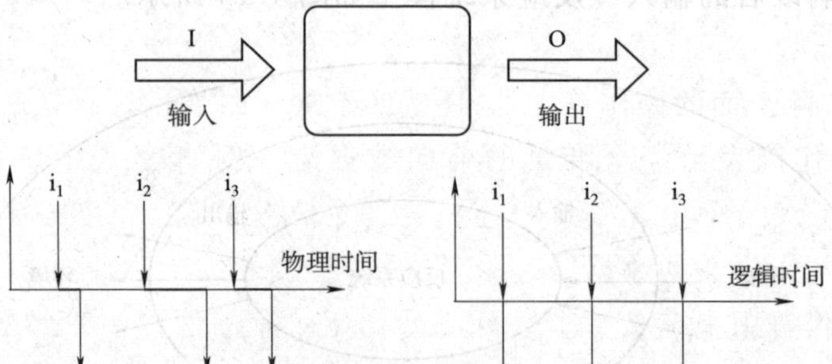

图 4－5 物理时间和逻辑时间的转换

(三)LUSTRE 语言

LUSTRE 是根据同步假设提出来的一种时间描述语言。其本质是同步数据流编程语言，它应用于反应系统的编程。它是确定性的，是基于时间的同步模型，程序同时执行一个外部的时钟、相同步的数学逻辑、适合循环实现的处理。它的同步解释使它适合在程序中处理时间、且被编译成高效的顺序程序。将整个系统看作实时交互的节点集，实际上构成了一种时间演算系统，可以较好刻画系统的动态行为，在许多安全关键系统中已得到成功的应用。并能有效地控制和使用各种系统资源、确定任务的运行时限、描述系统的并行行为。

LUSTRE 程序的操作对象是变量的数据流，在 LUSTRE 语言中，任何一个变量 X 都表示一个数据流。数据流有两个部分组成，一部分是给定类型的数据的所有可能值的一个无限序列，如 $x_1, x_2, \cdots, x_n, \cdots$。其中，$x_i$ 属于同一种类型；另一部分是一个表示时钟序列的时钟 p。数据流在其时钟的第 N 个时间取其第 N 个值，时钟概念不能局限于物理时间，一个基本时钟可以被认为是微型时间"粒度"的设置。简单的理解，基本时钟代表了程序从输入到输出的一个执行周期，这样，程序就有了循环的概念，即变量 X 在程序执行到第 N 个循环中取值为 x_n。

LUSTRE 语言对数据流的操作是通过操作符与表达式来实现的。例如："="操作符，用来表示一个等式。等式 $X = E$，表示对于任意周期，$x_n = e_n$；又例如 $X + Y$，代表一个新的数据流：$x_1 + y_1, x_2 + y_2, \cdots, x_n + y_n, \cdots$。

在 LUSTRE 语言中，变量用其类型来定义，LUSTRE 仅有少量的基本类型：布尔型、整型、实型、结构体。常量同样具有以上各类型，其流为常值序列，时钟为基本时钟。作用于基本类型的操作符有：算术运算符 +、*、/、div、mod；布尔运算符 and、not、or；关系运算符 =、< =、> =、<、>；条件运算符 if 、then、else；以及从宿主语言引入的函数，它们统称为数据操作符，它们仅作用于有相同时钟的操作数，点向(pointwise)作用于操作数的值序列。

LUSTRE 除上面的操作符之外，还有四个特殊的"时态"操作符。

"pre"操作符表示一个变量的前向数据流。例如：x 表示($x_1, x_2, \cdots, x_n, \cdots$)，这 pre($X$)表示(nil, $x_1, x_2, \cdots, x_{n-1}, \cdots$)，其中，最起始的状态 nil(noninitialized)表示一个未定义的数据。

"→"操作符用来定义一个数据流的初始时刻的值。例如：X 表示($x_1, x_2, \cdots, x_n, \cdots$)，$Y$ 表示($y_1, y_2, \cdots, y_n, \cdots$)，则 $X \rightarrow Y$ 表示($x_1, y_2, \cdots, y_n, \cdots$)。这个序列在起始时刻和 X 相等，后续时刻一直和 Y 相等。

"when"操作符表示对一个数据流采样，B 为一个布尔数据流，X 为与 B 有相同时钟的一个数据流，则"X when B"这样一个表达式，其值是从 X 中抽出来的，且仅取 B 为 true 时 X 的值。见表 4－1。

"Current"表示用一个比自身时钟更短的时钟对一个数据流插值。如果 B

为定义的基本时钟的布尔数据流，变量 Y 的时钟不是基本时钟，则 Current Y 与 B 有相同的时钟，其值为当 B 最近为 true 时 Y 的值，见表 4－1。

表 4－1　时态操作符

布尔值 B	false	true	false	true	false	false	true	true
变量 X	x_1	x_2	x_3	x_4	x_5	x_6	x_7	x_8
$Y = X$ when B		x_2		x_4			x_7	x_8
Z = current Y	nil	x_2	x_2	x_4	x_4	x_4	x_7	x_8

从时域角度来看，在一个系统中，往往存在几条并行的处理流程，这些流程运行的速度并不相同，并且存在着相互的通信。LUSTRE 语言提供了基本时钟和布尔时钟这样的概念，允许节点网络以不同的速率处理数据。这正是上述时态操作符引入的意义。

LUSTRE 语言的结构是由数据流和节点组成的网络。节点的描述由接口规范组成：输入输出的参数类型及其时钟、内部变量说明和由等式和断言组成的程序体。通过节点这种概念，LUSTRE 语言很自然的支持层次性的模型描述和组件的复用。LUSTRE 语言这种特性非常适合用图形化描述。

LUSTRE 语言严格满足确定性。确定性是大多数嵌入式应用软件的重要需求。一个系统，如果使用相同的输入序列，在相同的时间调度下，其反应情况是相同的，那么它就是可确定的。反之，如果使用相同的输入序列，其反应情况不同，则系统就是不可确定的，它实际上依靠内部的选择或计算的时间调度。LUSTRE 语言区分两种变量，其中一种变量是实际数据变量，可以快速计算出；另一种是控制变量，它在汇编时间里被处理。控制变量大多是逻辑变量，它表达了程序状态的重要性等。由于控制变量在汇编时间已经处理完毕，所以 LUSTRE 语言产生的可执行代码的执行路径是完全由输入序列确定的，和时间调度无关。正是这种特性，使 LUSTRE 语言严格的满足了确定性。

（四）SCADE 同步建模方法

SCADE 提供了两套机制进行图形化的建模：对于连续控制采用数据流图建模；对于离散的状态采用状态机建模。SCADE 将这两套建模方法融合在一起，可在软件开发的过程同时使用两种建模方法。

（五）数据流图模型

对于工业应用中的安全关键性软件，既有离散的状态变化，又有连续的时间行为。SCADE 提供安全状态机来描述离散的状态变化，提供数据流图来为连续的数据处理行为建模。数据流图正是建立在前述的 LUSTRE 语言理论的基础上的，具有严格的数学语义，能保证了设计模型的精确性、完整性、一致性和无二义性。数据流图适合于连续控制系统的建模，以用户定义的输入输出变量为接口，使用一些运算符，如算术算符、逻辑算符、时序算符、case 操作符、if-then-else 操作符等，用节点为功能单元，组成复杂的层次结构，以图形化的方法搭建软件模型。

在 SCADE 中最基本的组成方框叫做节点。一个节点是由用户定义的函数。每个节点都由更低一级的节点或者预定义的运算符组成。节点的调用类似程序的调用，对每一个节点要设计其接口。接口包括输入、输出、局部变量等。在节点内部实现该节点的功能，内部实现可以用图形或文本化。节点之间通过正规的 I/O 界面相互连接组成更大的节点。每个节点有特定的功能，可以被重复调用。SCADE 构建的模型像一棵树，即只有一个根节点。树上的所有节点在每个瞬间最多只执行一次（如果执行条件不满足则不执行）。

如图 4－6 所示为 SCADE 中的一个简单的数据流图节点。该数据流模型中的输入、输出及其中的局部变量都是数据流。根据同步假设，从输入到输出应该是同步的，即从该数据流图的输入到输出几乎是同时产生的。

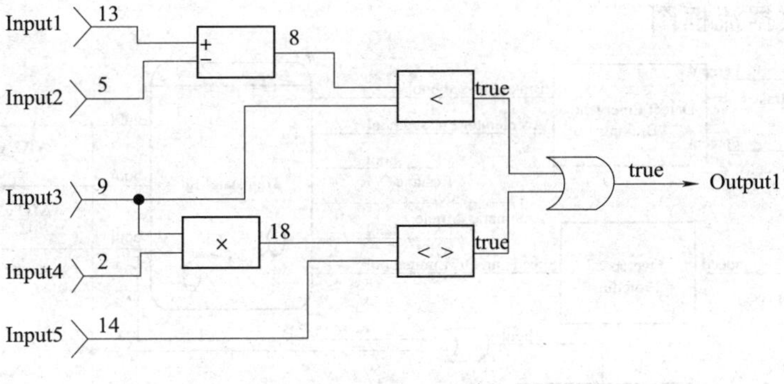

图 4－6　SCADE 数据流图节点

在 SCADE 中提供了五种时间操作符，分别为初始化操作符、PRE 操作符、FBY 操作符、WHEN 操作符与 CURRENT 操作符。初始化操作符用于对数据流的初始化，在 SCADE 中用“→”符号表示。PRE（previous）操作符是一种延迟操作符，它的输出值为输入的上一周期的值。FBY（followedby）操作符也是一种延迟操作符，可将输入数据流的值延迟整数个周期输出，并可初始化表达式的值。When 操作符是一种采样操作符，当 C 为布尔表达式时，用“E when C”表示，只有当 C 为真的时候，才会输出 E 的值，当 C 为 true 常量时，E 的值才等于“E when C”的值。Current 操作符与 When 操作符相反，相当于一种插值操作符，在没有输入的情况下保留上一周期的值。如图 4－7 所示，描述了一个积分器节点。

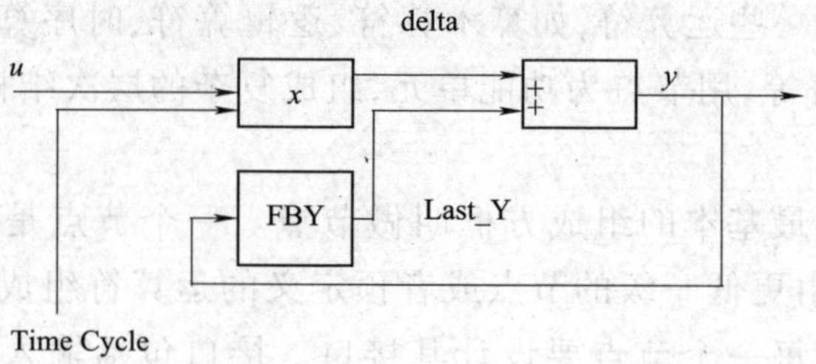

图 4－7　积分器节点

采样传感器在规则时间间隔的时间段采样，求出信号处理计算的值，计算控制规则和输出结果。数据就这样被连续不断地进行转换处理。

除了基本的操作符外，SCADE 还提供了丰富的函数库，如线形信号的函数库、高级数学函数库，数字信号的分析函数库等，这些库包含了丰富的计算节点，用于设计控制中的复杂算法提供便利。

在 SCADE 中，用框图对连续行为进行图形化描述，图 4－8 描述了一个列控系统的数据流框图。

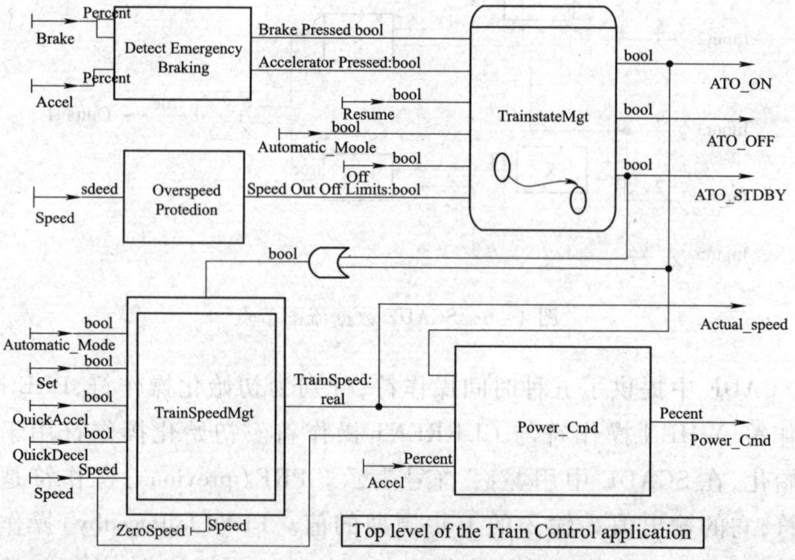

图 4－8　列控系统数据流框图

图 4－8 中的方框表示数学函数、过滤器和时延，箭头表示在方框间流动的数据流。相互间没有功能依赖关系的"块"同时进行计算，这些块间仅能通

过数据流进行通信。数据流由计算块使用或生成,或者作用于流转换。

数据流框图是严格类型化的,即每个数据流都有一种类型(布尔型,整型,实型,结构图类型等),SCADE 模型的类型一致性由 SCADE 工具进行检查。

数据流框图能清晰描述时序和因果关系。因果关系是指如果数据 x 是依赖于数据 y 的,那么在计算数据 x 之前,y 必须是已经得到确定并可用的(类似于鸡生蛋蛋生鸡问题)。一个存在因果关系问题的递归数据模型如图 4-9 所示,power 的输出是由它本身经过 ComputertargetSpeed 和 ComputerPower 这两个节点得到的。SCADE 的语义检查器会检测到这个错误,并且会提示这个输出存在因果关系没有区分的问题。

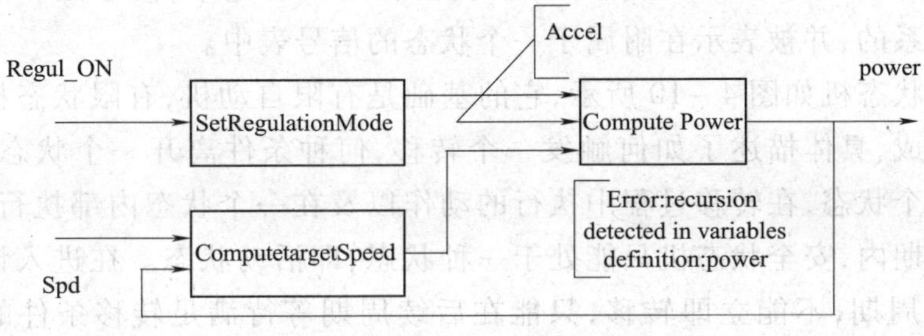

图 4-9　检测到因果关系问题

在反馈回路中加入一个 FBY(延时)算符能解决这个因果关系问题,因为此时 ComputertargetSpeed 块的输入是由前一循环得到的 power 的值。

数据流框图在功能级别上对一致性和功能依赖性给出了简单且清晰的表达,具体如下:

SetRegulationMode 和 ComputetargetSpeed 块在功能上是并行的;因为它们相互独立,这些块的计算没有相应顺序(因为在 SCADE 中没有边缘效应)。ComputePower 在功能上依赖于 ComputetargetSpeed 的输出。SCADE 代码生成器考虑到了这一点:它产生的代码先执行 ComputetargetSpeed 再执行 ComputePower。即使依赖性并不明显且模型进行了更新,计算顺序也总能保证是最新并且正确的。用户无需花时间进行冗长且易出错的依赖性分析来确定顺序关系。这样他们就能将精力集中于功能上而不是编程本身。

(六)安全自动机模型

SCADE 的一个最主要的特性就是控制是有限状态的。基本的执行是建立在一个确定性的有限状态的安全自动机模型上的。这种模型给予开发人员精确的时间控制,同时满足并发性的要求。控制建立在安全状态机语言上,使得开发人员容易分析、预测程序的执行时间，更容易验证软件的相关属性。

安全自动机最重要的概念是信号、状态和转移。安全状态机引入有限状态机这种形式化方法来处理复杂的状态结构，可以被看作有限自动机的扩展。

在同步编程理论中，信号是反映系统和外部环境作用关系的一种抽象。输入信号是指外部环境发送给反应式系统的信号；输出信号是指反应式系统产生的信号。在一个控制系统中，输入信号通常由传感器产生，而输出信号通常作用于执行器，输入信号和输出信号组成了反应式系统的接口。反应式系统的黑盒描述就是将系统定义为一个黑盒，其输入箭头表示输入信号，而输出箭头表示输出信号。一个安全状态机描述了一个反应式系统的行为，即输出信号序列和输入信号序列的关系。在安全自动机理论中，信号是和一个具体状态相联系的，并被表示在附属于一个状态的信号表中。

安全状态机如图 4－10 所示，它的基础是有限自动机，有限状态机由状态和转移构成，具体描述了如何触发一个转移，何种条件离开一个状态，何种条件进入一个状态，在转移过程中执行的动作以及在一个状态内部执行的动作。在一个周期内，安全状态机只能处于一种状态，即活动状态。在进入该活动状态的同一周期，不能立即转移，只能在后续周期等待满足转移条件的输入信号，该信号可以激发状态的转移，转移必须被立即执行。状态的转换无需任何时间，是立即执行的。状态转换可以导致产生输出信号。输出信号在三种可能的时间被触发，即进入该状态时，处于该状态时和离开该状态时。转移分为强终止转移和弱终止转移。无论强终止转移和弱终止转移，在进入该状态时

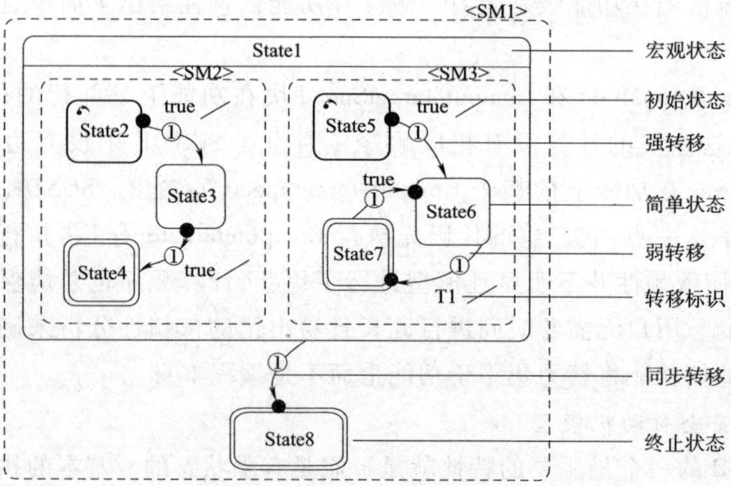

图 4－10　安全状态机示意图

和处于该状态时，都可以输出信号。强终止转移在离开该状态时不能输出信号，而弱终止转移在离开该状态时可以输出信号。

状态：状态代表系统的模态，指在系统的生命周期中的一个条件或状况，在此期间系统将满足某些条件、执行某些活动或等待某些事件。它只有活动和不活动两种，在 SSM 中状态包括简单状态和宏观状态。

简单状态：不能模拟系统的行为的状态，必须联合指定的动作，为了产生动作，在状态中必须明确定义行为。

宏观状态：是封装了简单状态和行为的大状态，它可以体现层次关系，并行关系。在宏观状态中可以指定一些状态的并行执行，并行标识条，每组并行状态都有一个初始状态，它们互不影响。图 4－10 中 State1 是宏观状态，其中 SM2 和 SM3 是并行关系。

SSM 中简单状态和宏观状态都有三个动作标识 OnEntry、Onlnside、OnExit。状态动作的执行与状态是否是活动息息相关：初始为非活动状态，当转移条件使其激活，则执行 OnEntry 动作；当进入状态后，就执行 Onlnside 动作，在此状态时，每循环调用一次时，均执行动作；当退出状态时，执行 OnExit 动作。我们可以使用这些动作完成状态的输出。比如在 OnEntry 中给当前状态的控制参数赋值。

转移：两个状态之间的关系，它表示当发生指定事件并且满足指定条件时，第一个状态中的对象将执行某些操作并进入第二个状态。当发生这种状态变更时，即“触发”了转移。在触发转移之前，可认为对象处于“源”状态；在触发转移之后，可认为对象处于“目标”状态。

转移标识：转移标识主要由两个部分组成 < trigger >/< effect >。其中 < trigger >标识由 < counter > < event > { < condition > }组成，counter 必须是一个整形，通常跟着关键字 times，用来指定一个计数，表示在触发前有多少次信号表达式应该出现。event 是一个事件，源状态接受了这个事件使转换合法的激化。它是任何信号表达式或操作，它可以连接基本对象与操作和函数的调用，触发时对这个布尔表达式求值，如果表达式取值为真，则激活转换；如果为假，则不激活转换。< effect >通常输出信号。当转移条件成立，在 effect 中的信号将被输出。

转移类型：在默认情况下，创建的转移是强转移，强转移是当转移条件成立时，在当前周期就进入目标状态。弱转移是当转移条件成立时，停止当前周期的状态转移执行，到下一周期再进入目标状态。同步转移用于一个宏观状态包含许多子状态序列，当最后一个子状态结束时，跳出这个宏观状态。当一个状态有多个转移时，可以设计这些转移的优先级顺序，来保证模型的确定性。

信号：信号是安全状态机与外部环境的交互，包括输入的和输出的，一个输入信号在反应调用之前有 emit 和 notemitted。在反应结束可以输出信号。在 SSM 中有三种信号 pure，valued，valued - only。pure 信号只是一个布尔信号，传统的安全状态机习惯使用该信号。它的值可以是真/假，高/低或者开/关等。valued 信号是两个信号的结合，也就是 tuPle 类型，信号的第一部分是布尔值，第二部分是数值，可以被看作是当前/非当前状态的数值。最后，valued-only 信号不包含布尔类型，是单纯的数值，如整型、实型、枚举类型的数值。在状态机编辑器中可以定义这三种信号与外部的联系。

二、SCADE 的软件开发、测试与验证

（一）SCADE 软件开发

传统的软件开发模式有大爆炸模式、瀑布模式、螺旋模式等，而 V 模型是比较典型的一种软件开发模式。在 V 模型中，共有七个进程和四个层次。V 模型与瀑布有相似之处，软件开发需要经历软件需求分析、概要设计、详细设计、编码和测试五个阶段，但是 V 模型把测试阶段更详细的划分成单元测试、集成测试和系统测试，分别对应软件开发的详细设计、概要设计、软件需求分析阶段。从 V 模型中看，软件编码位于整个 V 模型的最底层，也是整个软件开发流程中最核心、最繁琐的一个过程。传统的软件开发的所有工作都是围绕编码而展开的。

SCADE 软件的出现改变了传统的软件开发模式，将 V 模型改变成 Y 型开发结构如图 4 - 11 所示。由于 SCADE 高质量代码生成器 KCG 的出现使得详细设计以下的编码和单元测试都是零时间完成的，KCG 建立严格精确的数学基础上通过数学推理，能够保证从需求到代码的正确性并且通过了 DO - 178BA 级认证和 IEC 61508 的所有 SIL 级别的认证。用户只需要关心 Y 模型上部的 V 模型的各个流程，而详细设计部分成为软件开发的核心部分，用户将更多的精力用在了软件设计和测试方面，而不是繁琐的编码阶段。在 SCADE 软件开发模式中，更加注重的软件需求的分析和软件设计。SCADE 提供各种方法保证软件需求的正确性和安全性：SCADE 中提供了明确的、无歧义的建模机制；模型静态检查，保证模型的完整性和一致性；模拟仿真、模型覆盖率分析保证需求的正确性；形式验证保证需求的安全性；与其他软件接口，自动原型生成可方便的实现需求的确认和交流。Y 型软件开发模式，大大降低了软件开发成本并缩短了软件开发的生命周期。据空客公司的统计，使用 SCADE 的

KCG 将降低开发成本的 50%，节省一半的开发时间。使用形式验证技术可使成本降低 60%，软件开发时间只用原来开发时间的 40%。

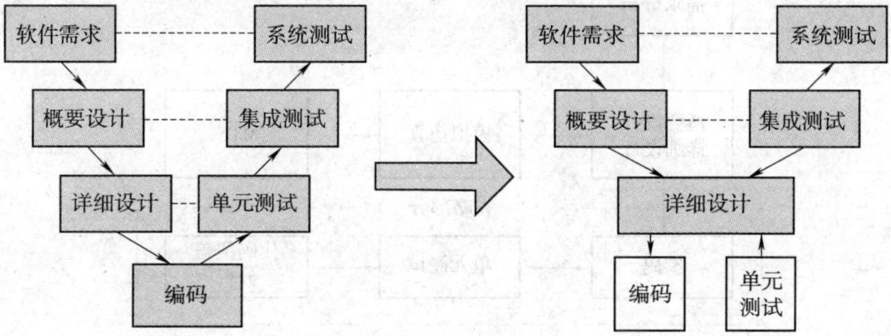

图 4－11　传统 V 模型开发与 SCADE 的 Y 型开发模式

（二）SCADE 软件测试

从传统的软件开发流程的角度来说，大家熟悉的开发流程包括需求分析、概要设计、详细设计、编码等，如图 4－12 所示。通过走查、分析可保证概要设计与需求分析的一致性，详细设计和概要设计的一致性，但是并不能定量的衡量它的完备程度，于是使用单元测试来保证代码和详细设计的一致性，而采用代码覆盖率分析衡量单元测试是否完备。

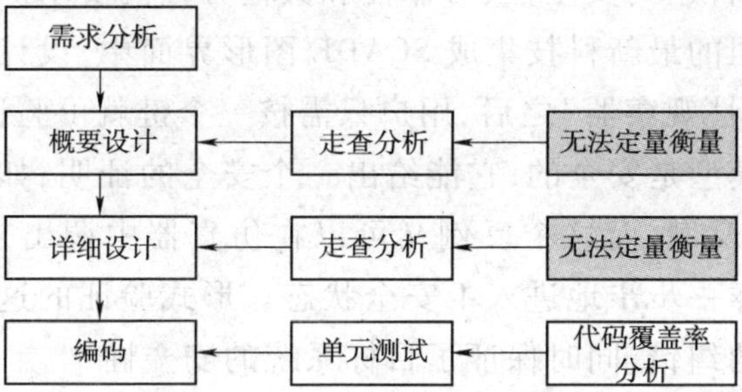

图 4－12　传统软件测试

而采用 SCADE 开发软件时，由于 KCG 代码生成器的存在，通过 DO－178B 民航 A 级标准认证后完全可以信任代码。所以可以认为 SCADE 模型所表达需求明确且无歧义的体现在 SCADE 生成的代码中，因此对传统的软件测试中针对代码的测试完全可以省略。

SCADE 采用了一种类似于灰盒测试的方法针对模型进行测试。测试方法是基于对模型的仿真进行的。模拟仿真属于黑盒测试的范畴，但是用 MTC 对模型覆盖率（白盒测试）进行分析，从而判断模拟仿真测试是否完备，如图

4－13所示。

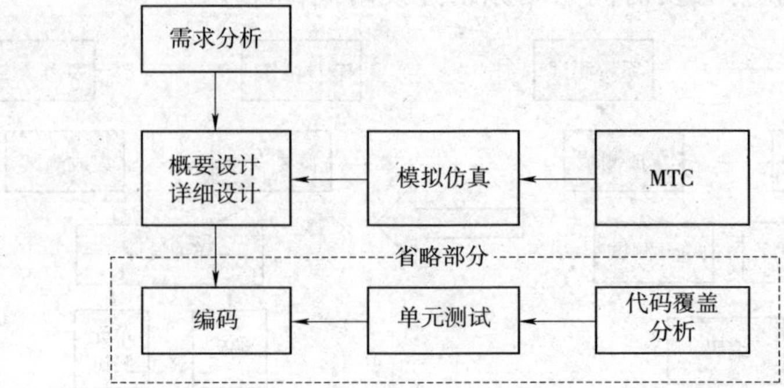

图 4－13　SCADE 软件测试

(三)SCADE 形式化验证

模拟和仿真能够在一定程度上测试系统的模型是否很好实现所期望的功能,但是它不能保证系统是否做了预期外不应该做的事情。因此,只经过模拟仿真测试的系统安全性并不能完全得到保证。SCADE 内置的形式验证的功能解决了这个问题。

详尽的形式验证,既不需要执行模型,也不需要借助测试向量,就可以检验 SCADE 模型是否达到安全性、可靠性和其他方面的要求。SCADE 的 Prover 插件将 Prover 公司的最新科技集成 SCADE 图形界面中,设计好了系统的安全性要求和一个“特性观察器”之后,用户只需按一个键就可验证 SCADE 的模型的安全性。如果模型是安全的,它能给出一个安全的证明;如果模型是不安全的,它能给出一个反例,而这个反例又可以在仿真器中调出来进行仿真,以详细地观察系统怎样一步步地进入不安全状态。形式验证的这一功能在很大程度上方便了系统的纠错,同时保证了目标系统的安全性。

(四)代码自动生成

经过仿真和形式验证,保证了模型的安全性以后,SCADE 可以自动生成面向工程的 ANSI C 或 ADA 83/95 语言的嵌入式代码。

它生成的代码满足一系列的安全性特征,如有界的堆栈,没有动态指针,没有递归调用,没有死代码等。另外,SCADE 自动生成代码的运行空间和运行时间与手写代码基本相当,但比手写代码更易于维护和调整。

和其他的许多代码生成器相比,SCADE 代码生成有两个显著的特点。

第一,SCADE 所生成代码完全面向工程,可以直接嵌入到所开发的系统中去而不需要做任何修改。

第二,SCADE 基于严格的数据理论,它保证所生成代码的正确性,并承诺所生成的代码的行为和仿真的行为完全一致。这两点是很多代码生成器所做不到的。

(五)SCADE 与其他工具的桥接

1. 与 DOORS 的桥接

DOORS 是一个需求分析和追踪的工具。SCADE 和 DOORS 的桥接工具可以把一个 SCADE 模型自动地输入到 DOORS 环境中,以便于需求分析和追踪,使 SCADE 中的设计与需求,测试计划和其他模型或文档联系起来。

在需求分析和追踪的过程中,如果想了解 DOORS 中的一个对象对应于 SCADE 中的哪个实体,该桥接工具还提供了定位的功能。只需点击一个按钮,它就会启动 SCADE,调出相应的 SCADE 模型,并把光标定位在相应的实体上。

2. 与配置管理工具的桥接

SCADE 以 ASCII 格式保存所有数据,并支持 SCCI 标准的配置管理界面。因此,SCADE 可以很方便地与所有支持 SCCI 标准的配置管理工具进行桥接,如 Telelogic Synergy, MERANT PVCS, Rational Clearcase 以及 WinCVS 等。SCADE 编辑器中还集成了常用的版本管理命令,如 checkin、checkout 等。

3. 与 Simulink 的桥接

该桥接工具可以把 Simulink 模型中我们所需要的软件模块自动转化成一个 SCADE 模型,这一方面帮助我们重用现有的模型和设计,减少工作量;另一方面也能使我们充分享受 SCADE 的相对优势,如确定性的系统行为、形式验证、嵌入式代码的自动生成等。此外,该桥接还可以把 SCADE 生成的代码返回到 Simulink 模型内部作为一个 S 函数,这样可以进行软件代码在其运行环境中模拟仿真。

三、SCADE 软件开发实例

本章节对利用 SCADE 开发环境开发的列控系统实例模型进行简要的介绍,使读者能够对 SCADE 开发软件的过程有大致的了解。

(一)模型示例

根据列车运行控制系统的原理对列车管理场景进行分析可知,ZC 对管辖范围内的列车可以分为如下几种状态:登录状态、正常运行状态、移交状态、接管状态、折返状态、注销状态以及故障状态。ZC 根据列车所处状态,选择相应的 MA 计算方法对列车进行控制。如图 4-14 所示为各个状态之间相互转换的安全自动机模型。

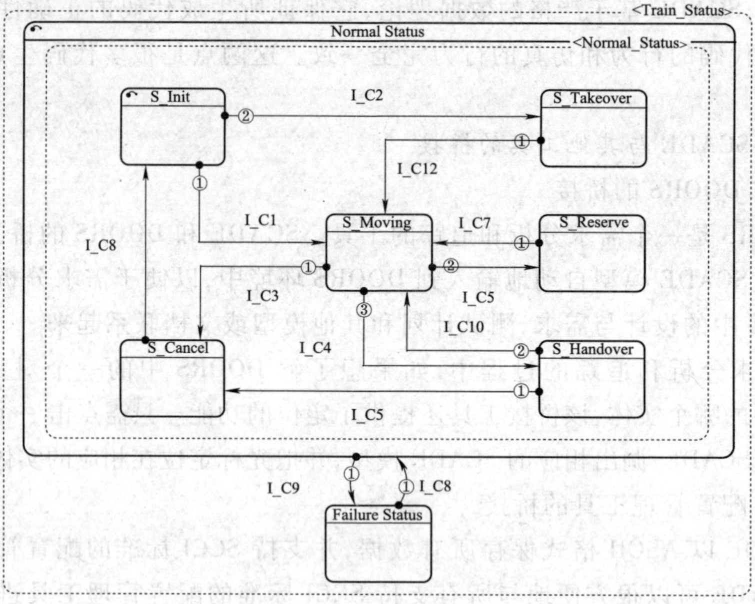

图 4－14 列车管理安全自动机模型

其中 S_Reserve 为折返状态。在该状态下，首先需要使用常量 E04_STATE_RESERVE 将列车管理输入变量中的列车状态位设置为折返状态。在列车处于折返状态下，MA 信息将不更改，只有列车换段完成后，CI 为列车排出反向进路后，ZC 给列车的 MA 才会变更。因此，MA 的输入 I_MAInfo 可以直接转换为 O_MAInfo，作为 MA 的输出。折返状态的数据流图模型如图 4－15 所示。

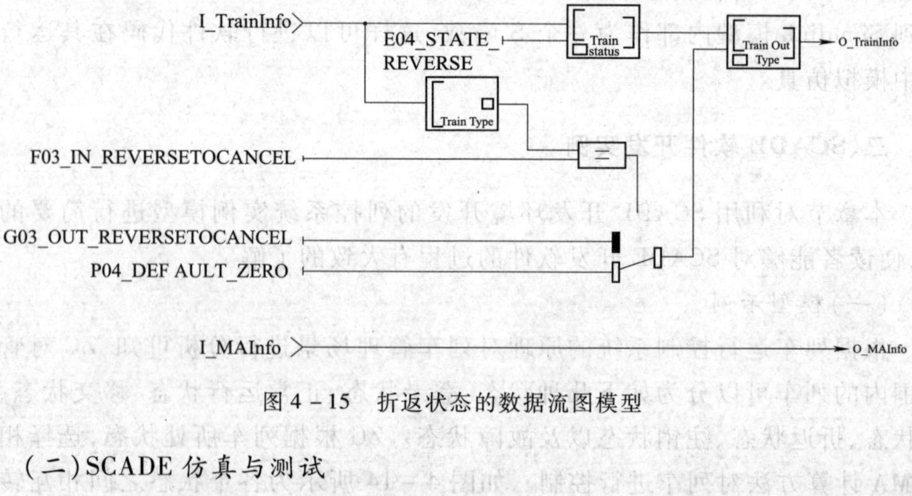

图 4－15 折返状态的数据流图模型

（二）SCADE 仿真与测试

SCADE 仿真器是一个强大的可视化图形调试工具，通过执行 SCADE 代码生成器生成的 C 语言代码对 SCADE 模型进行调试和仿真，通过该仿真器不仅可以交互的仿真 SCADE 模型，还可以用它批量的对模型执行测试。在该仿真器中可以观察任何变量，包括输入数据、内部变量和输出数据；支持单步周期的仿真和连续仿真，可以指定仿真周期的补偿，也可退回上一周期，在仿真的同时可以将仿真场景进行保存（将输入输出数据记录成文件形式），下次可以直接读取场景文件实现对仿真场景的回放；支持在模型中设置断点和中断条件。

以下利用图 4－16 所示的场景数据进行仿真测试。

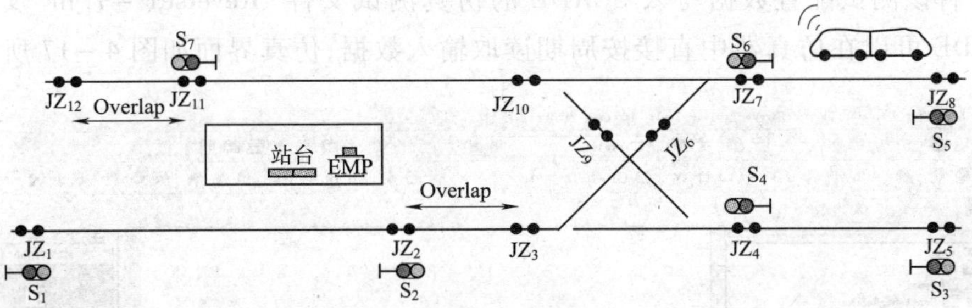

图 4－16 列车折返场景

共设计八个周期的输入，如表 4－2 所示。

表 4－2 列车折返仿真数据表

周期	输入	ZC 预期结果
1	列车进入[S_1-S_2]中的[JZ_1-JZ_2]，CI 排列了 S_1-S_2、S_2-S_5 进路	ZC 进行列车前端可疑标志位筛选，为列车匹配进路，列车状态由 S－Init 转为 S-Moving 为列车计算 MA 发至[S_2-S_5]的[JZ_7-JZ_8]的终端 JZ_8 位置
2	列车进入[S_2-S_5]中的[JZ_2-JZ_3]，CI 排列了 S_1-S_2、S_2-S_5 进路	为列车匹配进路，列车状态为 S－Moving 为列车计算 MA 发至[S_2-S_5]的[JZ_7-JZ_8]的终端 JZ_8 位置
3	列车进入[S_2-S_5]中的[JZ_7-JZ_8]，CI 排列了 S_2-S_{57}进路	为列车匹配进路，列车状态为 S－Moving 为列车计算 MA 发至[S_2-S_5]的[JZ_7-JZ_8]的终端 JZ_8 位置
4	列车停稳在[S_2-S_5]中的[JZ_7-JZ_8]，发送折返注销信息，CI 排列了 S_2-S_5 进路	向列车回复折返注销确认信息，列车状态转为 S－Reverse
5	CI 排列了 S_2-S_5 进路	折返超时的计数周期，列车状态转为 S－Reverse
6	列车停稳在[S_2-S_5]中的[JZ_7-JZ_8]，发送换端完成确认信息，CI 排列了 S_2-S_5 进路	通知 CI 此列车已换端完成，列车状态为 S－Reverse

续上表

周期	输入	ZC 预期结果
7	列车停稳在[JZ_7 - JZ_8]，发送换端完成确认信息，CI 排列了 S_6 - S_7 进路	向列车发送换端完成确认，列车状态为 S - Reverse
8	列车在[JZ_7 - JZ_8]，CI 排列了 S_6 - S_7 进路	为列车匹配进路，列车状态转为 S - Moving，为列车计算 MA 发至[S_6 - S_7]的[JZ_{11} - JZ_{12}]的终端 JZ_{12} 位置

将该测试配置数据写入 SCADE 的仿真测试文件"Reverse1 - 1. in"文件，SCADE 可以在仿真器中直接按周期读取输入数据，仿真界面如图 4 - 17 所示。

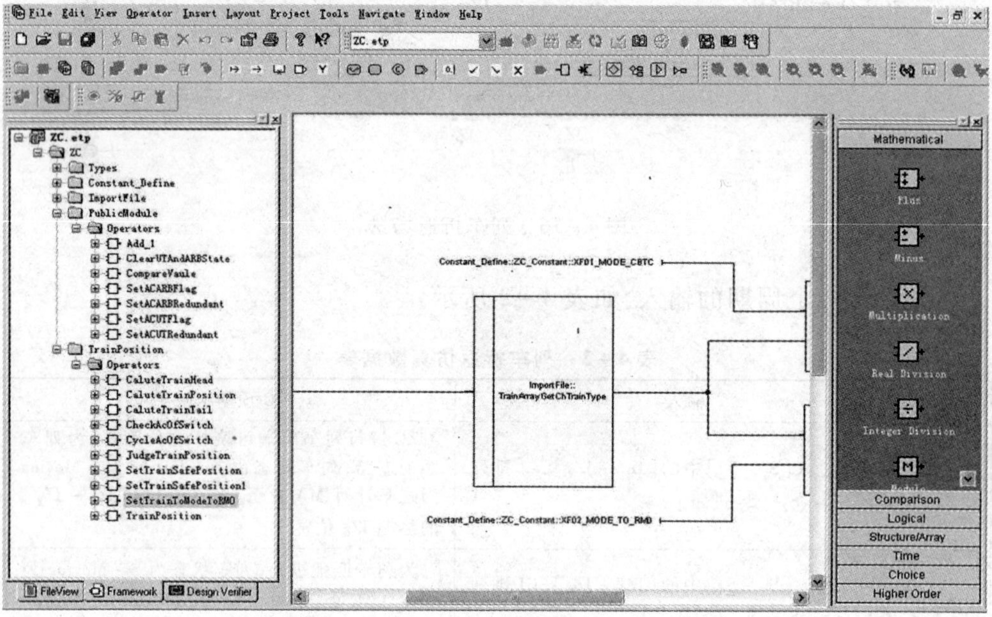

图 4 - 17　SCADE 仿真测试界面

由图 4 - 18 中状态机模型可以看出，在第四个周期，列车管理的安全状态机模型成功地从状态 S_Moving 转移到 S_Reserse。

(三)SCADE 安全验证

由于测试的不完备性，依然不能保证模型完全正确且满足安全条件。基于此，SCADE 提供了安全验证器，采用形式化证明的手段，用数学的方法，使模型的安全属性得到保证。

利用 SCADE 进行形式化安全验证的步骤如图 4 - 19 所示。

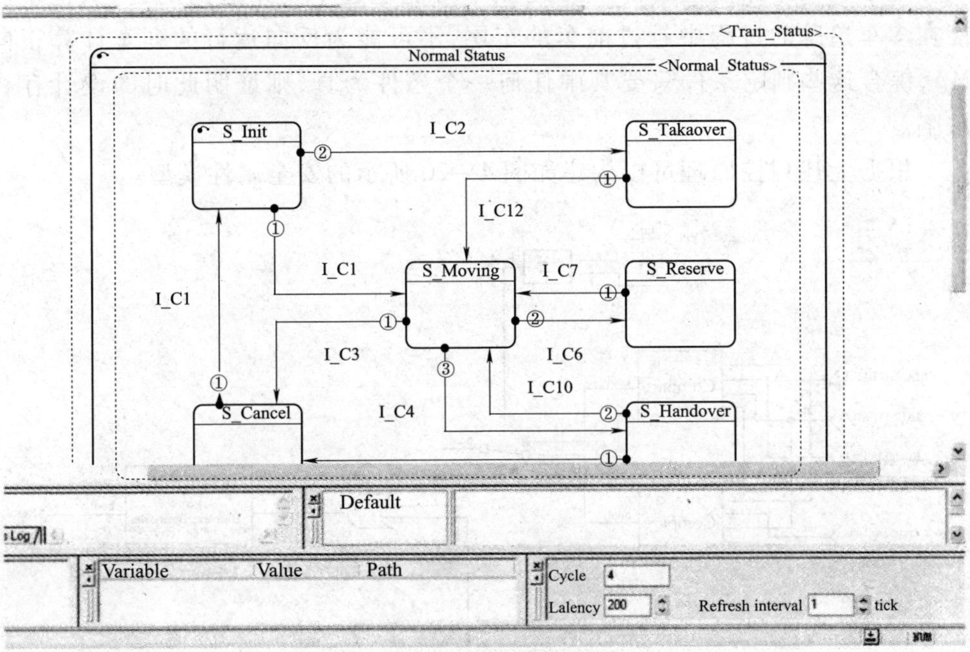

图 4－18　列车折返场景仿真测试

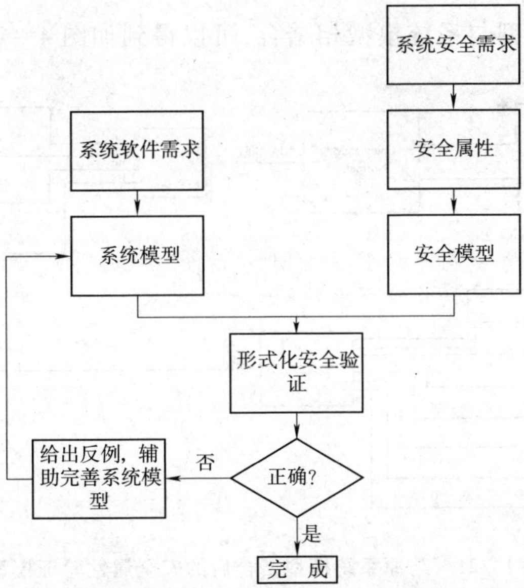

图 4－19　SCADE 形式化验证步骤

对于 MA 计算模型而言,MA 终点不可能越过本列车进路的终点、也不可能在多车追踪的过程中越过前车的车尾,不可能为反向运行的列车计算正向 MA,综合这些判定条件只要其中任何一个条件为真,则证明此时的设计存在缺陷。

根据上述列控原理可以构建如图 4-20 所示的安全属性模型。

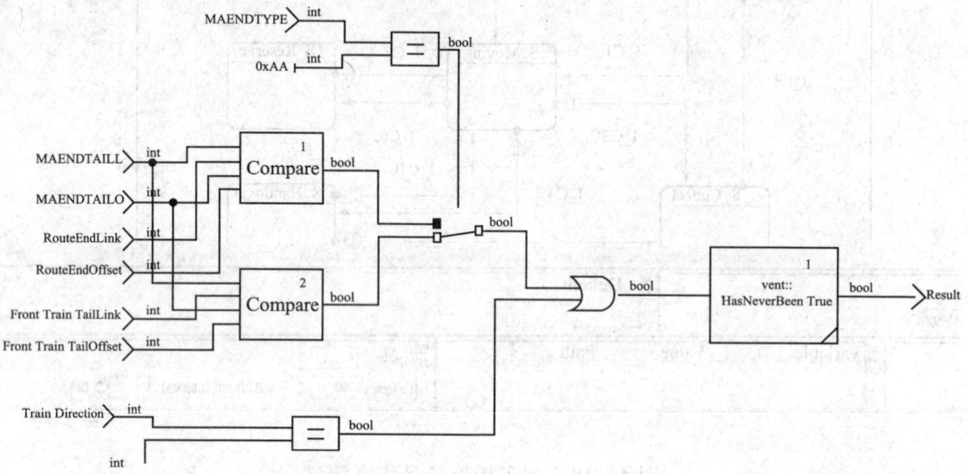

图 4-20　安全属性模型

将安全属性模型与系统模型相结合,可以得到如图 4-21 所示模型。

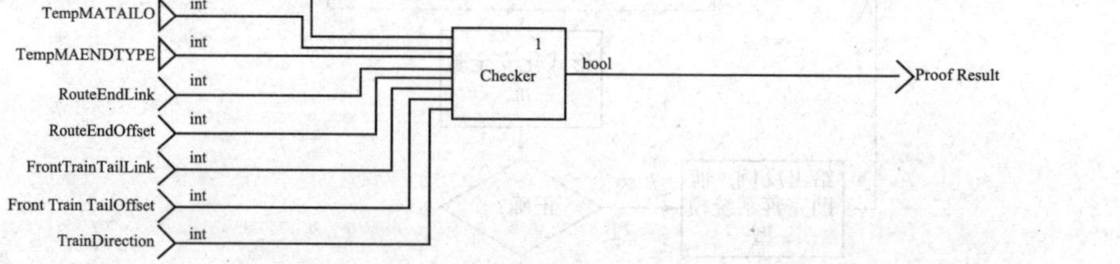

图 4-21　与原系统模型结合后的安全属性验证模型

结合后的模型可以将输出 ProofResult 作为验证对象,对 ProofResult 进行验证。验证结果如图 4-22 所示,可以看到验证结果显示为 Valid,即验证正确，由此充分证明 MA 计算模型是正确的。

Sum Up

VerifyMain.ProofResult	Valid

Tasks

VerifyMain.ProofResult

Node	VerifyMain
Output	ProofResult
Strategy	Default - Prove
Mapping Group	None
Result	Valid
Scenario	scenarios/VerifyMain.ProofResult_s0.sss | [Load Scenario]
Translation time	0 s
Analysis time	0 s
Total time	0 s
Assertions	none
Messages	none

图 4－22　形式化验证结果

第三节　基于模型驱动和 DSL 的列控系统设计

一、面向轨道交通领域的建模语言（Domain Specific Langue for Railway, DSL-R）

（一）DSL-R 的优点

列车控制系统隶属于安全苛求系统，系统设计的任何缺陷都有可能由潜在的风险演变成系统失效从而导致安全事故的发生。如何保证列控系统设计的正确性和高效性成为一个广泛研究的问题。基于测试、仿真和形式化的方法成为列控系统设计的有效手段。众所周知，上述手段的核心环节是系统建模语言和系统模型。

在列控系统软件系统中，国内大多数单位的软件编制都隶属于传统的软件开发方法，通常采用自然语言描述软件需求。由于编写需求的是列控领域的专家，开发程序的是软件开发人员，往往软件开发人员不能很好的理解需求，造成理解不透彻甚至错误理解，导致最终开发出的软件出现安全性隐患，这些安全性隐患将直接危及到整个列控关键子系统的安全性和可靠性。同时，传统的软件开发方法是以代码驱动的，即将代码为中心，系统规范、概要设计都是为代码生成服务。但是，这种方法往往存在疲于应付需求的不断变更，文档迅速地失效和维护困难等突出问题，具体说来，存在生产力和维护性、与新技术同步、互操作和文档等问题。

为了克服上述的传统软件开发的缺陷，模型驱动开发（Model – Driven Development，MDD）理论被提出。模型驱动开发是一种新型软件设计方法—面向模型的分析设计方法，其基础是模型和表达模型的语言，模型提供了这样一种能力，能够一致性地显示系统的不同视图，从而正确无误地描述软件的规范，反映软件的需求。模型可以被快速高质量地翻译或解释为可执行的目标代码。与传统的软件开发方式相比，模型驱动开发有下列特点：

1. MDD 开发更快速

相比传统软件开发，MDD 的软件项目中，应用程序被指定为一个更高层次的抽象模型。通过对模型的解释/执行或产生的代码，抽象模型会自动转化为可工作的软件应用。在代码方面，因为模型具有更高的抽象层次，所以比相同实现的其他方式具有更小的代码量，换句话说，模型中的每个元素（符号或其他伪编程语言）可以代表多行代码。这样，我们可以在相同的时间内实现更多的功能。

2. MDD 使开发成本更低

MDD 能够以更低的成本高效的实现项目。正如上文所说，MDD 的开发速度更高，可以缩短软件产品的交付日期，提早上市时间。其次，使用 MDD 本身就可以用较低的成本完成开发。例如：可以用更少的工程师和非专业人士并保证软件高质量的完成。另外，使用 MDD 来改变正在开发和维护的项目也能够节约成本。在维护方面，阅读高抽象模型的应用程序行为更加容易。

3. MDD 可以提高开发质量

在使用 MDD 的软件开发过程中，应用程序使用高级的抽象模型，而模型由一个引擎执行或被解释成代码，所以，该程序模块的质量将取决于执行引擎或解释器，而执行引擎或解释器一般是由好的软件公司和专家级程序员打造的。因此，代码质量是非常有保证的。

4. MDD 支持规范层的早期验证

在使用 MDD 时，对规范的验证可以提早到系统设计的时候就开始，以便在软件生命周期的开始阶段就发现设计中存在的问题，由此产生的错误被控制在一定的范围内，将负面影响减低到最小。

5. MDD 使人在软件中的影响降低

MDD 可以用更少的软件工程师和非专业人士并保证软件高质量地完成。因此，大大降低了人在软件中的影响。

6. MDD 可以灵活应对需求的变更

软件开发界当前存在的一个问题是商业需求的经常变化，而且这种变化的速度远远高于软件系统本身所容纳的限度。但 MDD 可以提供有效的解决方案，因为 MDD 可以使软件开发更加快速，还可以使应用程序的改变更加容易。可使商业需求和软件应用模型的关联足够明确，需求变化甚至可以自动传递到软件应用部分的变化上。

7. MDD 可以支持跨平台开发

软件技术的更新与变化越来越快，跨平台开发也日渐重要。MDD 可以确保我们的应用程序模型在迁移到其他技术平台时不会发生变化，只需根据所变更的技术平台相应的改变代码编译器或解释器。更换解释器后，所有的程序模型将直接被编译成新平台的可执行代码。

传统的建模方法，如基于 UML 的建模语言，难以实现抽象程度的提升，无法使建模直接采用领域概念，从而其语义被列控领域的所有从业人员所熟悉，由此阻碍领域专家（铁路领域专家，通常对 UML 不熟悉）和计算机专家进行有效沟通，为设计生产带来潜在的风险。这是因为铁路行业的开发者一般都不具备 UML 方面的背景，那么所使用的符号以及技术一定要易于理解，尤其是在团队开发中。另一个重要的要求是方法的易用性，如果需要通过长期高强度训练的方式来引进新方法，那么这些新方法将难以被接受，方法的优点也将会被质疑。基于这些原因，在对列车控制系统的建模中，必须综合考虑上述两方面的因素。

采用面向特定领域的建模语言 DSL，相比通用的建模方法，其优点是显而易见的，尤其是在团队合作中，各个成员都可以轻易理解系统模型。因此，基于模型驱动的理论，开发面向轨道交通领域的建模语言（DSL-R），在提供轨道交通领域的语言支持，有利于轨道交通领域专家和计算机专家的沟通，减少设计开发中潜在的风险，提高开发效率，保证开发质量上具有重要的意义。同时，利用模型驱动的思想，通过模型转换实现模型的验证和代码的自动生成，减少了人为参与导致的错误，提高了系统设计的可靠性和效率。

以领域建模语言（DSL）为核心的软件开发思想为联锁软件的开发提供了良好的架构支持，它集成了 DSL、模型转换技术、模型检验及仿真理论和方法。DSL 是抽象级别更高的建模语言，更加接近实际问题领域。更为重要的是，具体领域规则作为约束体现在 DSL 中，可以防止语法错误和不正确模型出现。利用 DSL 建立软件的需求模型，方便了领域专家和软件开发人员之间的沟通，从而降低误解的风险，保证开发质量。DSL 允许用户选择某种语言或其他形式来生成最终产品，以 DSL 为核心的软件开发方法不期望生成所有的代码，但是可以基于模型转换技术将分析设计阶段产生的工件生成大部分通用代码。通过这样的方式可以解决代码与分析设计阶段产生的工件相分离的问题，使两者保持一致，从而提高了软件的自动化水平，也有利于软件的后期维护。通过模型检验和仿真技术，对需求分析阶段产生的工件及最终的代码工件进行验证和仿真，可以增强软件的可靠性和安全性。

综上所述，DSL 是整个软件开发方法中的核心单元。以 DSL 为核心的领域驱动开发方法得到了广泛的发展，日趋成熟化、标准化和体系化。

近年来，国外非常重视对面向列控领域的建模语言研究。A. Svendsen 等人和 ABB 公司合作提出了面向车站联锁系统的特定领域语言——列车控制语言(Train Control Language，TCL)[3]。定义了 TCL 的语法(元模型)、静态语义(利用对象约束语言 OCL 实现)。采用 Eclipse 建模框架(EMF)和图形化建模框架(GMF)，生成车站联锁站场图可视化编辑界面。利用模型到代码自动生成语言 MOFScript，实现了车站联锁进路的自动生成，克服了传统方法——手动生成联锁表导致的潜在人为错误。基于 MDD 的 DSL 语言适应了列控系统领域专家和计算机设计人员的交流和沟通，自动化的联锁表生成满足了计算机联锁系统的高安全需求，保证了模型和代码的一致性和完备性。

为了保证车站站场图、联锁表、功能规范和联锁源代码(PLC 功能模块)的正确性，A. Svendsen 等进一步提出了 TCL 语言的形式化[4]，实现形式化验证 TCL 语言和代码生成器。文中采用轻量级的声明式关系演算的约束解语言——Alloy[5]，实现 TCL 静态模型(建模 TCL 概念、关系和约束)、动态模型(车站的动态行为)和实例模型的形式化。这里动态模型用状态机进行刻画，它建模了列车移动、进路请求、道岔设置、信号机开放等行为。然后利用 Alloy Analyzer 执行：①满足一定约束解的搜索；②反例搜索。整个工具集成进 Eclipse 开发平台，保证了建模语言和模型分析的无缝衔接。文中实现了冲突进路的检验和车站在不出现死锁的情况下最大允许的列车数量的求解。

Kirsten Mewes 指出轨道交通系统的复杂性导致的高度协作和挑战[6]。通常，领域专家以他们熟悉的方式撰写软件需求规范，而软件工程师需要理解这些具体领域的需求以便正确实现。传统的设计方式难以实现领域专家和设计者的有效交流和沟通。作者提出通过 DSL 嵌入领域具体知识，实现语言表达能力和产品质量最大化的思路，文中给出了轨道交通领域建模语言的抽象语法、具体语法、静态语义和动态语义，和利用模型验证、测试案例产生保证模型的正确性。

Kirsten Berkenkötter 等人[7]以轨道控制系统领域（Railway Control Systems Domain，RCSD）的 UML profile 作为轨道和有轨电车控制系统的特定领域建模语言。RCSD profile 覆盖了轨道网络区段、传感器、控制元素（如信号机和转折机），这些轨道领域特有术语的使用方便了领域专家和嵌入式系统专家的交流沟通。通过标准的 UML 工具，支持精确地 RCSD 描述，实现轨道网络器件以领域专家熟悉的形式可视化显示。利用列车在预定进路上的运行描述动态特性，对网络的静态特征进行互补。上述动态特性采用状态迁移系统语义实现，这种严格的语义定义为后续的安全需求分析和实际控制系统生成的支持工具奠定了基础。

在国内，也出现了对特定领域建模方面的研究，如杨兴涛等人研究 DSM 与元建模以及代码生成等技术后[8]，提出一种特定领域建模与代码生成的方法，并建立起它的实现。文中归纳总结了创建特定领域元模型及其实现的方法与原则，介绍了使用 GMF 通过特定领域元模型快速定制生成特定领域建模工具的过程，提出基于系统架构与框架创建覆盖不同业务类型的样例代码和根据特定元模型将样例代码制作成代码模板的方法与原则，总结归纳了特定领域建模与代码生成的整体过程，最后介绍了通用代码生成引擎的组成部分及其作用以及代码生成的过程。本书提出的特定领域建模与代码生成的方法，可生成 100% 的可直接运行代码，是提高软件开发效率与产品质量的有效途径。

郑建华等人为了解决传统嵌入式数控系统开发中出现的各种问题[9]，提出并实现了一种嵌入式数控系统模型驱动开发方法，该方法以模型为中心，主要包括领域建模语言构建、模型转换、代码自动生成三个部分。为了实现对数控系统全面而真实的描述，采用了基于多视角的数控系统元模型的构建方法。在模型转换部分详细描述了转换的四点要求及相应的处理策略，最后详述了基于领域类库的代码生成器技术，保证了系统开发效率的提高。

将来的发展趋势来看，以 DSL 为核心的领域驱动开发结合模型检验及仿真技术的软件开发方法将有很大的发展空间，对本书探讨其在计算机联锁软件（以下简称联锁软件）开发中的应用具有非常重要的意义。

（二）DSL-R 的定义、分类和工具

1. 定义

DSL 通常是形式化、可解释的语言，用于描述一个待设计系统相关的具体领域（或领域一部份）。开发 DSL 设计定义语法、语义、确认和模型或代码的转换。目前存在两类通用的 DSL 建模语言：(1) 通过元模型产生 DSL 实例；(2)扩展存在的建模语言。

2. 分类

(1)轻量级(lightweight)的领域建模语言——基于 UMLprofile 的 DSL 建模。轻量级 DSL 利用 UML profile,重用和扩展已存的 UML 建模环境。从 UML 2.0 版本开始,UML 针对的目标不仅仅是软件系统,而且包含嵌入式系统、业务(business)处理系统、实时系统、系统建模和其他领域(Domain specific modeling environment based on UML profiles. pdf)。OMG 组织发布系列特定领域建模语言,如 SysML[10] 用于系统建模,MARTE profile[11] 用于实时和嵌入式系统建模,UML profile 用于 DoDAF/MODAF(UPDM)[12] 的军事系统建模。

(2)重量级(heavyweight)的领域建模语言。重量级的 DSL 使用元建模技术(metamodeling techniques),产生新的建模语言。

3. 工具支持

当前,元建模环境通常基于和 MOF 类似的语言,如 GME(一般元建模环境, Generic Meta)支持 MetaGME[13];MetaEdit + 支持 GOPPRR(图形 - 对象 - 特性 - 端口 - 角色 - 关系)[14], Eclipse EMF 和 oAW-Ecore [15],XMF-Mosaic-Xcore, AMMA(ATLAS 模型管理架构)支持 KM3[16]。微软 DSL 工具提升软件工厂[17]概念,使用其特性语言和概念。上述多种元建模语言引起了工具互操作性、生成的产品工件和他们之间的重用性。其中第一个成功的商业工具为 MetaCase MetaEdit + [18]。此工具允许产生特定领域语言作为单独的元模型,同时工具拥有 DSL 的构造子的图形表达和语义,后者用于后续阶段的验证。MetaEdit 的代码转换器方便转换用户模型为相应代码。在 Eclipse 平台下广泛使用的框架为 EMF,和 GMF、GMT 项目一起,它可以获得与 MetaEdit + 工具类似的结果。Eclipse 提供的 Ecore 元模型类似于轻量级版本的 MOF[19],GMF 用于产生 DSL 元素的图形表达,GMT 框架工具用于模型转换。Microsoft 的 DSL 工具提供重量级的 DSL 生成,也是 DSL 建模工具的另一种选择。

二、基于 DSL-R 的列控系统开发

DSL 开发流程如图 4 - 23 所示。以下以计算机联锁系统为例进行简单说明。DSL 包括以下三个流程。

1. 识别领域概念和关系,建立领域元模型

在计算机联锁领域,整个站场是由道岔、信号机、区段等设备组成的。道岔作为表示现场道岔设备状态的图形单元,有两种基本状态——定位和反位。定位是指道岔平常所在的位置状态;反位则是与定位相反的位置状态。信号机作为表示现场信号灯设备状态的图形单元,只从一个方向可见,信号机有几

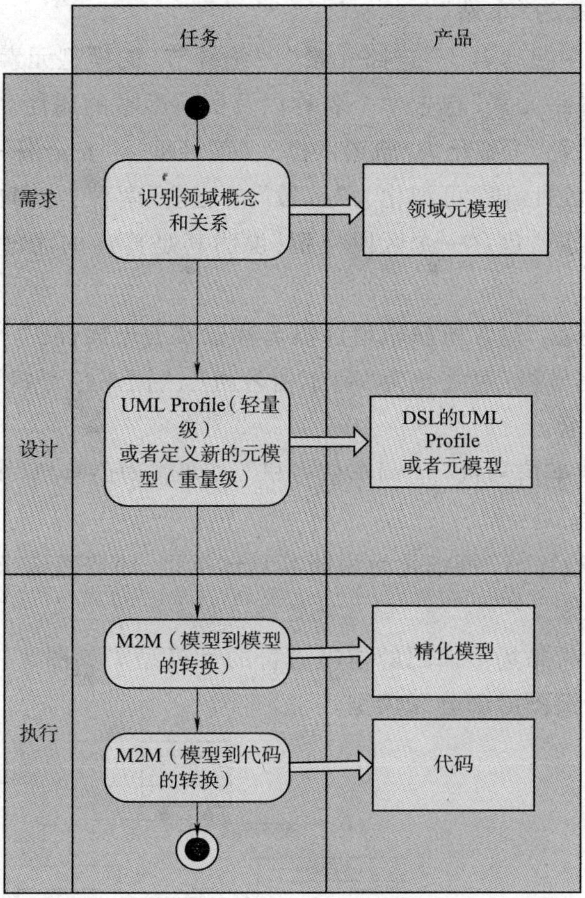

图 4－23　DSL 开发流程

种不同的显示，分别表示前方轨道区段的占用情况，按作业性质分为列车信号机、调车信号机等。区段是表示现场轨道区段（无岔区段）设备状态的图形单元。计算机联锁是实现车站内道岔、信号机和进路三者之间相互制约关系的系统。

基于计算机联锁系统的建模背景，在建立站场平面图的建模语言时首先需要建立基于 MOF 的站场平面图的元模型，其元模型的设计需要遵循一个原则：即要包括能够绘制站场平面图的所有元素。

站场图形的绘制就是把该站场所包含的道岔、区段及信号机等设备以图形的形式表现出来。因此将上述三种现场设备均作为基本图形单元，所有的车站平面布置图都是由这些基本图形单元组成的，所以站场平面图的建模语言的设计目标为：

(1)顶层元素为“车站”。

(2)“车站”中包含若干“进路元素”、“绝缘节”的模型元素。

(3)每个“进路元素”包含一个名称以及所属咽喉的属性。

(4)“进路元素”可细化为“轨道区段”、“信号机”、“安全端”三种模型元素。

(5)每个“轨道区段”可细化为“区段”、“道岔”两种类型的模型元素。

(6)每个“区段”包含一个区段类型,说明其是普通的无岔区段、侵限区段还是股道。

(7)每个“道岔”包含所属轨道区段名称以及若干属性。

(8)每个“信号机”可细化为“列车信号机”、“调车信号机”、“列兼调信号机”三种模型元素。

(9)每个“列车信号机”、“调车信号机”、“列兼调信号机”又包含了说明其具体类型的属性。

(10)每个“绝缘节”可细化为说明其具体类型,如普通绝缘节、侵限绝缘节等类型的模型元素。

以下具体分析站场平面图的建模语言的元模型。如图 4－24 所示给出了能够描述站场平面图的部分元模型。

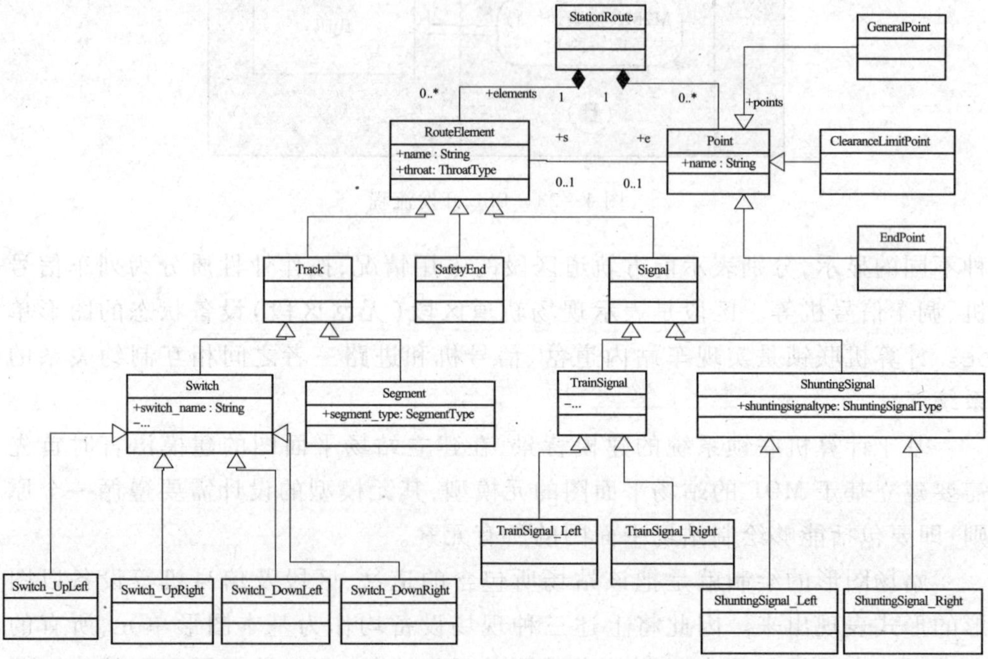

图 4－24　站场平面图的元模型(部分)

(1)StationRoute(进路)可以聚合若干个 RouteElement(进路元素)和 Point(绝缘节)。RouteElement 中定义了 name 和 throat(咽喉)属性,分别表示进路元素的名称及所属咽喉属性,throat 属性的类型用枚举类型 ThroatType 的枚举值来描述。

(2)模型元素 Track(轨道区段)、Signal(信号机)、SafetyEnd(安全端)直接继承于 StationRoute 模型元素,因而这些模型元素也就直接继承了 RouteElement 中定义的属性,无需再定义模型元素的名称及咽喉属性。

(3)模型元素 Segment(区段)、Switch(道岔)直接继承于 Track,分别表示轨道区段中的无岔区段和道岔。

(4)模型元素 Segment 中定义了 segment_type 属性,该属性的类型用枚举类型 SegmentType 的枚举值来进行描述,说明该区段的类型;模型元素 Switch 中定义了 switch_name 等属性,用来定义道岔的名称及其他一些基本特征。

(5)模型元素 Switch_UpLeft、Switch_UpRight、Switch_DownLeft、Switch_DownRight 直接继承于 Switch,分别表示四个方向的道岔。

(6)模型元素 TrainSignal(列车信号机)、ShuntingSignal(调车信号机)、直接继承于 Signal 模型元素。

(7)模型元素 ShuntingSignal 中定义了 shuntingsignaltype 的属性,该属性的类型用枚举类型 ShuntingSignalType 的枚举值来进行描述,说明该调车的类型。

(8)模型元素 TrainSignal_Left、TrainSignal_Right 直接继承于 TrainSignal,ShuntingSignal_Left、ShuntingSignal_Right 直接继承于 ShuntingSignal,分别表示两个方向的列车信号机和调车信号机。

(9)模型元素 GeneralPoint、ClearanceLimitPoint、EndPoint 直接继承于 Point 模型元素,表示三种不同类型的绝缘节。

站场平面图的元模型所需的三种枚举类型及其枚举值如表 4－3 所示。

表 4－3　站场平面图元模型中的枚举类型及枚举值

枚举类型	枚举值
ThroatType	UP、DOWN、NULL
SegmentType	GENERAL、CLEARANCELIMIT、GUDAO
ShuntingSignalType	SINGLESIGNAL、DOUBLESIGNAL、CHAZHISIGNAL

2. 模型转换

模型转换又称模型变换。如图 4－25 所示,模型转换就是利用模型转换工具实现从源模型到目标模型(代码)的自动生成。转换工具内部包含了一个定义——转换定义。一般来说,一个转换定义由一组转换规则组成,转换规则无歧义地描述了如何从一个模型的一部分来创建另一个模型的一部分。下面分别给出模型转换、转换定义以及转换规则的定义[20]。

模型转换:就是按照一个转换定义,描述了从源模型到目标模型的自动生成过程。

转换定义:就是一组转换规则,这些规则描述了如何将一个用源语言建立的模型转换成一个用目标语言建立的模型。

转换规则:描述了如何把源语言的结构转换成目标语言的结构。

图 4-25　转换工具中的转换定义

模型转换主要分为模型到代码的转换和模型到模型的转换两种,目前,模型到模型的转换规则可以通过 ATL[21] (Atlas Transformation Language)、ETL[22] (Epsilon Transformation Language)等来描述,模型到代码的转换规则可以通过 MOFScript[23] 等来描述。ATL 是根据 MOF /QVF 标准制定的模型到模型的转换语言,它是一种说明式和命令式混合的转换语言。MOFScript 是一种模型到代码的转换引擎,它可以将基于各种元模型描述的实例模型转换成以各种形式输出的文本。ETL 和 EGL 是 Epsilon[24] 模型转换工具中的两种语言。

Epsilon 是由英国约克大学开发出来的集成了多种语言以实现模型管理任务的可扩展平台。对于每种语言,Epsilon 提供基于 Eclipse 的开发工具和一个解释器,从而可以执行用这种语言编写的程序。Epsilon 还提供了 Ant 机制用以创建不同的工作流程任务[25] (例如:可以在完成模型到模型的转换之后完成模型到代码的转换,将这两步统一起来)。

本书主要应用 Epsilon 的 ETL 语言以及 EGL 语言完成模型转换任务,下面主要对这两种语言的语法做简单介绍。

(1) ETL 语言及语法介绍

ETL 是 Epsilon 中的模型到模型的转换语言,它可以将任意数量的符合 EMF 规范的源模型转为任意数量的目标模型。

ETL 语法简单,不像其他转换语言是用数学公式来写转换规则的,所以它不需要开发人员具有非常扎实的数学知识,从而便于开发人员学习。

ETL 是基于 Epsilon 模型管理平台的一种混合式的模型转换语言,ETL 中,源元模型、源模型、目标元模型、目标模型都需要用 EMF 来描述,而且源模型和目标模型都必须符合各自的元模型。

ETL 是基于规则的模型转换语言,每一个实例的 ETL 模型转换程序都是由若干个模块组成的,以下对 ETL 模块的结构作简要的介绍,ETL 模块的组成部分及作用如表 4-4 所示。

表 4-4 ETL 模块的组成部分及作用

组成部分	作　用
pre blocks	定义转换规则执行前需要执行的任务
post blocks	定义转换规则执行后需要执行的任务
rules	定义源模型到目标模型的转换规则

①pre blocks:该部分在本模块中所有的转换规则执行前执行。其语法格式如下:

```
(pre) <name>{
    Statement +
}
```

其中 name 为可选参数,用以命名该 pre,statement 为一段 EOL 声明,用以定义该 pre 的内容。

②post blocks:该部分在本模块中所有的转换规则执行完后执行,其语法格式与 pre blocks 类似。

③rules:每个转换规则在该模块中具有一个独立的名字;一个转换规则可以通过关键字 extends 来继承其他的转换规则;该转换规则可以通过关键字 abstract,primary,lazy 来定义为不同类型的转换规则;一个转换规则指定一个源模型元素,可以生成一到多个目标模型元素。可以通过 guard 限制源参数,guard 可以是一个 EOL 表达式,也可以是 EOL 声明;一个转换规则最重要的还是以 EOL 声明定义的主体部分,该部分用于完成目标模型中属性值的计算。具体的语法格式如图 4-26 所示。

(2)EGL 语言及语法介绍

EGL 是 Epsilon 中的模型到代码的转换语言。在 EGL 中,源模型、源元模型都需要用 EMF 来描述,而且源模型必须符合它的元模型。

EGL 是一种基于模板的模型到代码的转换方法。即对于源模型中的每一个元素,都是按照一个模板将其映射为相应的代码,模板的结构与所要产生的代码非常接近。

```
(@abstract)?
(@lazy)?
(@primary)?
Rule<name>
Transform<sourceParameterName>:<sourceParameterType>
To(<rightParameterName>:<rightParameterType>
(,<rightParameterName >:<rightParameterType>)*
(extends (<ruleName>,)*<ruleName>)?{
(guard) (:expression)|({statement+}))?
statement+
}
```

图 4-26　ETL rules 的语法格式

EGL 语言与其他基于模板的转换语言类似,它把需要转换的内容分为很多小节,对于每一小节创建一个模板。每个模板中的内容包括静态部分内容和动态部分内容。在创建动态部分内容时,可以重用 EOL 语言中创建程序控制流的机制。

在每一个模板中,静态部分内容是在 EGL 代码中直接写的,它将会在生成的代码中直接显示,动态部分内容是用标记[% %]括起来的,它包含可以执行的代码,是用来控制生成的代码的。图 4-27 给出了一个基本的 EGL 模板。

```
[% for(i in Sequence{1..5}) { %}

i is[%=i%]

[% } %]
```

图 4-27　基本的 EGL 模板

通过该 EGL 模板生成的代码为:i is 1　i is 2　i is 3　i is 4　i is 5。由此可见,静态部分内容 i is 是在生成的代码中直接输出的。

3. 代码生成

代码生成模块的任务是将联锁表结合进路控制的状态模型通过模型转换生成进路控制代码。为了通过模型转换自动生成进路控制代码,此处采取的策略为：首先通过模型到模型的转换，将联锁表模型转换成扩展联锁表模型。再通过模型到代码的转换，将扩展联锁表模型与进路控制状态机模型转换成进路控制的 PLC 代码。前者通过 ETL 语言来实现，后者通过 EGL 语言来实现。整体的转换框架如图 4－28 所示。

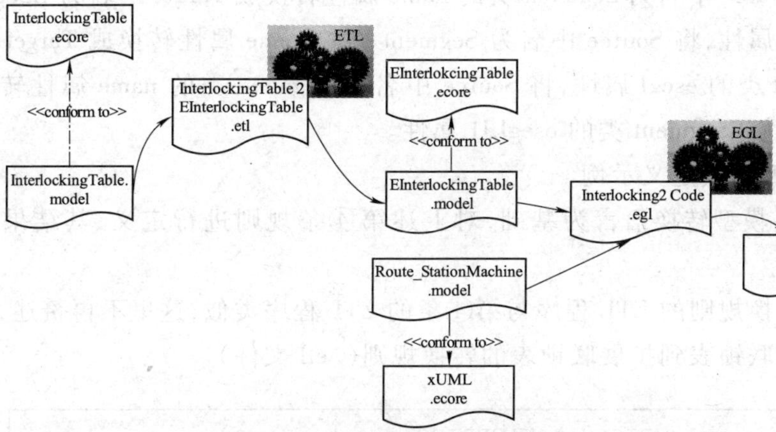

图 4－28 整体的转换框架

在图 4－28 中，InterlockingTable. ecore 表示联锁表的元模型；InterlockingTable. model 表示联锁表；EInterlockingTable. ecore 表示扩展联锁表的元模型；EInterlockingTable. mode 表示扩展联锁表；xUML. ecore 表示 xUML 的元模型；Route_StationMachine. model 表示进路控制的状态模型；PLC. code 表示最终生成的进路控制 PLC 代码；InterlockingTable2EInterlockingTable. etl 表示联锁表到扩展联锁表的 ETL 转换规则；Interlocking2Code. egl 表示扩展联锁表结合进路控制状态机模型到进路控制 PLC 代码的 EGL 转换规则。

以下将对联锁表到扩展联锁表的转换、扩展联锁表与进路控制状态机模型到进路控制 PLC 代码的转换这两部分内容进行详细的介绍。

(1) ETL 转换规则

模型到模型转换的关键步骤是编写 ETL 转换规则，根据源模型（Source）和目标模型（Target）的元模型，在 Source 和 Target 的转换中，需要完成的部分转换任务如下：

①将 Source 中名为 InterlockingTable 类的 size 属性转换成 Target 中名为 EInterlockingTable 类的 esize 属性。

②将 Source 中名为 StationRoute 类的 id 属性转换成 Target 中名为 EStationRoute 类的 eid 属性，将 Source 中名为 StationRoute 类的 type 属性转换成

Target 中名为 EStationRoute 类的 etype 属性。

③将 Source 中名为 StartSignal 类的 name 属性转换成 Target 中名为 EStartSignal 类的 ename 属性，将 Source 中名为 StartSignal 类的 aspect 属性转换成 Target 中名为 EStartSignal 类的 esopencolor 属性和 esclosecolor。

④将 Source 中名为 Segment 类的 name 属性转换成 Target 中名为 ESegment 类的 ename 属性，将 Source 中名为 Segment 类的 name 属性转换成 Target 中名为 ESegment 类的 esegI 属性，将 Source 中名为 Segment 类的 name 属性转换成 Target 中名为 ESegment 类的 esegLJ1 属性。

(2) ETL 转换定义示例

以 ETL 模型转换语言为基础，对上述第④条规则进行定义，其结果如图 4－29 所示。

其他转换规则的 ETL 程序与第④条的 ETL 程序类似，这里不再赘述，它们共同组成了联锁表到扩展联锁表的转换规则(. etl 文件)。

```
rule RISSegment2ERISSegment
transform seg : RIS!Segment
to eseg : ERIS!ESegment {
          eseg.ename := seg.name;
          eseg.esegI := seg.name+'_I';
     eseg.esegLJ1 := seg.name+'_LJ1';
     }
```

图 4－29　ETL 下的规则转换定义

示例：进路控制流程的 PLC 代码生成

进路控制代码是通过对扩展的联锁表模型与进路控制状态机模型进行模型转换而生成的。本书将进路控制状态机模型所表示的信息直接嵌入在了模型到代码的转换规则中，通过这种方法实现了基于模型转换的进路控制代码的自动生成。

(3) EGL 转换规则

需要进行模型转换的源模型为扩展联锁表模型（输出的 XML 文件），该扩展联锁表的元模型见图 4－29，通过模型转换生成的目标代码为进路控制过程的 PLC 代码。

S7－300 型的 PLC 编程语言有梯形逻辑编程语言（LAD）、功能块图编程语言（FBD）、语句表编程语言（STL）等。用 STL 编写的 PLC 代码类似于机器码的一种文本语言。每条语句对应 CPU 处理程序中的一步。多条语句可组成一个程序段，编写起来非常简单，所以本书选用 STL 作为 PLC 代码的实现语言。

本节需要将扩展联锁表中的每条进路转换为相应的进路控制代码，完成此任务的关键步骤是编写 EGL 转换规则。因为本书将进路控制状态机模型所表示的信息直接嵌入在 EGL 转换规则中，依据 EGL 基于模板的转换思想，本文的 EGL 程序分为五个大的模板，进路选排模板、进路锁闭模板、信号开放模板、信号保持模板以及进路解锁模板，即每条进路的转换都要执行这五个模板中的内容。下面以进路选排模板为例，说明具体的转换过程。

①将扩展联锁表中每条进路中的始端按钮和终端按钮的信息转换成按压始端和终端按钮的命令代码，将进路选排标志位置位。

②将扩展联锁表中每条进路所含的轨道区段的占用、征用、锁闭标志位信息转换成检查这几个标志位是否置位的命令代码。

③将扩展联锁表中每条进路所含的敌对信号的显示信息转换成检查敌对信号显示是否正确的命令代码。

④若通过对轨道区段以及敌对信号的检查，检查结果不满足要求，生成报警的命令代码。

⑤若检查结果满足要求，根据扩展联锁表中每条进路所含的道岔的状态转换成相应的道岔控制命令代码。

⑥将进路选排标志位复位，进路锁闭标闭位置位。

(4)EGL 转换定义示例

以 EGL 模型转换语言为基础，对上述第②条规则进行定义，其结果如图 4－30 所示。

```
for (st in RIS!StationRoute.allInstances) {
%]
-------fxp进路选排  检查区段空闲,未被征用或锁闭
A "fxp[%=st.R_Number%]"
A(
[%  -- -----------                    检查区段
%]
[%
    for (seg in st.segment){
%]
O "[%=seg.SegI%]"
O "[%=seg.SegZ%]"
O "[%=seg.SegS%]"
[%
}
%]
)
```

图 4－30　EGL 下的规则转换定义

其他模板的 EGL 程序与进路选排模板的 EGL 程序类似,这里不再赘述。它们共同组成了模型到代码的转换规则(. egl 文件)。

三、基于 DSL 的计算机联锁系统设计案例

(一)站场平面图绘制功能的实现

根据 B 车站的具体要求,利用开发的站场平面图绘制工具 Interlocking 绘制 B 车站的站场图,具体的绘制过程如下:通过在工具栏中选择合适的工具元素,将其放置在画布中,并用连接工具连接。每个元素的属性可在右下方的属性选项卡中设置。演示结果如图 4 - 31 所示。

由图 4 - 31 可知,B 车站是一个复线车站,包含两组双动道岔、四组单动道岔,两条正线及两条配线,同时可以看出利用 Interlocking 工具进行站场平面图的绘制可以使领域专家或软件开发人员方便的绘制出满足要求的站场模型,避免了自然语言对需求站场表述不明确以及传统 AutoCAD 软件不易操作的缺点,同时保存的站场平面图的模型文件有利于联锁表的自动生成。

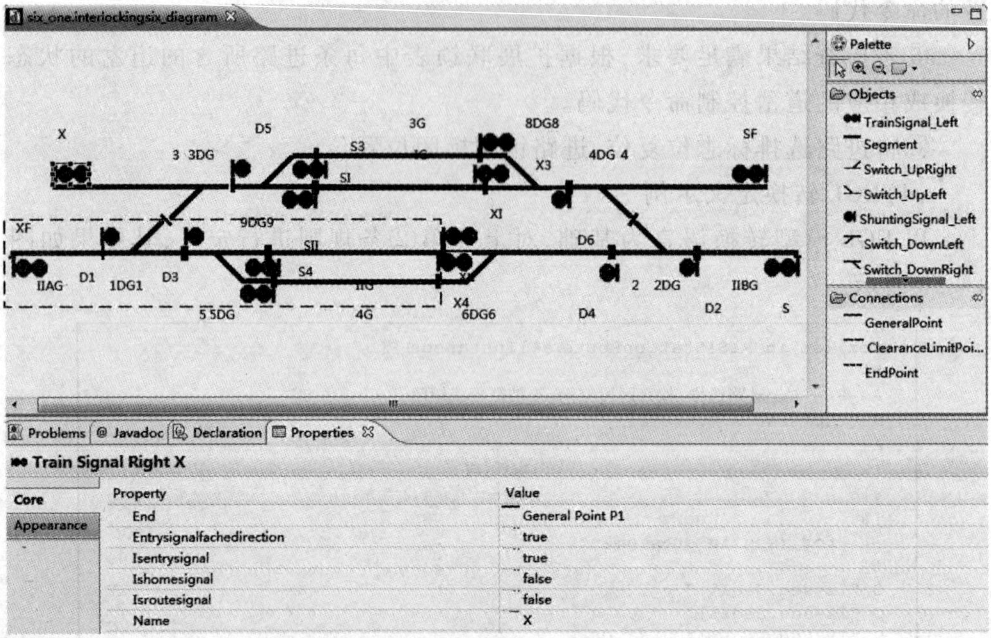

图 4 - 31 B 车站的站场平面图

(二)进路控制代码自动生成的实现

以模型转换方法为基础,通过模型到模型的转换(. etl 文件)生成扩展联

锁表，再通过模型到代码(. egl 文件)转换生成进路控制 PLC 代码，转换过程及转换结果如图 4 – 32、图 4 – 33、图 4 – 34 所示。

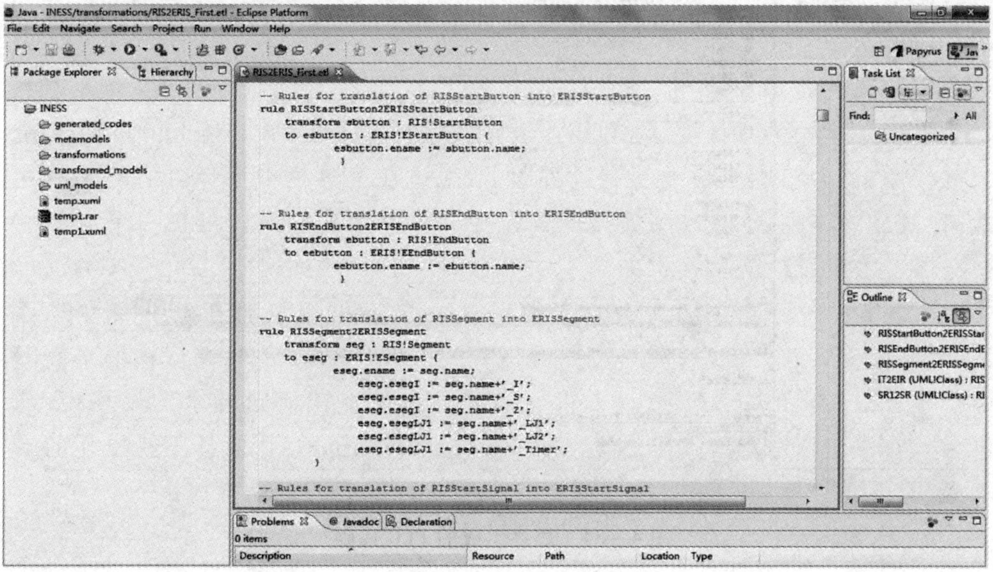

图 4 – 32　模型到模型的转换文件(. etl 文件)

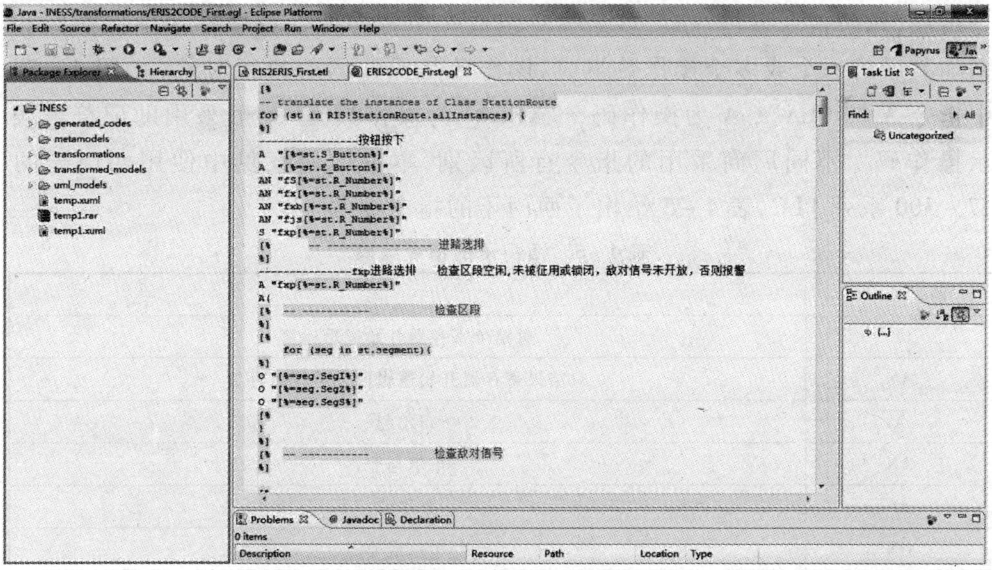

图 4 – 33　模型到代码的转换文件(. egl 文件)

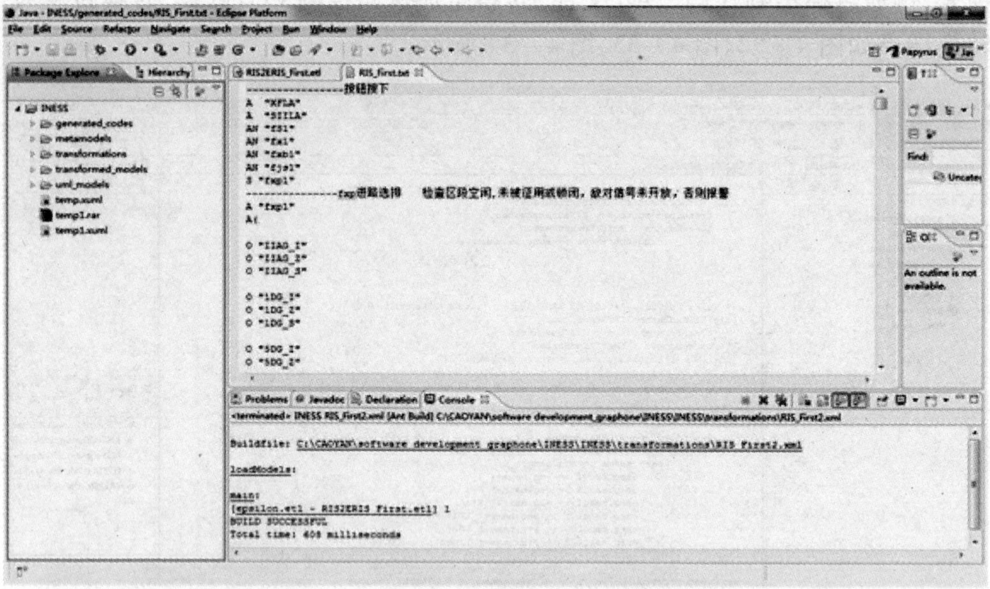

图 4 - 34 最终生成的 PLC 代码

本书引用案例中生成的 PLC 代码是符合 PLC 语句表编程语言(STL)的代码,其中,STL 语言类似于计算机中的助记符语言。语句表程序由一系列的指令组成,每条指令各占一行,多条指令组成一个程序段。程序指令由操作码和紧随其后的一个或多个操作数组成,操作数是操作码的执行对象(如图 4 - 34 中指令 A "XFLA", A 为操作码, "XFLA"为操作数)。一般采用助记符来表示操作码。不同厂商采用的指令有所区别,本书引用案例中使用西门子的 S7 - 300 系列 PLC,表 4 - 5 给出了西门子的指令编码。

表 4 - 5 西门子的指令编码

西门子/TE	功 能
A	对结果寄存器开始逻辑运算
AN	对结果寄存器开始逻辑取反运算寄存器
A	布尔与
AN	布尔与非
O	布尔或
ON	布尔或非
=	存储逻辑运算结果

由上节可知,通过模型转换技术实现进路控制代码的自动生成只需编写

转换规则,而转换规则的编写不需要考虑软件实现细节,只着重于元模型之间的转换,较之传统的软件开发方法需要手动设计算法、编写代码而言,提高了软件开发的自动化程度(软件开发效率),缩短了开发周期,同时模型转换技术可以保证生成的代码和所建模型的匹配度,改善了传统的软件开发中文档和代码难匹配的问题,有利于软件的后期维护。

(三)进路控制代码仿真的实现

对图 4 - 34 描述的 PLC 代码进行仿真(即对始端按钮为 XFLA,终端按钮为 SIILA 的进路),在 S7 - PLCSIM 中设定好要监视的 I/O 端后,按照程序的设计,手动进行输入量的设置。然后选中【CPU】中的【RUN】选项,开始仿真。可以看到中间变量的值、输出量的值的变化过程,如图 4 - 35 所示,相应的 WinCC 中的仿真结果如图 4 - 36 所示。

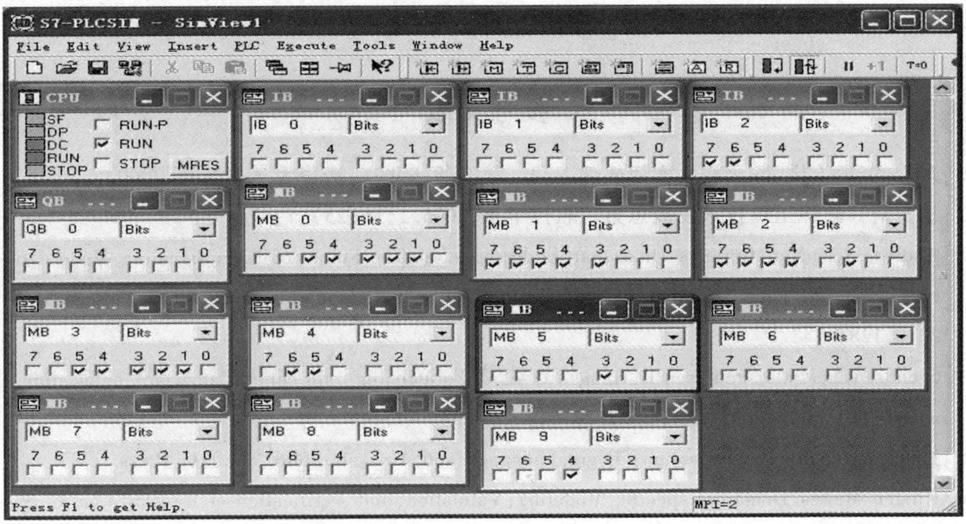

图 4 - 35　输入与输出的变化情况

图 4 - 35 给出的是通过“视图对象”来观察 PLC 的输出信号和内部元件的变化情况,这种方法缺乏直观性,图 4 - 36 给出了该执行过程在 WinCC 中的实时画面。从图 4 - 36 可以看出这是进路 1(始端按钮 XFLA,终端按钮 SIILA)处于信号开放保持阶段的画面。在该阶段,进路的始端信号机 XF 处于开放状态,进路的敌对信号 D1、D3、SII 处于关闭状态,与实际要求一致,这也说明该部分进路控制代码正确。同理,可以对其他进路控制代码进行仿真。通过这种对进路控制 PLC 代码仿真的手段可以提高软件最终实现代码的可信度,从而提高了联锁软件的可靠性以及安全性。

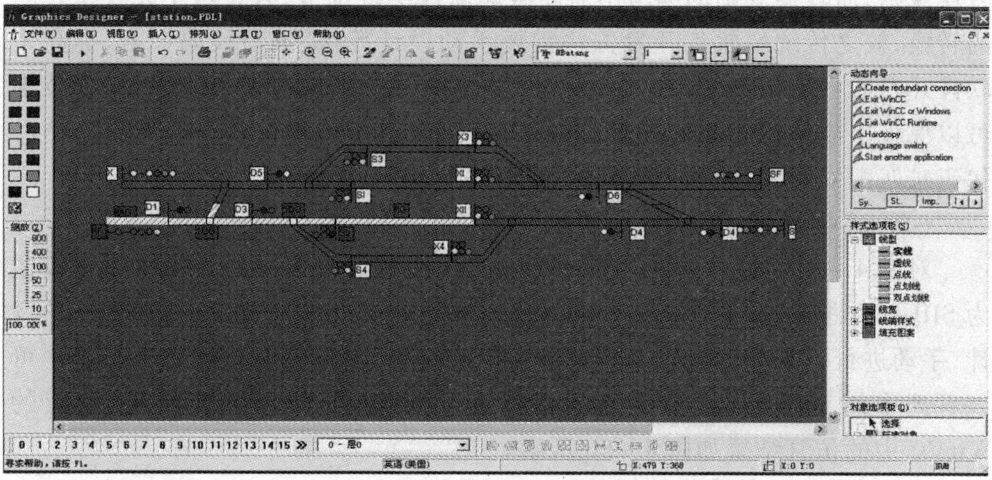

图 4 - 36　WinCC 中进路控制代码仿真结果

参考文献

[1]郑人杰,殷人昆,陶永雷. 实用软件工程. 第二版. 北京:清华大学出版社,2000.

[2]杨芙清. 软件工程技术发展思索. 软件学报,2005.1,16(23):1 - 7.

[3]Andreas Svendsen, Goran K Olsen, Jan Endresen, et al. The Future of Train Signaling. Model Driven Engineering Languages and Systems. Lecture Notes in Computer Science, 2010, Volume 5301/2010, 128 - 142.

[4]Svendsen A, Moller Pedersen B, Haugen O, et al. Formalizing train control language: automating analysis of train station. COMPRAIL 2010, pages: 245 - 256.

[5]Jackson D, Software abstraction: Logic, Language, and Analysis. 2006. The MIT Press

[6]Kirsten Mewes. Domain - specific Modeling, Validation, and Verification of Railway Control Systems. Dagstuhl - Workshop MBEES: Modellbasierte Entwicklung eingebetteter Systeme, Model - based Development of Embedded Systems 22. - 24. 04. 2009 pages: 57 - 66.

[7]Kirsten Berkenkötter and Ulrich Hannemann. Modeling the Railway Control Domain Rigorously with a UML 2. 0 Profile. SAFECOMP 2006, LNCS 4166, pp. 398 - 411, 2006.

[8]杨兴涛,苏桂平,王瑞芳,王小芳. 特定领域建模与代码生成的研究与实现. 计算机系统应用. 2009,4: 100 - 103.

[9]郑建华,李迪,等,嵌入式数控系统模型层验证设计策略研究. 计算机科学,2008,35(12): 268 - 272.

[10]OMG: OMG Systems Modeling Language (OMG SysML™), V1. 0, http://www. omg. org/cgi - bin/doc? formal/2007 - 09 - 01, 2007.

[11]OMG: UML Profile for MARTE, Beta 1, http://www. omg. org/cgi - bin/doc? ptc/2007 - 08 -

04,2007.

[12] OMG: UML Profile for the Department of Defense Architecture Framework (DoDAF) and the Ministry of Defence Architecture Framework (MODAF), Beta 1, http://www.omg.org/docs/dtc/07-08-02.pdf ,2007.

[13] Ledeczi A, Maroti M, Bakay A, et al. The Generic Modeling Environment. In: Workshop on Intelligent Signal Processing, Budapest, 2001.

[14] Tolvanen J, Pohjonen R, Kelly S. Advanced Tooling for Domain - Specific Modeling: MetaEdit +. In: Sprinkle, J. , Gray, J. , Rossi, M. , Tolvanen, J. P. (eds.) The 7th OOPSLA Workshop on Domain - Specific Modeling, Finland, 2007.

[15] White J, Schmidt D C, Mulligan S. The Generic Eclipse Modeling System. Model - Driven Development Tool Implementer's Forum, TOOLS'07, Zurich, 2007.

[16] Jouault F, Bezivin J. KM3: a DSL for Metamodel Specification. In: Gorrieri, R. , Wehrheim, H. (eds.) Formal Methods for Open Object - Based Distributed Systems, LNCS Springer Berlin / Heidelberg, vol. 4037, pp. 171 - 185, 2006.

[17] Greenfield J, Short K, Cook S, et al. Software Factories: Assembling Applications with Patterns, Models, Frameworks, and Tools. Wiley, 2004.

[18] http://www.metacase.com/products.html

[19] http://www.omg.org/technology/documents/modeling_spec_catalog.htm

[20] Anneke Kleppe, Jos Warmer, Wim Bast. 鲍志云译. 解析 MDA[M]. 北京:人民邮电出版社,2004.

[21] ATL: Atlas Transformation Language. ATL User Manual, version 0.7. 2006 - 02.

[22] Dimitrios S Kolovos, Richard F Paige, Fiona A C Polack. The Epsilon Transformation Language. In Conf on Theory and Practice of Model Transformations (ICMT 2008), Springer - Verlag, 2008, Vol(5063):46 - 60.

[23] eclipse.org, MOFScript, http://www.eclipse.org/gmt/mofscript/.]、EGL (Epsilon Generation Language) [Louis M. Rose, Richard F. Paige, Dimitrios S. Kolovos, and Fiona A. C. Polack. The Epsilon Generation Language. In Conf on Model Driven Architecture - Foundations and Applications (ECMDA - FA 2008), Springer - Verlag, 2008, Vol(5095):1 - 16.

[24] Extensible Platform for Specification of Integrated Languages for Model management (Epsilon). http://www.eclipse.org/gmt/epsilon.

[25] Dimitrios S Kolovos, Richard F Paige, Fiona A C Polack. A Framework for Composing Modular and Interoperable Model Management Tasks. 2007.

第五章　基于模型的测试

测试是保证系统功能正确的重要途径，能够正确反映系统功能与系统规范的一致性关系。测试用例生成是测试的关键和基础，传统的车载测试用例生成主要由手工完成，测试的效率低，耗时长，并且测试工作量会随着测试规范和测试目的的改变而增大。基于模型的测试生成技术发展日新月异，该测试方法可以灵活而精确的测试世界上任何日益复杂的系统。本章主要介绍时间自动机理论、观测自动机理论、测试准则、测试案例自动生成方法以及测试平台搭建方法。

第一节　基于时间自动机的建模方法

一、转换系统

自动机理论主要研究离散数字系统的功能、结构及其关系。时间自动机是为解决建模和验证实时系统而对自动机理论的扩展，它是为了适应实时系统的验证需要，由 R. Alur 等人提出的理论[1]。下面首先介绍转换系统。

定义 1（转换系统）　一个转换系统 A 是一个四元组(Σ, S, S_0, E)，其中：

(1)Σ 是有穷字符集合；

(2)S 是有穷状态集合；

(3)$S_0(S_0 \subseteq S)$是初始状态集合；

(4)$E \subseteq S \times \Sigma \times S$ 是状态转移集合。

转换系统 A 从初始状态 $s_0(s_0 \in S_0)$开始，E 中的一个状态转移$<s, a, s'>$表示转换系统 A 在输入字符 $a(a \in \Sigma)$时，从状态 s 到状态 s'的一个转移，记做 $s \xrightarrow{a} s'$。如果对某个输入 a，有 $s \xrightarrow{a} s'$，则称状态 s'是从状态 s 可达的。如果状态 s 是从某个初始状态可达的，那么 s 是转换系统中的一个可达状态。

由于时间自动机的状态与某一事件发生时间相关，而时间是单调无限递增的，因此，时间自动机所接受的语言就是时间序列上的无限事件序列。

(一)时间语言

通常,用时间字表示实时系统的一个动作行为,即定义在事件字符集上的一个时间字与系统的一个动作行为相对应。在稠密时间自动机模型下用非负实数作为时间域。在该模型中,时钟表示事件时间的限制,同时也可以表示自动机中两个转换之间的时间约束,通常用非负实数集 $\mathbf{R}^+$ 作为系统时钟变量的取值范围。

定义 2(时间序列)　时间序列$\tau=\tau_1\tau_2\cdots\tau_i\cdots$是时间值$\tau_i$的无穷序列,$\tau_i\in\mathbf{R}^+$且$\tau_i>0$,满足以下条件:

(1)单调性:τ是严格单调递增的,即$\tau_i<\tau_{i+1}$,$i\geqslant1$;

(2)无界性:对$\forall t\in\mathbf{R}^+$,存在某个$i\geqslant1$,使得$\tau_i>\tau_{i-1}$。

有穷字符集Σ上的时间字是一个二元组(σ,τ),$\sigma=\sigma_1\sigma_2\cdots$是字符集$\Sigma$上的无穷字,$\tau$是时间序列。

定义 3　时间语言是Σ上的时间字集合。

可以将时间字(σ,τ)看作时间自动机的一个输入,它表示时间自动机在τ时刻输入字符σ。如果用时间自动机来模拟实时系统的行为,那么时间字$(\sigma_1\sigma_2\cdots,\tau_1\tau_2\cdots)$中的一个符号分量$\sigma_i$表示系统发生的一个事件,相应的分量$\tau_i$表示该事件发生的时间。在某些特定情况下,时间字序列中许多连续发生的事件可能有相同的时间值。为了有效地处理这种情况,可以对时间字的形式化定义做一些改动,即不要求时间序列中的时间值是严格单调递增的,而只要求时间序列是单调递增的即可(也就是说,对所有$i\geqslant1$,有$\tau_i<\tau_{i+1}$)。

例 1　令$\Sigma=\{a,b\}$,定义时间语言L为满足以下条件的所有时间字(σ,τ)组成的集合:在每一个时间字序列中,字母a和b交替出现,并且每一对连续出现的字母a和b,它们之间的时间差满足递增关系。那么时间语言L就可以表示为:

$$L=\{[(ab)^{\omega},\tau]\mid\ \forall i.[(\tau_{2i}-\tau_{2i-1})<(\tau_{2i+2}-\tau_{2i+1})]\}$$

(二)时钟约束和时钟解释

一般自动机描述的状态转移,其状态取决于输入。为了表示带有时间约束的系统行为,考虑被有穷"时钟"集合扩大的有穷图。图的顶点称为"位置",边称为"转换",转换是瞬间的,时间可以在位置流逝。时钟可以随任何转换被同时复位为零;在任一时刻,时钟等于其复位后值流逝的时间。对每个转换关联一个时钟约束,称为"转换条件",只有当前时钟值满足这个约束时转换才可能发生。对每一个位置关联一个位置的"不变式"时钟约束,只有该位置的不变式为真时时间才可以在该位置流逝。为了具体形象地说明时钟约束和时钟解释,给出下面一个例子。

例 2　如图 5-1 中带有两个时钟的时间自动机。每次在标记a的作用下,系统从 S_0 转换到 S_1,时钟 x 置为 0。然后时钟 x 在位置 S_1 时间流逝(从 S_0 转换到 S_1 是瞬间发生的,可看做不消耗时间)。如果有 b 事件到达,那么系统从 S_1 转换到 S_2,同时时钟 y 置为 0。然后时钟 y 在位置 S_2 时间流逝,等待事件 c 的到达。这里时钟 x 和时钟 y 是独立变化的,因此并不要求时钟 x 和时钟 y 同时复位(即不同时钟可以在不同时刻复位),可以根据具体情况随时复位。

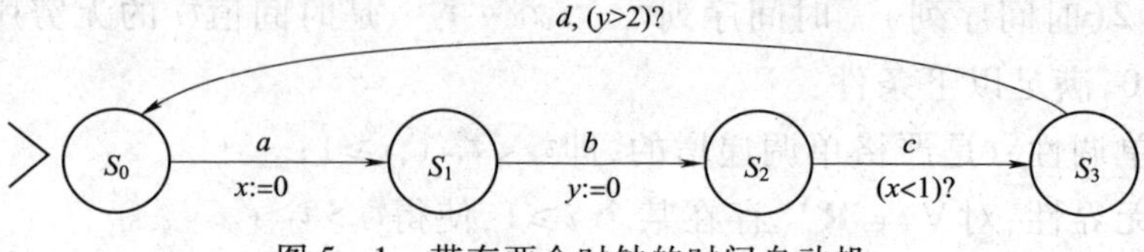

图 5-1 带有两个时钟的时间自动机

不变式($x<1$)确保从 S_2 到 S_3 的标记为 c 的转换发生在先前的 a 发生后一个单位时间内发生。在从 S_1 到 S_2 的标记为 b 的转换时另一个独立的时钟 y 复位,并且从 S_3 到 S_0 的标记为 d 的转换时检查 y 的值,确保在 b 和接下来的 d 之间的时间延迟总是大于 2 个时间单位。注意,为了约束 a 与 c 之间的延迟和 b 与 d 之间的延迟,系统没有在 a 和接下来的 b 之间增加任何明确的边界,这是有多时钟的一个重要的优点,它可以彼此独立地被设置。

如图 5-1 所示时间自动机可以接受的语言是:

$$L=\{[(abcd)^{\omega},\tau\mid\forall j.((\tau_{4j+3}<\tau_{4j+1}+1)\wedge(\tau_{4j+4})>\tau_{4j+2}+2)]\}$$

为了形式化地定义时间自动机,需要明确什么类型的时间约束被允许作为不变式和转换条件。非负有理数集 $\mathbf{Q}^+$ 中的任一元素均可作为时间常量。下面给出时钟约束和时钟解释的定义。

定义 4(时钟约束) 设 X 为时钟变量的集合,时钟约束集 $\Phi(x)$ 中的一个时钟约束 δ 的定义如下:

$$\delta:=x\leqslant c\mid c\leqslant x\mid\neg\ \delta\mid\delta_1\wedge\delta_2$$

其中,$x\in X$,$c\in\mathbf{Q}$,X 为时钟变量的集合,$\mathbf{Q}$ 为有理数集。

定义 5(时钟解释) 在时钟变量集合 X 上的时钟解释是一个映射:v:$X\rightarrow T$

其中,$T\subseteq\mathbf{R}^+$,$\mathbf{R}^+$ 为正实数集。

时钟变量集 X 上的一个时钟解释 v 就是给每个时钟分配一个实数值。X 上所有时钟解释的集合记做 T^X。

二、时间自动机的语法和语义

给出时间自动机的定义之前,先来看下面的例子。

例 3　要求给灯控开关建立一个模型，满足以下行为：起初，灯是关闭的；当按下一次开关的时候，灯微亮；如果再快速地摁一次开关，灯更亮；过一段时间再摁下开关，灯关闭。

用 off，light，bright 三个位置建立自动机模型以描述上述行为。初始位置是 off。此模型中有 4 个转换，用 press? 来标记。当用户摁下开关，即有输入信号时，自动机开始运作。如图 5－2 所示描述了这个自动机。

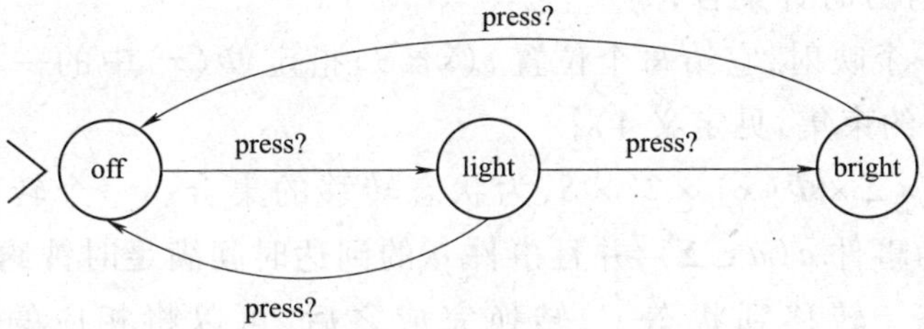

图 5－2　灯控开关自动机模型

现在就有这样一个问题，与时间相关的“快速地”和“过一段时间”这两个概念（如上红颜色标注）图 5－2 所示模型无法表述。当上述模型处于 light 位置时，再摁下一次开关，有可能转移至 bright 位置，也有可能转移至 off 位置。这样自动机在 light 位置就表现出不确定性。

时间自动机就可以解决这个问题。我们用连续变化的时钟扩展自动机。起初，时钟从 0 开始变化，然后时钟值连续递增；状态转移依据当前的时钟值。

对灯控开关引入时钟 x 并扩展图 5－2 所示模型，得到如图 5－3 所示模型。

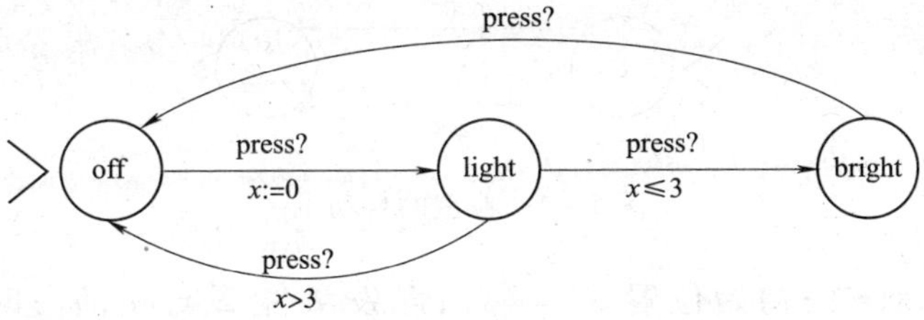

图 5－3　灯控开关时间自动机模型

当开关第一次摁下的时候，时钟 x 复位，用 $x:=0$ 表示。只有第一次摁下开关后，不超过 3 s 摁下第二次开关，灯才能更亮（用表达式 $x\leqslant 3$ 描述）。如果 3 s 之后才摁下第二次开关，那么灯再次关闭（用表达式 $x>3$ 描述）。这样，用时间特性解决了自动机在 light 位置的不确定性。

(一)时间自动机的定义

定义6(时间自动机)　时间自动机 TA 是一个六元组$\langle S,S^0,\Sigma,X,I,E\rangle$,其中:

(1)S 是有穷位置集合;

(2)$S^0\subseteq S$ 是初始位置集合;

(3)Σ 是有穷事件集合;

(4)X 是有穷时钟集合;

(5)I 是一个映射,它给每个位置 $s(s\in S)$ 指定 $\Phi(x)$ 中的一个时钟约束 δ($\Phi(x)$是时钟约束集,见定义4);

(6)$E\subset S\times\Sigma\times\Phi(x)\times 2^x\times S$,为状态转移的集合。一个转换$\langle s,a,\delta,\lambda,s'\rangle$表示输入为事件 $a(a\in\Sigma)$,并且事件 a 的到达时间满足时钟约束 δ 时,时间自动机从状态 s 转移到状态 s',转换完成之后,可以将相应的时钟置为 0。$\lambda\subseteq X$表示需要重置时钟的集合。

给定一个时间字(σ,τ),则时间自动机 TA 从初始状态开始转换,刚开始所有时钟初始化为0。随着时间的推移,所有时钟的值都在变化,也就是时间流逝。某一时刻τ_i,时间自动机 TA 从状态 s 转移到 s'当且仅当输入事件 a,并且事件 a 相应的时钟满足时钟约束 δ。转换完成后,λ 中的时钟全部重置为0,然后从转换发生的这一时刻起重新计算时间。这一过程表示为$\langle s,a,\delta_i,\lambda,s'\rangle$。

例4　如图5-4所示时间自动机,根据定义6可得:

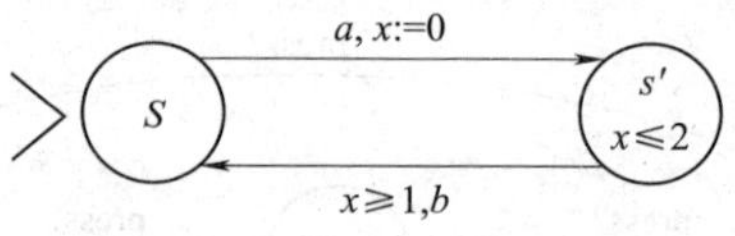

图5-4　典型的自动机

位置 $S=\{s,s'\}$;初始位置 $S^0=\{s\}$;触发事件 $\Sigma=\{a,b\}$;时钟变量 $X=\{x\}$;时钟约束集 $\Phi(x)=\{x\geqslant 0,x\geqslant 1,x\leqslant 2\}$(默认时钟非负);映射 $I:s'\rightarrow\delta:x\leqslant 2,\delta\in\Phi(x)$;状态转移 $E=\{(s,a,x\geqslant 0,\{x\},s'),(s',b,x\geqslant 1,\mathbf{\Phi},s)\}$;$\mathbf{\Phi}$ 表示空集。

(二)时间自动机的语义

时间自动机 TA 的语义由一个与它相关的转换系统 S_A 定义。S_A 的一个状态是一个二元组(s,v),$s\in S$ 是时间自动机 TA 的一个位置,v 是 X 的一个时钟解释,且 v 满足 s 上的时钟约束 $I(s)$(时间自动机模型中,给每一个位置也相应

的设置了时钟约束,用 $I(s)$ 表示)。在转换系统 S_A 中有两类转换:

(1)时间流逝:对于一个状态 (s,v) 和一个实数值的时间增量 $\Delta \geqslant 0$,如果对于所有的 $0 \leqslant \Delta' \leqslant \Delta$, $v+\Delta'$ 都满足不变式 $I(s)$,则 $(s,v) \xrightarrow{\Delta} (s,v+\Delta')$。这类转换中,只有时间的流逝,没有位置的转移。

(2)位置转换:对于一个状态 (s,v) 和一个转换 $\langle s,a,\delta,\lambda,s'\rangle$, v 是满足时钟约束 δ 的一个时钟解释,则 $(s,v) \xrightarrow{a} (s',v[\lambda:=0])$。$v[\lambda:=0]$ 表示转换完成之后,λ 中的时钟重置。这类转换中,有事件的发生,也可能有时钟被重置为 0,但是时间不会变化。就是说,位置转换只在瞬间发生,不消耗时间。

二元组 (s,v) 包括位置 s 和满足时钟约束 δ 的时钟解释 v。尽管一个转换系统中的位置有限,但是时间自动机所有的状态组成的集合却是无限的,因为时钟解释的无限性。实际上,时钟解释集 $T^X \subseteq \mathbf{R}^+$, $\mathbf{R}^+$ 为正实数集。就是时钟解释可以像正实数一样无限增大,那么,状态也就有无限多个。

只要位置 s 处的不变式 $I(s)$ 为真,那么自动机就在位置 s 处时间流逝。因而在时间自动机中,位置不变式用来描述物理过程。不变式 $I(s)$ 为假之前,在位置 s 处一定有位置转换。这就有两种特殊的情况,①如果不变式 $I(s)$ 始终为真,那么,时间自动机始终停留在 s 位置。②如果在位置 s 处,既没有时间流逝,也没有位置转换,那么,时间自动机就处于不确定状态,这时,时间不再递增。

例 5 如图 4-3 所示时间自动机的语义如下:

时间自动机最开始在 off 位置,时钟 x 为 0。如果事件 press 不到达,即不摁开关,那么,时间自动机一直处于 off 位置,时间白白地流逝。如果事件 press 到达,即摁下开关,时间自动机即从位置 off 转移至位置 light,转换完成之后,时钟 x 清零。这时,自动机处于位置 light。如果事件 press 始终不到来,即始终不摁下开关,那么,自动机就始终处于位置 light 消耗时间。如果在 3 s 之内(含 3 s)事件 press 到达,即摁下开关,自动机就从位置 light 转移至位置 bright,超过 3 s 摁下开关,自动机从位置 light 转移至位置 off。同理,只要事件 press 到达,自动机就可以从位置 bright 转移至位置 off。上述过程有限的转移序列表述如下:

$$\langle \text{off}, x=0\rangle \xrightarrow{2.5} \langle \text{off}, x=2.5\rangle \xrightarrow{1.7} \langle \text{off}, x=4.2\rangle \xrightarrow{\text{press?}} \langle \text{light}, x=0\rangle \xrightarrow{2.1}$$

$$\langle \text{light}, x=2.1\rangle \xrightarrow{\text{press?}} \langle \text{bright}, x=2.1\rangle \xrightarrow{10} \langle \text{bright}, x=12.1\rangle \xrightarrow{\text{press?}} \langle \text{off}, x=12.1\rangle$$

（三）UPPAAL

UPPAAL[2]由 Aalborg 大学和 Uppsala 大学于 1995 年联合开发的一个基于时间自动机的工具。它适用于可以被描述为非确定的并行过程的积的系统。每一个过程被描述为由有穷控制结构、实数时钟和实数变量组成的时间自动机，过程之间通过管道和（或者）共享变量来进行通信，管道用于保证不同自动机中的两个转换同时执行。UPPAAL 主要通过快速搜索机制来验证时钟约束和可达性。它的主要优点是其高效性和使用的方便性。

UPPAAL 的用户界面包括三个主要部分：系统编辑器（system editior），模拟器（simulator）和验证器（verifier），如图 5－5 所示。

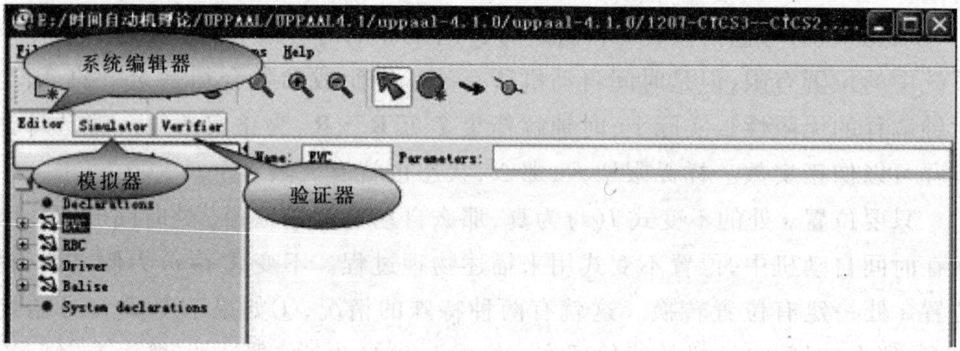

图 5－5　UPPAAL 界面

系统编辑器用于创建和编辑要分析的系统，一个系统被描述为一系列过程模板、一些全局声明、过程分配和一个系统定义。模拟器是一个确认工具，它用于检查所建系统模型可能的执行是否存在错误，以此在验证前发现这些错误。验证器通过快速搜索系统的状态空间来检查时钟约束和活性，它还为系统要求的规范和文件提供了一个需求规范编辑器。

UPPAAL 中使用的模型是时间自动机，它将时间自动机进行了一些扩展。首先用户可以声明一般值变量、全局时钟和用于同步的管道。另外。UPPAAL 中增加了紧迫管道（urgent channel）、紧迫位置（urgent location）和托管位置（commit location）。所谓紧迫管道就是指当这个转换能发生时，它无延迟的发生，紧迫管道对应的转换上不能有时钟约束，但是可以有变量约束。在紧迫位置没有时间延迟，使用它可以减少模型中时钟的个数，减少分析的复杂度。托管位置也没有时间延迟，下一个转换必须即刻离开所有的托管位置，托管位置的使用可以显著减少状态空间。

UPPAAL 为验证提供了一种 BNF 语法：

$$Prop::=A[\,]p|E\langle\rangle p|E[\,]p|A\langle\rangle p|P\rightarrow p$$

其中：①E⟨⟩p 表示 Possible，E⟨⟩p 为真，当且仅当在转换系统中存在一个序列 $s_0 \rightarrow s_1 \rightarrow \cdots \rightarrow s_n$，使得 s_0 是初始状态，s_n 代表 p；

②A[ ]p 表示 Invariantly，等价于 not E⟨⟩not p；

③E[ ]p 表示 Potentially always，E[ ]p 为真，当且仅当存在一个序列 $s_0 \rightarrow s_1 \rightarrow \cdots \rightarrow s_i \rightarrow \cdots \rightarrow$ 使得 p 在所有状态 s_i 中都有效，并且这个序列无穷或者在状态 (s_n, v_n) 终止。

④A⟨⟩p 表示 Eventually，等价于 not E[ ]not p。

⑤P→p 表示 Lead to，等价于 A[ ](P imply A⟨⟩p)。

三、建模实例

(一)RBC 交接场景介绍

1. RBC 切换原理

RBC 切换采用的是 RBC 间直接通信的方式交换 RBC 切换信息，并且 RBC 负责与相邻 RBC 在指定区域（交接应答器）实现对列车无缝切换[3]。在正常切换过程中，列车从一个 RBC 管辖切换到另一个 RBC 管辖不需要司机参与，也不会引起列车制动，如图 5－6 所示。

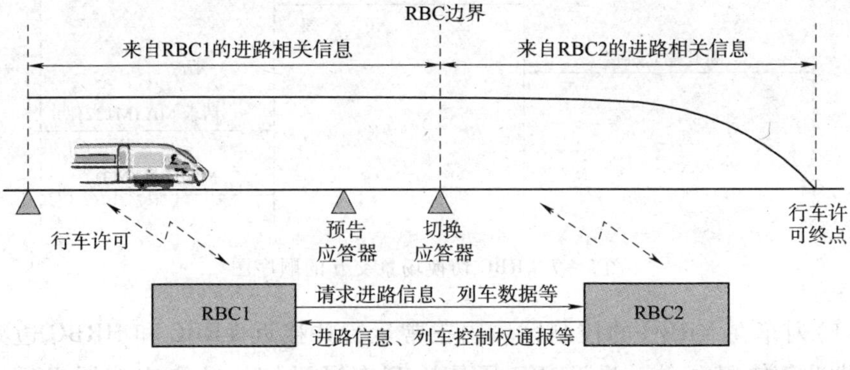

图 5－6　RBC 切换原理

RBC 切换策略分为两种：

(1)单车载电台的切换策略。

(2)双车载电台的切换策略。

虽然策略有所不同，但是在切换功能需求上，两者的差异并不大。

2. RBC 切换流程

根据 CTCS-3 级列控系统总体技术方案内容[4]，我们以两部电台的 RBC 切换过程为例，YRBC 表示移交 RBC，HRBC 表示接管 RBC，整个切换流程如图 5-7 所示。

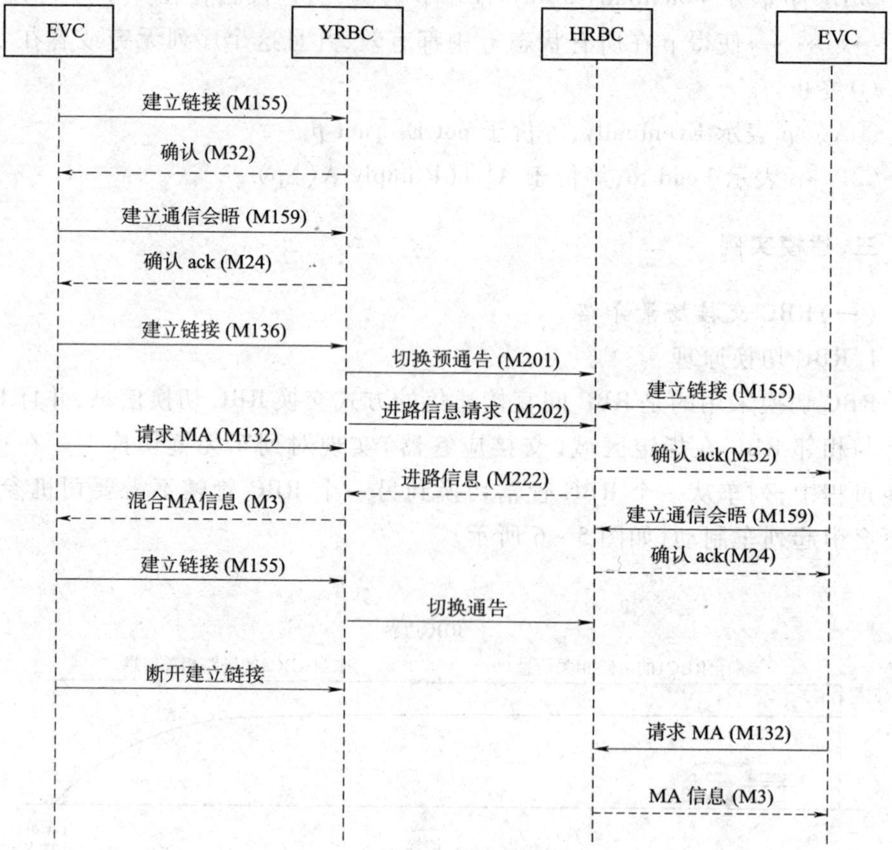

图 5-7 RBC 切换场景交互的顺序图

(1)列车在 YRBC 的控制区域内正常运行并接近 YRBC 和 HRBC 边界(假定车载设备使用电台 1 与 YRBC 通信)，列车通过切换预告应答器组后，车载设备向 YRBC 发送列车位置报告。

(2)YRBC 接收到位置报告后，向车载设备发送 YRBC 切换命令(信息包 131)，该命令包括至切换点的距离、HRBC 的 ID 及 HRBC 的电话号码。同时 YRBC 向 HRBC 发送移交列车预告信息和进路请求信息。

(3)HRBC 接收到 YRBC 的进路请求信息后，根据联锁系统的信号授权向 YRBC 发送进路信息。当 HRBC 管辖范围内进路发生变化时，HRBC 应当及时将进路信息发送给 YRBC。YRBC 根据 HRBC 提供的进路信息，向车载设备发送延伸至 HRBC 区域内的行车许可。

(4) 根据 YRBC 提供的电话号码，列控车载设备使用电台 2 开始呼叫 HRBC。呼叫成功后，车载设备通过电台 2 向 HRBC 发送通信初始化信息(M155)，HRBC 向列车发送通信版本信息(M32)，车载设备向 HRBC 发送通信建立信息(M159)。至此，车载设备与 HRBC 建立了通信会话。

(5) 当列车头部(最大安全前端)越过边界后，车载设备向 YRBC 及 HRBC 发送位置报告。此后，车载设备开始只使用从 HRBC 接收到的消息，并拒绝接收 YRBC 除终止会话信息之外的其他消息。YRBC 接收到列车最大前端越过切换边界的位置报告后向 HRBC 转发列车位置信息。HRBC 收到列车最大前端已越过 RBC 切换边界的位置报告后向 YRBC 发送接管列车信息。

(6) 当列车尾部(最小安全末端)越过边界后，车载设备向 YRBC 及 HRBC 发送位置报告。YRBC 根据列车提供的位置报告命令车载设备切断电台 1 与 YRBC 的通信会话，同时将其从 YRBC 的列车清单中删除。车载设备接收到 YRBC 的切断无线连接的命令后，切断与 YRBC 的通信连接。

(二) 场景的自动机模型

为了简化验证，我们通过 UPPAAL 来对 RBC 切换场景模型(隐藏部分 CHARON 模型)进行仿真和验证，如图 5-8 所示。模型中，以“!”结尾的标记表示发出此信号时转换发生；以“?”结尾的标记表示接收到该信号时转换发生，以此实现各模型中转换的同步发生。

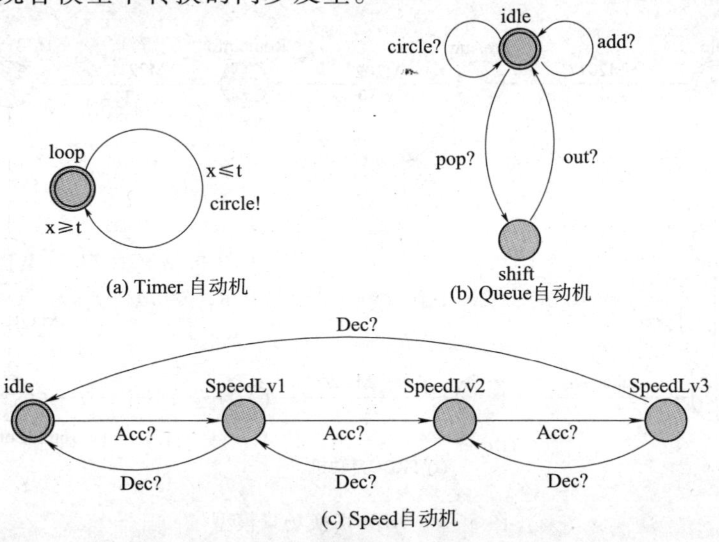

图　5-8

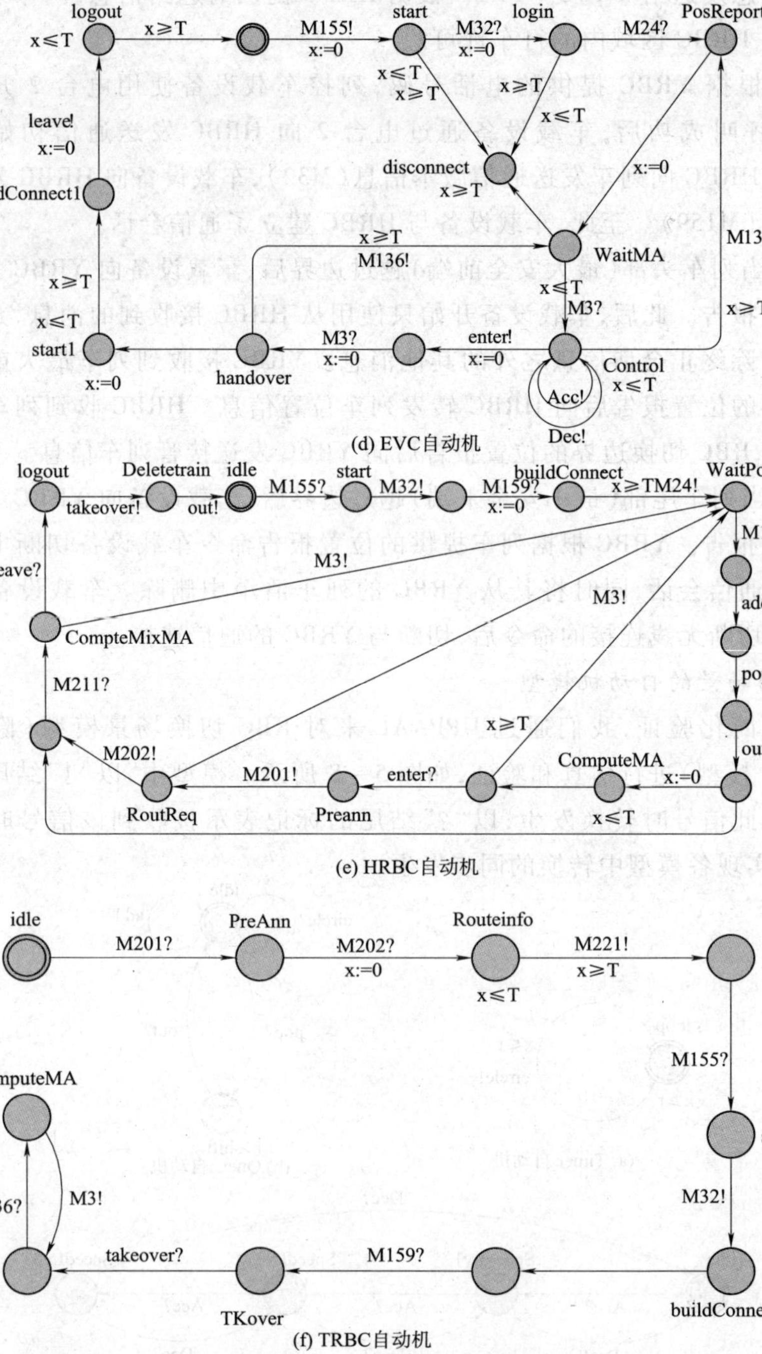

图 5-8　RBC 切换场景模型

模型中系统与系统之间的通信是通过同步通道来实现的，见表 5－1 和表 5－2。

表 5－1　模型中的主要同步通道

广播同步通道	circle
同步通道 I	M155, M159, M132, M136, M3, M24, M201, M221, M202, enter, leave, takeover
同步通道 Ⅱ	add, pop, out, acc, dec

表 5－2　模型的主要变量定义

含义	整形变量及取值范围
RBC 处理列车数量	N(N = 40 假设 HRBC 最多能控制 40 辆列车)
RBC 从 Queue 取出的 EID	EID(1 ~ N 每个数字代表 1 个 EVC ID)
链路状态	Link State(0—不合法，1—合法)
列车位置信息	pos
列车速度信息	speed

注：表中的 RBC 代表 HRBC 与 TRBC 的总称。

(1)通过广播同步通道来同步时钟控制器与车载 EVC、HRBC 和 TRBC 的时钟，使控制模型能周期性的运行，从而模拟整个系统随时间变化的过程。

(2)通过通道 I 来实现车载 EVC、HRBC 和 TRBC 三者之间的信息交互，以满足系统的规范功能要求。

(3)通过通道 Ⅱ 来实现车载 EVC、HRBC 和 TRBC 自身内部的信息流程控制，以满足子系统规范功能的要求。

在时间控制方面，T 代表时钟周期，xe 代表车载 EVC 的内部时钟，xhr 代表 HRBC 的内部时钟，xtr 代表 TRBC 的内部时钟，它们分别对各自自动机模型的运行状态进行记录。模型中还有一些整型变量用来表示自动机状态变迁的约束条件。

（三）模型的验证分析

1. 整个模型所完成的功能和性能要求

(1)功能要求

①AG not deadlock，系统没有死锁。

② EG [(EVC. login) or (EVC. control) or (EVC. handover) and (EVC. logout)]，表示列车能完成在 HRBC 管辖区间中建立通信会晤、启动、受控运行、和注销等功能。

③EG[(Speed. SpeedLv1) or (Speed. SpeedLv2) or (Speed. SpeedLv3) imply(EVC. control)],表示列车能根据 MA 控制信息来更新自己的列车位置和速度。

④EG[(EVC. login)imply(EVC. handover)],表示两个 RBC 能够完成交接功能。

⑤EG[(EVC. speed≥EVC. oldspeed)imply(EVC. handover)],表示列车能够在 RBC 交接过程中无降速运行。

(2)性能要求

①AG(EVC. login imply EVC. x≤T),表示列车建立通信会晤在 T 个单位时间内完成。

②AG((RBC. control imply RBC. x≤U)),表示 RBC 控制运行周期在[0,U]内,即:RBC 从收到列车报告的位置开始到完成对每辆车的 MA 控制在 U 个单位时间内。

③AG(EVC. control imply EVC. x≤V),表示列车在[0,V]内收到 RBC 的 MA 信息。

④AG(EVC. disconnect imply EVC. x>T),表示如果列车的建立链接时间超过 T,则车载的链路状态为 disconnect。

⑤AG(HRBC. disconnect imply HRBC. x>T),表示如果 HRBC 在 T 时间内没有收到车载的任何信息,那么 HRBC 的链路状态为 disconnect。

2. 模型的验证

模型的设计针对 N 辆列车在区间追踪运行而设计,我们在模型仿真的过程中只取一辆列车运行。按照 RBC 切换的场景功能要求,模型必须要满足这些特定的性质以保证系统的安全性和受限活性。在 UPPAAL 的验证器中执行上述程序体,各性质都能通过,表明该 RBC 切换场景的模型能满足这些性质,系统满足逻辑上和时间上的要求。

第二节　基于观测自动机的测试案例自动生成方法

一、观测自动机的概念

(一)EFSM

设 AI 是输入事件集合,AO 是输出事件集合。对应输入输出对(AI,AO)的一个扩展有限状态自动机(Extended Finite State Machines,EFSM)[5]可以用四元组表示 $< L,l_0,v,E >$。

其中，L：有限状态集合；

l_0：初始状态，属于集合 L；

v：有限变量集合；

E：有限变迁集合，每个变迁的形式如下：

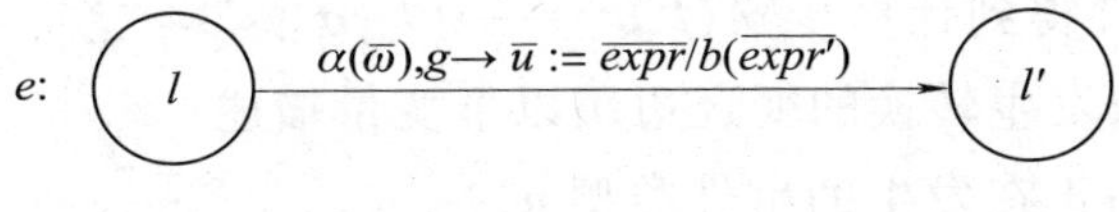

e：变迁名称；

l：源状态，l'：目标状态；

a：输入事件，w 是 a 事件的形参集合；

g：变迁是否发生的判决条件；

$\overline{u} := \overline{expr}$：状态变量赋值；

$b(\overline{expr'})$：计算输出事件的表达式。

其中，g、$expr$、$expr'$ 也可能与输入事件的形参 w 和状态变量 v 相关。

EFSM 按照序列 $a_1(\overline{d_1})/b_1(\overline{d_1'})\cdots a_n(\overline{d_n})/b_n(\overline{d_n'})$ 运行的实质是一系列以输入输出为标志的计算步骤，即状态变迁：

$$\langle l_0,\sigma_0\rangle \xrightarrow{a_1(\overline{d_1})/b_1(\overline{d_1'})} \langle l_1,\sigma_1\rangle \xrightarrow{a_2(\overline{d_2})/b_2(\overline{d_2'})} \cdots \xrightarrow{a_n(\overline{d_n})/b_n(\overline{d_n'})} \langle l_n,\sigma_n\rangle$$

EFSM 是规范的一种机器模型，通过检查被测系统输出与相应 EFSM 输出事件的一致性，来检测被测系统的行为是否遵守其需求规范。

（二）观测自动机

1. 观测自动机定义与谓词

一般的，观测自动机由一个四元组 (Q,q_0,Q_f,B) 表示，其中：

Q：观测自动机的有限状态集合；

q_0：观测自动机的初始状态；

$Q_f \subseteq Q$：观测自动机的可接受状态集合，与覆盖项相对应；

B：一组变迁集合，每个变迁的形式如下：

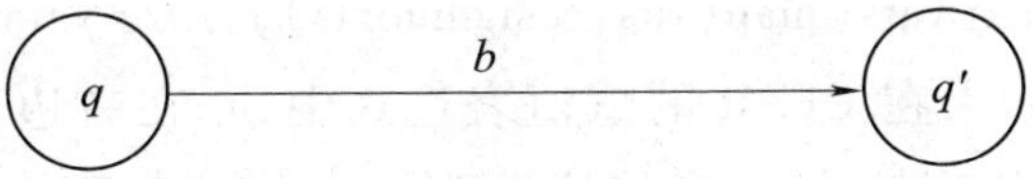

b：变迁的判断条件，依赖于被测系统接收到的输入事件，当执行完该计算步骤后，观测对象系统的相应状态变量转到指定的取值，EFSM 相应变迁也按照当前输入事件动作。

（1）谓词 b 在使用时重定义相关的匹配变量：

①事件 $a(d)$；

②变迁边 e：在 a 事件的激励下，EFSM 从状态 l 到状态 l'：$l \xrightarrow{a(\overline{w}),g\to\overline{u}:=\overline{expr})} l'$；

③根据 a 事件得到计算步骤 $\langle l,\sigma\rangle \xrightarrow{a(\overline{d})} \langle l',\sigma'\rangle$。

(2)观测对象发生转换的变迁边用以下变量描述：

①event_type：正在发生的事件类型 a；

②event_pars：事件参数列表 d；

③edge：变迁边 e 的名称；

④target_loc：目标状态 l'；

⑤guard：判断条件 g 的表达式；

⑥assignments：变量赋值语句；

⑦target_val：EFSM 状态变量在计算步骤完成后的取值。

(3)为了描述更多的有用信息，引入下述操作(函数)：

①lhs：得到赋值表达式 $\overline{u}:=\overline{expr}$的左部分，一般是一个变量；

②rhs：得到赋值表达式 $\overline{u}:=\overline{expr}$的右部分 $expr$，是 EFSM 中的规范词语；

③vars(Exp)：返回 Exp 中所有变量，Exp 是函数 rls 输出的集合，也可以是判断表达式 g；

④affect(A, Var_1, Var_2)：如果 $\mathrm{Var}_1 \in \mathrm{vars}(\mathrm{rhs}(A)) \cap \mathrm{Var}_2 = \mathrm{lhs}(A)$，那么该函数返回 A 中相应的赋值，否则返回空集；

⑤map(Fun, Set)：对 Set 集合中的每个元素应用 Fun 函数并返回相应输出。

(4)结合以上变量和函数，定义观测器使用到的新功能如下：

①def(v)：如果 v 在变迁中被定义则该表达式为真，描述为：$v \in \mathrm{map}(\mathrm{lhs}, \mathrm{assignments})$；

②use(v)：如果 v 在变迁中被使用(用于判断条件或者复制语句)，则该表达式为真，描述为：$v \in \mathrm{vars}(\mathrm{map}(\mathrm{rhs}, \mathrm{assignments})) \vee v \in \mathrm{vars}(\mathrm{guard})$；

③da(v_1, v_2)：如果在 EFSM 的赋值表达式中，v_1 在右边，v_2 在左边，则该函数为真。可以直观的理解成 v_1 直接影响到 v_2。描述如下：$\mathrm{map}(\mathrm{affect}(v_1, v_2), \mathrm{assignments}) \neq \mathbf{\Phi}$。

直观地，在执行测试的任意特定瞬间，观测自动机维持在其一个状态 q 中。当一个事件出现时，观测自动机执行从 q 发出的相应变迁，这条变迁的判断条件 b 与该事件匹配(事件触发判断条件 b)，然后观测对象系统执行相应的变迁转换。值得注意的是,观测自动机与观测对象并不同,观测自动机的变迁是非确定的,因为一个覆盖项可以通过不同的测试路径实现。

观测器可以描述测试覆盖项(利用模型检测和运行验证的标准技术实现),监测测试路径并记录覆盖标准是否覆盖。观测器可以监测覆盖项被覆盖时的路径和状态、观测路径中的事件,也可以观测到事件相应的 EFSM 变迁的语法结构,但是观测器与系统的运行没有交互。

覆盖准则以一系列覆盖项的形式给出,每一项代表一条需要测试的系统结构性能。覆盖项可以是一个明确的测试目标,可以声明某个状态或边界必须被访问等。观测器可以监测覆盖项被覆盖时的路径和状态、观测路径中的事件,也可以观测到事件相应的系统变迁的语法结构,但是观测器与系统的运行没有交互。当测试用例符合其规定的覆盖项时,观测器反馈接受报告。例如,某覆盖项规定了观测对象的控制状态 a 应该被访问,那么观测器就会观测系统的执行过程,并在系统进入状态 a 时反馈接受报告。

2. 参数化观测自动机

典型的覆盖准则并不只由单一测试覆盖项组成,因此,引入了参数机制扩展观测器的概念,优化大量覆盖准则的一个重要机制是将观测器参数化,从而能够描述测试覆盖项集合。所谓参数化,是给状态和变迁都定义了给定范围的参数。当参数被赋予一个确定的值时,观测器也就具备了确定的状态和变迁。

对于某个测试覆盖项,观测器有一个可以接受状态与之对应,为了描述方便,我们称该测试覆盖项为对应覆盖项。如果观测器在一条路径中进入了可接受状态,那么该路径就覆盖了对应覆盖项。这样就可以规定一系列覆盖项将模型的控制状态,数据变量,边界等进行参数化。利用这种简单通用机制,可以规定文献中的大部分覆盖准则,同时修改覆盖准则使其适用于特定被测系统的具体特点。例如:如果某个接口非常容易出错,我们可以规定一条覆盖准则,要求涉及该接口的所有可能的交互点都要进行测试。

举一个简单的例子,如果覆盖项是“观测对象 EFSM 的状态 l 可达”,那么该覆盖项可以由观测自动机来描述,该观测自动机具备初始状态 q_0 和一个可接受状态 loc(l),当观测自动机到达该可接受状态时就证明 EFSM 的状态 l 可达。如果覆盖准则变成“EFSM 的所有状态都可达”,那么就用到了参数化观测自动机,除了初始状态外,还具备一个参数化的可接受状态 loc(L),其中 L 是一个参数,取值范围覆盖 EFSM 中的全部状态。对于每一个 L 的取值 l,当参数观测自动机进入可接受状态 loc(l),就说明 EFSM 中的状态 l 是可达的。

二、测试准则

（一）观测自动机的观测行为

在测试用例生成或者对被测系统执行测试时，观测器观测被测系统的行为，并计算扩展有限状态自动机的步骤[6]。能够到达的观测位置依赖于包括的覆盖项（Reached accepting locations correspond to covered coverage items）。定义观测器的执行，要考虑扩展有限状态自动机（EFSM）和观测器（observer）之间的结合（composition），将观测器叠加在扩展有限状态自动机上。叠加的每个状态是由扩展有限状态自动机的一个状态和一组该状态占用的观测器位置构成。

例如：对于观测器一条变迁上的谓词 b，是通过扩展有限状态自动机的一个计算步骤实现的，如果 b 适用于（hold for）事件 $a(\overline{d})$，则 b 的实现可以表示为：$\langle l,\sigma\rangle \xrightarrow{a(\overline{d})} \langle l',\sigma'\rangle \vDash b$。其中，计算步骤 $\langle l,\sigma\rangle \xrightarrow{a(\overline{d})} \langle l',\sigma'\rangle$，来源于变迁 $e: l \xrightarrow{a(\overline{\omega}),\, g \to \overline{u}:=\overline{expr}} l'$。

将观测器 (Q,q_0,Q_f,B) 叠加在扩展有限状态机 $\langle L,l_0,v,E\rangle$ 上按如下方法定义：

（1）状态的形式由 $\langle l,\sigma \parallel Q\rangle$ 表示，其中 $\langle l,\sigma\rangle$ 表示扩展有限状态机的一个状态，Q 表示观测器的一组位置（location）。

（2）初始状态是 $\langle\langle l_0,\sigma_0\rangle \parallel \{q_0\}\rangle$，其中 $\langle l_0,\sigma_0\rangle$ 是扩展有限状态机的初始状态，q_0 是观测器的初始位置。

（3）计算步骤由三元组 $\langle\langle l,\sigma\rangle \parallel Q\rangle \overset{a(\overline{d})}{\rightsquigarrow} \langle\langle l',\sigma'\rangle \parallel Q'\rangle$ 表示，代表 $\langle l,\sigma\rangle \xrightarrow{a(\overline{d})} \langle l',\sigma'\rangle$；$Q'=\left\{q' \mid q \xrightarrow{b} q' \text{ and } q\in Q \text{ and} \langle l,\sigma\rangle \xrightarrow{a(\overline{d})} \langle l',\sigma'\rangle \vDash b\right\}$。

（4）如果 q_f 属于叠加状态所对应的那组观测位置 Q，那么该叠加状态 $\langle\langle l,\sigma\rangle \parallel Q\rangle$ 覆盖了由位置 $q_f \in Q_f$ 所代表的覆盖项。

位置组 Q 的更新方式本质上决定了参数观测器的构造子集。首先，Q 仅包含初始观测位置 q_0。在子序列计算步骤中，Q 包含所有占用的观测位置，代表了已经覆盖和部分覆盖的覆盖项。在每个计算步骤中，通过生成 Q 中位置的全部可能后继来获得占用观测位置集合 Q'。例如：存在 $q\in Q$，并且变迁 $q \xrightarrow{b} q' \in B$，其中 b 通过扩展有限状态机的计算步骤实现，所有的 q' 都是这样生成。

对于观测器初始位置和所有可达到位置，在谓词 true 下，都存在隐式自循环。这意味着在观测器叠加到扩展有限状态机上的时候，初始观测位置 q_0 一直都被占用，所有可以到达的观测位置（代表已覆盖的覆盖项）要确保仍然在 Q 中。q_0 一直都被占用可以直观的理解成允许观测器在测试执行的任何计算步骤中非确定地（non-deterministically）开始监测扩展有限状态机或者被测系统。

（二）覆盖准则

观测自动机定义的覆盖准则包括全状态覆盖准则、全变迁覆盖准则、定义—使用全覆盖准则、定义全覆盖准则、相关量全覆盖准则、取值全覆盖准则、带激励的取值全覆盖准则等。

（1）全状态覆盖准则定义了被观测系统的全部状态，利用参数观测自动机参数 L 代表扩展有限状态机的任意一个状态。

（2）全变迁覆盖准则与全状态覆盖准则类似，用参数描述了被测系统的全部变迁。

（3）定义—使用全覆盖观测器的一个可达状态 du(X,E,E')，其中 X 是变量名字，E 是 X 定义所在的变迁，E' 是 X 使用所在的变迁。

结合饮料自动售货机控制器的模型，介绍覆盖准则。图 5－9 是一个观测对象的扩展有限状态机模型，描述饮料自动售货机的控制器见图 5－9（b）。该控制器的状态集合 $L=\{\text{IDLE},\text{BUSY}\}$，初始状态为 $l_0=\text{IDLE}$，$v=\{m\}$，输入事件 AI = {insert, coffee, display, done}，输出事件 Ao = {show, make}，变迁集合 $E=\{e_1,e_2,e_3,e_4,e_5\}$，如图 5－9（a）所示，参数 x 和变量 m 的取值范围是 $[0,\cdots,5]$。

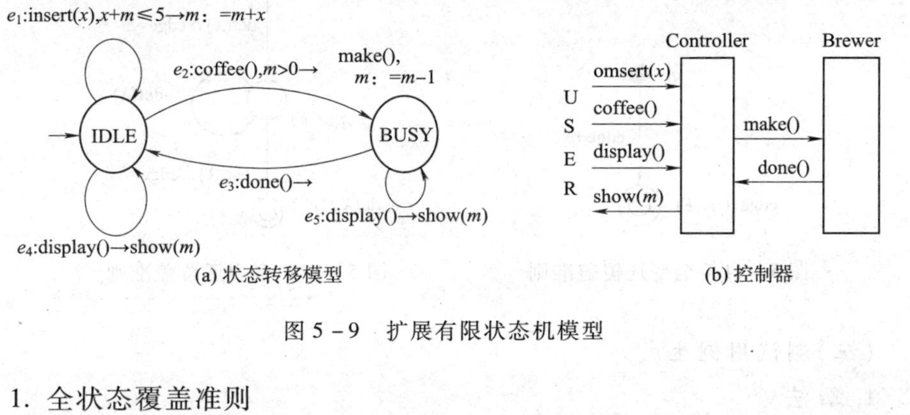

(a) 状态转移模型　　(b) 控制器

图 5－9　扩展有限状态机模型

1. 全状态覆盖准则

观测器定义了全状态覆盖准则如图 5－10 所示，参数 L 代表扩展有限状态机的任意一个状态。如果将该观测器叠加在上图所示的扩展有限状态机上，状态集 $L=\{\text{IDLE},\text{BUSY}\}$，参数化观测器的边代表两种变迁：①通过 target_ loc = IDLE 观测；②通过 target_loc = BUSY 观测。因此，全状态覆盖项就是{loc(IDLE)，loc(BUSY)}。

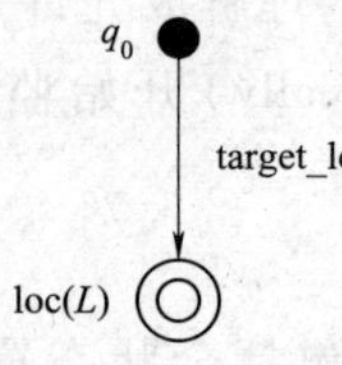

图 5-10　全状态覆盖准则

2. 全变迁覆盖准则

全变迁覆盖观测器与全状态观测器类似，如图 5-11 所示。图5-10 中扩展有限状态机的变迁集合是 $E=\{e_1,\cdots,e_5\}$，当叠加观测器后，覆盖项集合是 $\{\text{edge\_cov}(ei) \mid ei \in E\}$。

3. 定义—使用全覆盖准则

定义—使用全覆盖观测器的一个可达状态 du(X,E,E')，其中 X 是变量名字，E 是 X 定义所在的变迁，E'是 X 使用所在的变迁，如图 5-12 所示。从 E 到 E'的 trace 中，X 不可以重新定义，如果将观测器叠加在 EFSM 上，完整覆盖项集合是{du(m,e_1,e_1)，du(m,e_1,e_2)，du(m,e_1,e_4)，du(m,e_2,e_1)，du(m,e_2,e_2)，du(m,e_2,e_4)，du(m,e_2,e_5)}。如果在 e_1 到 e_5 中，m 在变迁 e_2 中常被重新定义，定义—使用对 du(m,e_1,e_5)将不能覆盖。

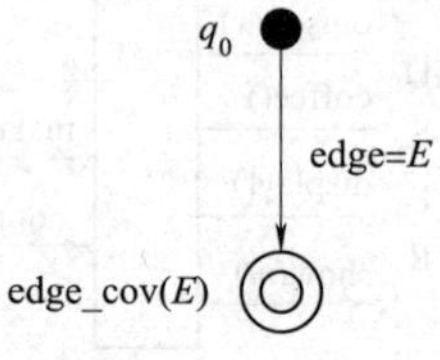

图 5-11　全变迁覆盖准则

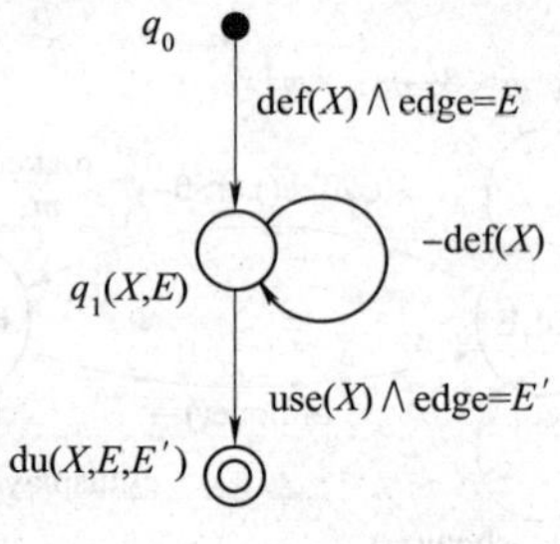

图 5-12　全变迁覆盖准则

(三)测试用例生成

1. 算法

通过观测自动机与被测系统结合来生成测试用例，将测试用例生成问题看做是一个搜索问题。例如：要覆盖一个覆盖项 q，那么就可以等价地认为是寻找以下路径：

$$tr = \langle \langle l_0, \sigma_0 \rangle \parallel \{q_0\} \rangle \xrightarrow{a(\bar{d})} \cdots \xrightarrow{a'(\bar{d}')} \langle \langle l, \sigma > \parallel Q \rangle \text{ such that } q_f \in Q$$

用 $\omega(tr)$ 来表示路径 tr,或者简写为 ω。一般情况下,一条路径可能包含若干观测自动机的可接受状态。如果在 Q 中有 n 个可接受状态,就认为该路径 tr 覆盖了这 n 个可接受状态,用 $|Q_f \cap Q|$ 表示 Q 中可接受状态。

本节所描述的算法是用来生成一条路径的算法,这个算法可以重复使用来生成多条路径,从而覆盖一组覆盖项。或者,可以用变迁边来标记被测对象回到初始位置的时刻,那么生成的一条路径就可以依据该重置时刻(变迁边)划分为若干测试用例。

计算测试用例的抽象算法如图 5-13 所示,为了改进该算法的描述,用 s 代表系统的状态 $\langle l, \sigma \rangle$,$s_0$ 代表初始状态 $\langle l_0, \sigma_0 \rangle$,$a$ 表示输入事件 $a(d)$。有算法自动计算出可实现的最大覆盖项的数目 MAX,并返回一条带有最大覆盖项数 ω_{max} 的路径。两个主要的数据结构 WAIT 和 PASS 用来分别记录尚未搜索的状态和已经到达的状态。

最初已经搜索到的状态集是空集,且唯一一个待搜索的扩展状态是 $\langle \langle s_0 \parallel \{q_0\} \rangle, \omega_0 \rangle$,其中 ω_0 是空路径。接下来,上述算法开始从 WAIT 中循环的检测扩展状态。如果在 WAIT 中找到的状态 $\langle s \parallel Q \rangle$ 已经存在于 PASS 的状态 $\langle s \parallel Q' \rangle$ 中,那么该状态就不再需要继续检测,否则就将计算步骤中 $\langle s \parallel Q \rangle$ 所有可达的后续状态都放入 WAIT 中,加上由生成该状态的计算步骤的输入事件扩展为路径,同时该状态 $\langle s \parallel Q \rangle$ 被保存到 PASS 中。当 WAIT 为空时,该算法结束。

```
PASS = Ø, MAX: = 0, ω_max: = ω_0
WAIT: = {⟨⟨s_0 ‖ {q_0}⟩, ω_0⟩}
while WAIT ≠ Ø do
  select ⟨⟨s ‖ Q⟩, ω⟩ from WAIT
  if |Q_f ∩ Q| > MAX then
    ω_max: = ω, MAX = |Q_f ∩ Q|
  if for all ⟨s ‖ Q'⟩ in PASS: Q ⊆ Q' then
    add ⟨s ‖ Q⟩ to PASS
    for all ⟨s'' ‖ Q''⟩
      such that ⟨s ‖ Q⟩ ~a~> ⟨s'' ‖ Q''⟩:
      add ⟨⟨s'' ‖ Q''⟩, ω_a⟩ to WAIT
return ω_max and MAX
```

图 5-13　测试用例生成算法

变量 ω_{max} 和 MAX 初始时刻分别是空路径和 0。每当在 WAIT 中找到一个扩展状态就对着两个变量进行更新,意味着覆盖比当前 MAX 更多的覆盖项。

在算法的整个执行中，MAX 代表一条单一路径 $\omega_{\max}$ 已经覆盖的最大覆盖项数目。当算法结束后，返回路径 $\omega_{\max}$ 和 MAX 的值。

2. 二维向量实现法

我们可以采用 bitvector 分析来有效的表征和控制 observer 的位置集 Q。通过用一个 bitvector 来代替集 Q，其中 bitvector 的每一块(bit)来代表一个 observer位置 q'，然后每一块(bit)由以下的公式来更新：

$$f_{q'}(q') = \bigvee_{<b,q> \in in(q')} q \wedge b$$

其中，$in(q') = \{\langle b,q\rangle \mid q \xrightarrow{b} q' \in B\}$ 是成对的 predicates b 的集合，边缘源位置 q 进入位置 q'。即给定一个重叠状态 $\langle\langle l,\sigma\rangle \parallel Q\rangle$ 和一个 EFSM 转移 $\langle l,\sigma\rangle \xrightarrow{a(\bar{d})} <l',\sigma'\rangle$，如果有一个 observer 边缘 $q \xrightarrow{b} q' \in B$，块(bit)代表 q' 就被置为 1，其中 $q \in Q$ and $\langle l,\sigma\rangle \xrightarrow{a(\bar{d})} \langle l',\sigma'\rangle \models b$；否则块(bit)代表 q' 就被置为 0。易知，这与 observer 和 EFSM 的叠置语义相一致。

例 4　当图 5－11 中的 observer 被叠置到图 5－12 中时，有 $E = E' = E = \{e_0, e_1, e_2\}$ 和 $Z = \bar{v} = \{x, y\}$。因此，有 $Q = \{q_0\} \cup \{q_1(z, e_a) \mid z \in \bar{v} \wedge e_a \in E\} \cup \{\mathrm{du}(z, e_a, e_b) \mid z \in ve_a, e_b \in E\}$。所有 enumeration of the set 均可由 bitvector 表征。一个 observer 有三个带参数的位置，因而可以得到三种类型的 bitctvor 功能：

$$f_{q_0}(q_0) = q_0 \wedge tt \tag{1}$$

$$f_{q_1(v_i,e_j)}(q_1(v_i,e_j)) = (q_0 \wedge def(v_i) \wedge (edge = e_j)) \vee (q_1(v_i,e_j) \wedge -def(v_i)) \tag{2}$$

$$f_{\mathrm{du}(v_i,e_j,e_k)}(\mathrm{du}(v_i,e_j,e_k)) = (q_1(v_i,e_j) \wedge use(v_i) \wedge (edge = e_k)) \vee (\mathrm{du}(v_i,e_j,e_k) \wedge tt) \tag{3}$$

其中类型(1)有一种功能，类型(2)有 6 种功能，类型(3)有 18 种功能。考虑到类型(1)永远是真的，又由于这些位置中内含的自循环，因此类型(3)一旦为真就将会继续保持为真。

三、实例分析

(一)列控车载系统功能

列控车载系统功能的实现以车载安全计算机为核心，通过接收地面无线闭塞中心的行车许可、线路参数和临时限速等信息，生成目标距离-连续速度控制模式曲线，实时监控列车安全运行[7]。为了对车载系统进行功能测试，首先需要分析测试范围,本节给出了车载系统的静态结构模型和车载系统的分层功能模型。

车载系统的静态结构模型是对车载功能测试范围的图形化描述,如图5－14所示,车载系统的静态结构模型明确了车载系统功能模块的部署以及模块之间功能接口,同时也描述了系统与外部环境的接口,即明确了车载系统功能测试的研究边界。

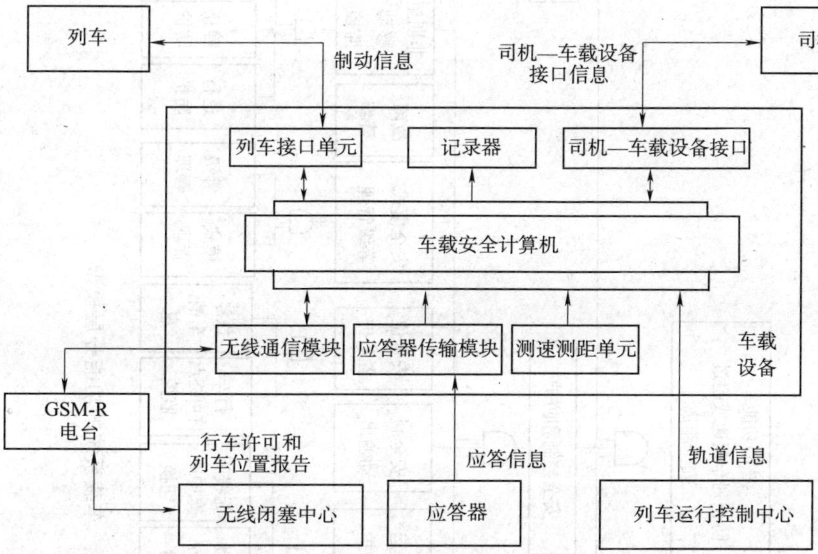

图5－14　车载系统的静态结构模型

对于车载系统的功能描述,本节采用分层功能模型(FHM)将其按照分层结构图的方式进行了归类。车载安全计算机的核心功能"在CTCS-3级模式下防止列车超速或者超过安全距离"作为分层模型的第一级;然后在第二级中将其划分为安全数据处理功能、安全控制与防护功能、安全定位功能以及自身相关辅助功能四部分;按照这样逐层细化的思想不断完善,直到满足系统规格说明的所有基本功能需求。车载安全计算机模块功能分层模型如图5－15所示。

其中,模式管理功能是对车载系统工作模式进行管理,通过不断的监测模式之间转换的条件进行车载系统工作模式的转换,以保证列车在特定条件下按照特定的模式工作,以明确设备和人员的责任。CTCS-3级列控系统分为九种运营模式对列车进行运营控制,分别为:隔离模式(IS)、休眠模式(SL)、待机模式(SB)、调车模式(SH)、完全监控模式(FS)、目视行车模式(OS)、引导行车模式(CO)、冒进防护模式(TR)、冒进后防护模式(PT)。

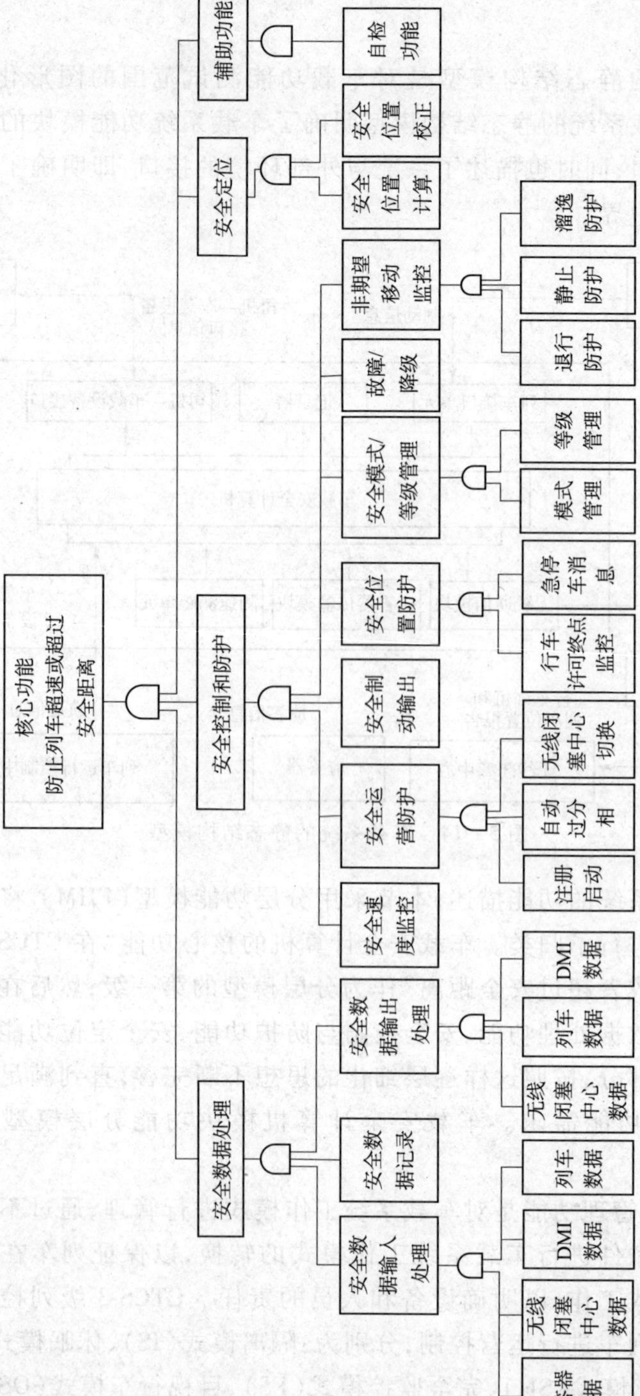

图 5-15 车载系统的功能分层模型

（二）系统状态转换模型

依据模式转换表、符号说明和转换条件，对 CTCS-3 级列控系统的车载模式转换进行建模。该控制模型所涉及到的对象主要有车载系统、列车、应答器、无线闭塞中心和司机。车载系统通过车载内部信息状态的记录和外部设备（包括环境）消息相结合生成模式之间的转换条件，进行模式之间的相互转换，使列车在不同情况下运行。这四个并行的过程模型之间的关系如图 5－16 所示，其中车载系统与列车交互的信息中涉及到模式转换的是列车的制动信息和列车状态信息；车载系统与无线闭塞中心交互的信息中涉及到车载模式转换的是行车许可（MA）信息；车载系统与应答器交互的信息中涉及到模式转换的主要有列车的位置信息和危险防护信息；车载系统与司机交互的信息中涉及到模式转换的主要是司机的确认和选择信息。

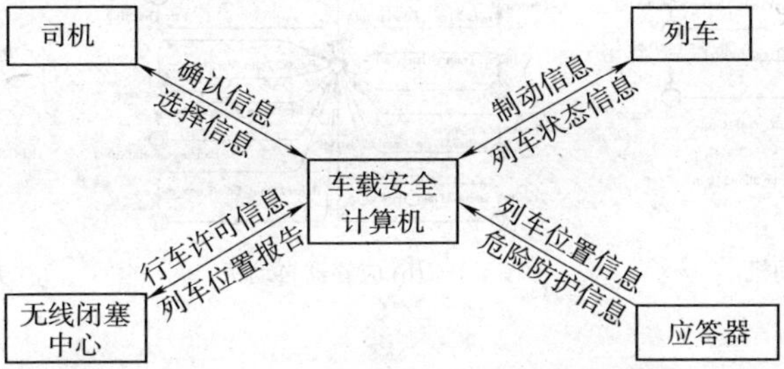

图 5－16 车载系统信息交互模型

通过对系统控制模型的分析，在 UPPAAL 的辅助下，得到成员的时间自动机模型：Driver（司机）、RBC（无线闭塞中心）、Balise（应答器）、Train（列车）、EVC（车载控制器）。运用时间自动机定义，例如 EVC 自动机可以定义如下：

$TA=\langle S\ ,\ S^0, A, X, I, E\rangle$；

车载安全计算机：EVC；

状态 $S=\{$ idle_SB , SH , FS , OS , CO , SL , TR , PT , IS$\}$；

触发事件 无 $A=\{\}$；

状态转移路径 $E=\{$⟨idle_SB,SH⟩,⟨idle_SB,FS⟩,⟨idle_SB,OS⟩,⟨idle_SB,CO⟩,⟨idle_SB,PT⟩,⟨idle_SB,SL⟩,⟨idle_SB,IS⟩,⟨SH, idle_SB⟩,⟨SH,TR⟩,⟨SH,IS⟩,⟨FS, idle_SB⟩,⟨FS,SH⟩,⟨FS,OS⟩,⟨FS,CO⟩,⟨FS,TR⟩,⟨OS, idle_SB⟩,⟨OS,SH⟩,⟨OS,FS⟩,⟨OS,CO⟩,

⟨OS,TR⟩,⟨OS,IS⟩,⟨CO, idle_SB⟩,⟨CO,SH⟩,⟨CO,FS⟩,⟨CO,OS⟩,⟨CO,TR⟩,⟨CO,IS⟩,⟨SL, idle_SB⟩,⟨SL,IS⟩,⟨TR,PT⟩,⟨TR,IS⟩,⟨PT, idle_SB⟩,

〈PT,SH〉,〈PT,FS〉,〈PT,OS〉,〈PT,CO〉,〈PT,IS〉,〈IS, idle_SB〉};

如图 5-17(a)、(b)、(c)、(d)、(e)所示,根据时间自动机积的定义,构建整个系统的网络自动机模型:Driver|| RBC||Balise||Train || EVC,简称 DRB-TE 模型。模型中,以“!”结尾的标记表示发出此信号时转换发生,以“?”结尾的标记表示接收到该信号时转换发生,以此实现各模型中相同的转换同步发生。各成员自动机之间通过同步转换的标记传递信息外,同时整个自动机网络模型还使用了全局变量进行通信,用来保证系统的逻辑功能的正确性。

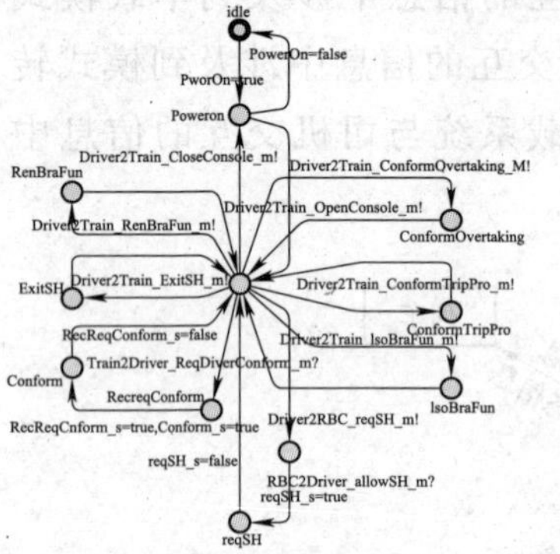

(a) 司机自动机

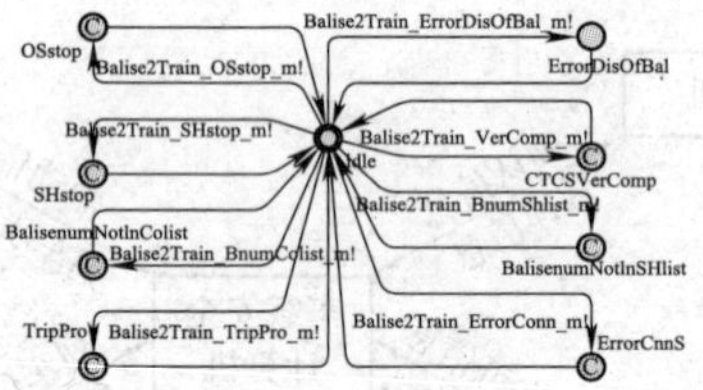

(b) 应答器自动机

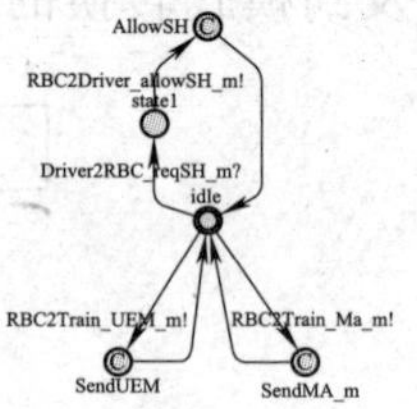

(c) 无线闭塞中心自动机

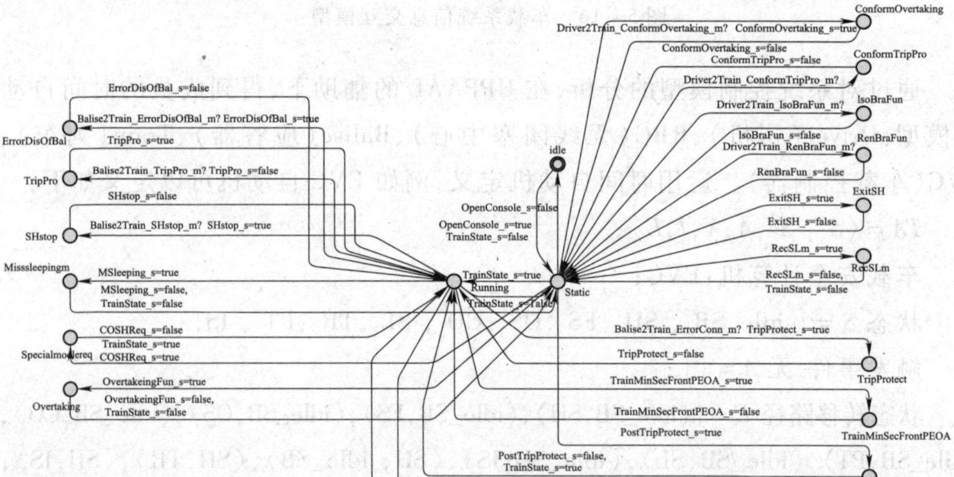

(d) 列车自动机

图 5-17

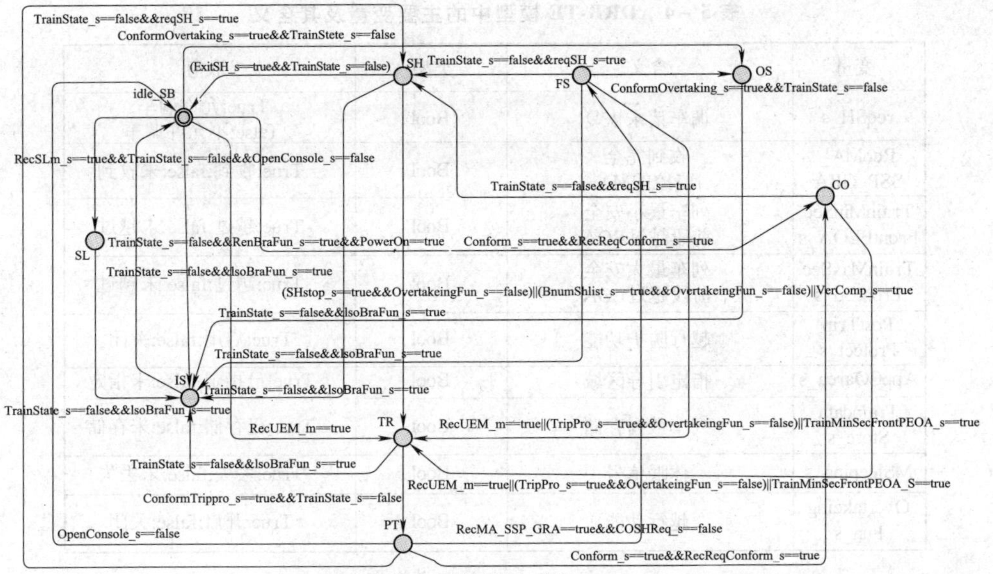

(e) 车载安全计算机自动机

图 5－17　DRB-TE 自动机网络模型

模型的相关变量定义见表 5－3 和表 5－4。

表 5－3　DRB-TE 模型中的主要同步通道

广播同步通道	Circle
同步通道 I	Driver2Train_OpenConsole_m,Driver2Train_CloseConsole_m, Driver2Train_ConformOvertaking_m,Driver2Train_ConformTripPro_m, Driver2Train_IsoBraFun_m,Driver2RBC_reqSH_m,Driver2Train_ExitSH_m,
同步通道 Ⅱ	RBC2Driver_allowSH_m,RBC2Train_UEM_m,RBC2Train_Ma_m
同步通道 Ⅲ	Balise2Train_Osstop_m,Balise2Train_Shstop_m, Balise2Train_TripPro_m,Balise2Train_VerComp_m, Balise2Train_BnumShlist_m,Balise2Train_ErrorConn_m, Balise2Train_BnumColist_m,Balise2Train_ErrorDisOfBal_m
同步通道 Ⅳ	Train2Driver_ReqDiverConform_m

为了保证模型本身逻辑的正确性，我们利用 UPPAAL 中的 BNF 语言对该模型各个模式的可达性进行了描述，描述的程序实体如下：

(1) A[ ] not deadlock

系统没有死锁。

(2) E〈〉((EVC. idle_SB) imply (EVC. SH)) and ((EVC. CO) imply (EVC. FS)) and ((EVC. OS) imply (EVC. IS)) and ((EVC. idle_SB) imply (EVC. SL))

表 5 – 4 DRB-TE 模型中的主要变量及其含义

变量	含义	类型	取值
reqSH_s	调车请求恢复	Bool	True:允许调车; false:不允许调车
RecMA_ SSP_GRA	收到完全 监控的MA	Bool	True:收到;false:未收到
TrainMinSec FrontPEOA_s	列车最小安全 前段越过EOA	Bool	True:越过;false:未越过
TrainMaxSec FrontCo_s	列车最大安全 前段越过EOA	Bool	True:越过;false:未越过
PostTrip Protect_s	越行防护功能	Bool	True:启用;false:关闭
AppCOarea_s	指定引导区域	Bool	True:已指定;false:未指定
Traindata Store_s	列车数据存储	Bool	True:已存储;false:未存储
MSleeping_s	休眠信号	Bool	True:丢失;false:未丢失
Overtakeing Fun_s	越行功能	Bool	True:开启;false:关闭

车载系统能完成由初始 SB 模式到 SH 模式;由 CO 模式到 FS 模式;由 OS 模式到 IS 模式;由 SB 模式到 SL 模式等两个可转换模式之间的转换过程。

(3) E〈〉((EVC. idle_SB) imply (EVC. SH)) and ((EVC. idle_SB) imply (EVC. FS)) and ((EVC. idle_SB) imply (EVC. OS)) and ((EVC. idle_SB) imply (EVC. CO)) and ((EVC. idle_SB) imply (EVC. TR)) and ((EVC. idle_SB) imply (EVC. SL)) and ((EVC. idle_SB) imply (EVC. IS))

车载系统能完成由初始 SB 模式分别到 SH 模式、FS 模式、OS 模式、CO 模式、TR 模式、SL 模式、IS 模式的转换过程。

(4) E〈〉((EVC. idle_SB) imply (EVC. CO)) and ((EVC. CO) imply (EVC. TR)) and ((EVC. TR) imply (EVC. TP))

车载系统能完成从 SB 模式转到 CO 模式,由 CO 模式转到 TR 模式,再由 TR 模式转到 PT 模式这样的路径。

(5) E〈〉((EVC. SH) imply (EVC. idle_SB)) and ((EVC. FS) imply (EVC. idle_SB)) and ((EVC. OS) imply (EVC. idle_SB)) and ((EVC. CO) imply (EVC. idle_SB)) and ((EVC. PT) imply (EVC. idle_SB)) and ((EVC. SL) imply (EVC. idle_SB)) and ((EVC. IS) imply (EVC. idle_SB))

除冒进防护模式 TR 外(TR 模式只能进入 PT 模式或者 IS 模式),车载系统能完成由 SH 模式、FS 模式、OS 模式、CO 模式、TR 模式、SL 模式、IS 模式返回到初始 SB 模式的转换过程。

在 UPPAAL 的验证器中执行上述程序体,各性质都能通过,表明 DRB-TE 能满足这些性质,系统模型没有死锁,各个模式是可达的。

(三)测试用例自动生成

在 DRB-TE 模型的基础上,运用 Uppsala 大学 Andrers Hessel 开发的实时系统测试用例自动生成工具 CoVer[8] 进行模式转换测试用例的自动生成。

1. 全模式测试用例套

全模式测试用例主要指遍历各种模式之间的转换形成的测试用例,通过图 5-18 的 Observer Automata 描述。

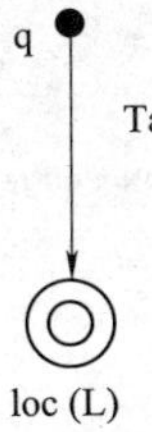

语法描述:

```
Observer locObs (procid P;) {
node locN (locid);
rule start to locN (L) with L := target_loc (P) ;
accepting locN;
}
```

图 5-18 全模式测试用例套生成准则

2. 全变迁测试用例套

全变迁测试用例主要指遍历各种模式之间的转换条件形成的测试用例,通过图 5-19 的 Observer Automata 描述。

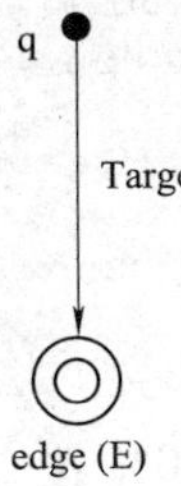

语法描述:

```
Observer edgeObs (procid P;) {
node edgeN (edgeid);
rule start to edgeN (E) with E := target_edge(P) ;
accepting edgeN;
}
```

图 5-19 全变迁测试用例套生成准则

3. 自定义—使用测试用例套

自定义—使用测试用例主要指遍历各种模式自定义的变量在变迁上的使用形成的测试用例,通过图 5-20 的 Observer Automata 描述。

CoVer 工具通过 Config 配置文件参数的配置,可以输出两种格式的文件:状态变迁描述形式的文本节件和 DTD 格式的 XML 文件。本节给出了在初始模式为 SB 模式和全变迁测试准则的条件下测试套。整个测试套由七个测试用例组成(Trace),如图 5-21 所示,其中一条测试用例 Trace7 的测试路径:从 SB 模式转到 CO,由 CO 转到 TR,再由 TR 转到 PT。

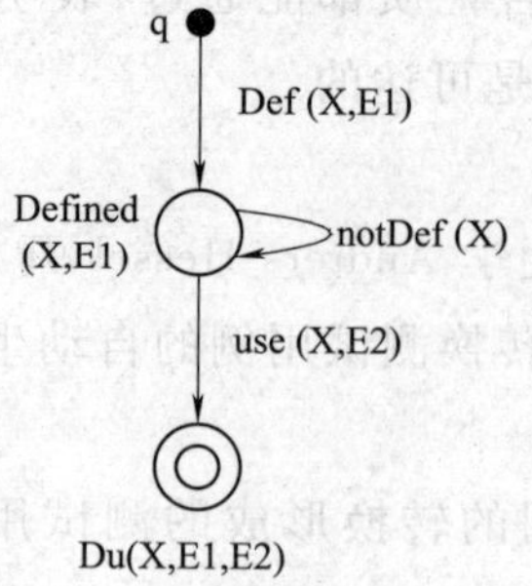

语法描述：

```
observer duVar (varid X;) {
  node defined (varid, edgeid);
  node du (varid, edgeid, edgeid);
  rule start to defined (X,E1) with Def (X,E1);
  rule defined (X,E1) to defined (X,E1) with notDef (X);
  rule defined (X,E1) to Du (X,E1,E2) with use (X,E2);
  accepting Du;
}
```

图 5-20　自定义—使用测试用例套生成准则

```
═══════ Trace #7 ═══════════════
  edgeN<edgeid EVC,idle_SB_to_CO>   edgeN<edgeid EVC. CO_to _TR>   edgeN<edgeid EVC. TR_to_PT>
State:
(EVC. idle_SB Driver. idle RBC. idle Train. idle Balise. idle)
Transitions:
  Driver. idle→Driver. Poweron ( 1, tau, PowerOn : = 1 )
State:
(EVC. idle_SB Driver. Poweron RBC. idle Train. idle Balise. idle )
Transitions:
  Driver. Poweran→Driver. _id18 ( 1. Driver2Train_OpenConsole_m!, 1 )
  Train. idle→ Train. Static ( 1. Driver2Train_OpenConsole_m?, OpenConsole_s : = 1 )
State:
(EVC. idle_SB Driver. _id18 RBC. idle Train. Static Balise. idle )
Transitions:
  Train. Static→Train. ReqDiverConform ( 1, Train2Driver_ReqDiverConform_m!, 1 )
  Driver. _id18→Driver. RecReqConform ( 1, Train2Driver_ReqDiverConform_m?, 1 )
State:
(EVC. idle_SB Driver. RecReqConform RBC. idle Train. ReqDiverConform Balise. idle )
Transitions:
  Driver. RecReqConform→Driver. Conform { 1, tau, RecReqConfrom_s : =1, Confors_s : = 1 }
```

图 5-21　测试用例 Trace7 的测试路径

结论证明，通过算法的使用，使 CoVer 工具生成了 100% 覆盖车载模式转换规范的测试用例套，并且还得到了一些有趣的结论，从用例生成可以看出 All-Edge 覆盖准则产生的测试用例要多于 All-Loc 产生的测试用例，但消耗的内存反而更低。

第三节　基于数据驱动的测试平台

一、基于场景的测试序列生成方法

（一）测试序列设计的必要性和原则

单独的测试案例无法直接测试，需要将这些测试案例按照一定的标准连接才能执行测试,这便是测试序列。测试序列是由若干测试案例串联起来,形成的一个测试场景。之所以提出试序列,主要基于以下目的。

其一,在测试中,不可能对每一个测试案例进行单独的测试。系统必须处于一个初始的场景,而这个场景必须通过 RBC 的某个功能获取。一个场景包含多个功能特征,因此一个场景需要通过多个测试案例进行测试。要实现一个完整的场景,必须将相关的测试案例有序地串联起来,形成一个测试序列,通过执行测试序列,完成测试案例的执行。它们之间的关系如图 5－22 所示。

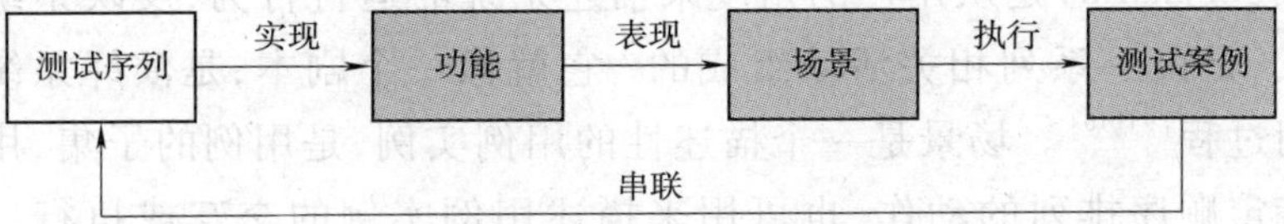

图 5－22　测试序列关系图

其二,测试序列为测试的执行提供了可靠的基础,满足了黑盒测试的要求。因为测试案例包含的是被测对象的内部状态,有些状态在既有的外部接口上是不可见的,而测试序列包含的是既有外部接口可见的状态。

其三,如果没有定下测试序列,则在测试过程中需要不断地核对测试案例是否都已经执行,是否测到了所有的系统需求,使测试过程非常繁琐,易于出错,严重影响测试效率。

其四,测试序列确保包含每一个测试案例至少一次,这样就能确保测试所有的可测系统需求。

因此,测试序列的设计对整个测试时非常有益的,它能在确保测试完整性的同时提高测试可行性和测试的效率。

基于测试的完整性及前一章所述的各方面要求,测试序列的设计有以下几点原则:

(1)一个测试序列至少包含一个测试案例。

(2)测试序列包含的测试案例数目没有上限。

(3)一个测试案例只能跟在输出与自身的输入项匹配的测试案例的后面,即前一个测试案例的输出与紧邻的后一个测试案例的输出相匹配。

(4)设计的测试序列必须符合执行的测试环境。

(5)完整的测试案例集覆盖了可测的系统需求规范中的需求,为了确保所有可测的系统需求都被测试,每一个测试案例必须至少被一个测试序列至少包含一次。

(6)每一个测试案例至少在一个场景中进行测试一次,但没有必要每一个场景下都对其进行测试。

(7)基于以上几点,可以得出,测试序列集必须包含所有的测试案例,并且至少能在一个场景结合中通过测试。

(8)测试序列尽量避免多重使用同一个测试案例。

(9)测试序列的起始/结束状态必须是标准操作可达的。

(二)基于场景的测试序列生成方法

场景(Scenario)是从用户的角度来描述系统的运行行为,反映系统的期望运行方式,是由一系列相关活动组成的,它就像一个剧本,是演绎系统未来预期的使用过程[9][10]。场景是一个描述性的用例实例,是用例的子集,用于描述行为按特定顺序排列的动作,也可用来描述用例实例的交互或执行。场景描述是一个迭代细化的过程,一般以故事叙述的方式描述如何帮助用户解决问题,辅以系统的交互草图。场景需要有清晰、明确的上下文环境,说明这个场景发生在什么背景下,何时会发生,从用户的角度出发,描述用户做什么,与系统的交互行为,以及用户对出现问题的反应。测试序列的设计,关键在于提取所有系统参与的场景,将场景找出之后,寻找一个起始场景作为开始状态至完成任务的终止状态的转换路径,则每条转换路径就是一个测试序列。

由于系统的场景变量往往很多,若一次将所有的场景变量的所有可能的组合完全描述出来,则十分繁杂,不可行。故可根据场景变量的覆盖度分为全局变量和局部变量。全局变量就是覆盖的功能范围较大,特征比较明显的大场景;局部变量则是在到达某个全局变量下的更具体场景。

根据全局变量产生全局的测试序列框架,然后再以每个测试序列框架为研究对象,针对全局状态转换中的每个状态及状态转移,根据局部变量转换产生测试子序列,最后由测试子序列形成若干个具体的可执行的测试序列。测试序列的组成图如图 5-23 所示。

图 5-23 中相关名称解释如下:

①测试序列:是具体的可用于最后执行的有序测试案例集。构成测试序列最基本的单位是测试案例,但测试序列并不是直接通过测试案例来构成,而是通过测试案例构成的测试子序列构成的。

②测试序列框架:由全局状态构成的转换,在 RBC 中,就是由 RBC 所处的场景构成的转换,称为场景转换序列。

③测试框架:测试框架是指一个不变的场景,或者一个场景到另一个场景的转变。

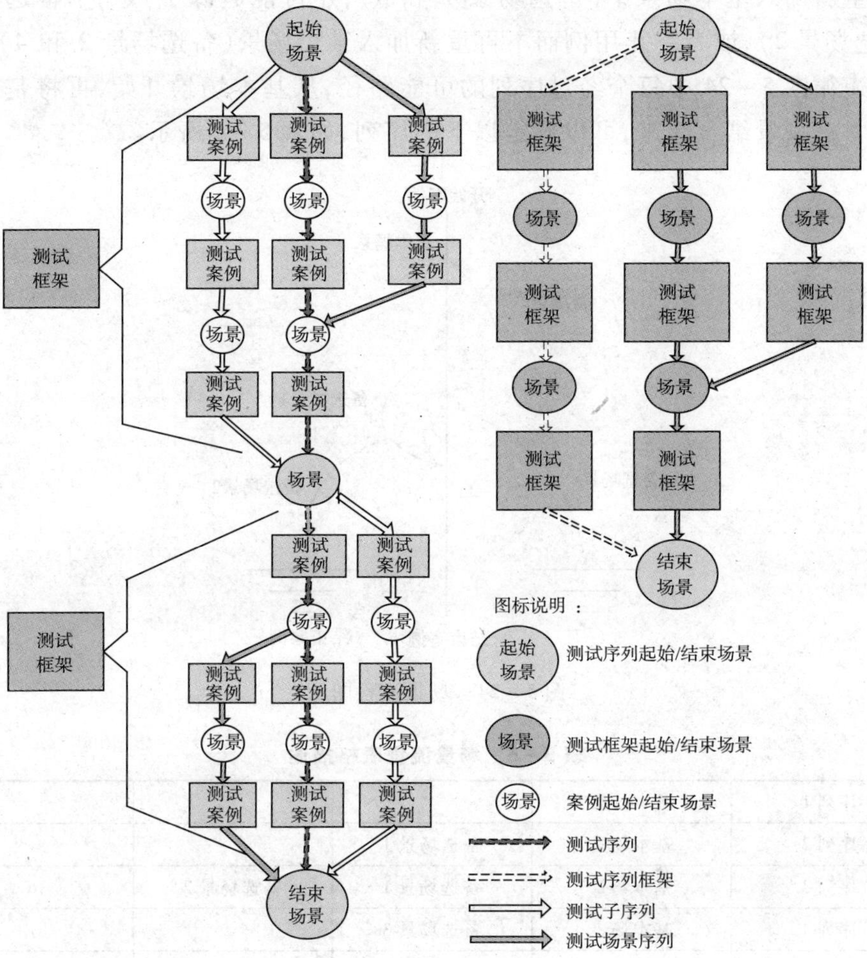

图 5－23　测试序列组成图

④测试子序列:测试子序列是在测试框架内的由本测试框架内的测试案例串联而成的序列。它的起始/结束场景是除测试框架的模式之外更加详细的小场景。测试子序列用于直接构成测试序列。

具体方法是设一个场景状态变量 State,以 State 的不同值来表示当前所处的场景状态,各个场景状态之间可以互相转换。将每个场景中的测试案例形成测试框架,再将每个测试场景通过触发条件串联起来形成测试序列。图 5－24中经过序列的每条不同路径都反映了基本场景和备选场景,都用箭头来表示。基本场景用直黑线来表示,是经过序列的最简单的路径。每个备选场景自基本场景开始,之后,备选场景会在某个特定条件下执行。备选场景可能会重新加入基本场景中(备选场景 1 和 3),还可能起源于另一个备选场景(备选场景 2),或者终止用例而不再重新加入某个场景(备选场景 2 和 4)。

遵循图 5 – 24 中每个经过序列的可能路径,从基本场景开始,再将基本场景和备选场景结合起来,可以确定以下的序列,如表 5 – 5 所示。

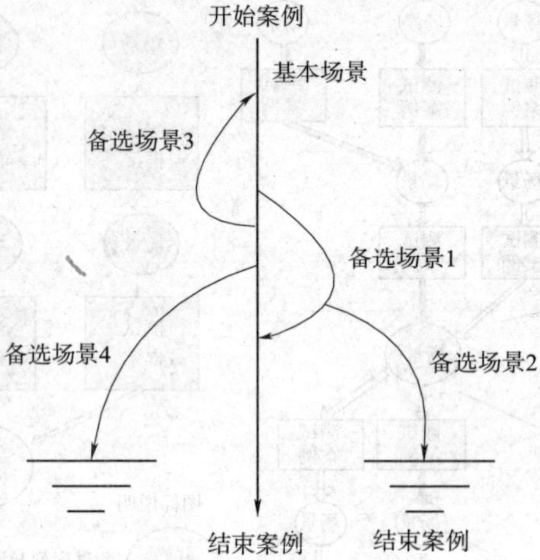

图 5 – 24 场景流程图示

表 5 – 5 场景流程表格描述

序列 1	基本场景			
序列 2	基本场景	备选场景 1		
序列 3	基本场景	备选场景 1	备选场景 2	
序列 4	基本场景	备选场景 3		
序列 5	基本场景	备选场景 3	备选场景 1	
序列 6	基本场景	备选场景 3	备选场景 1	备选场景 2
序列 7	基本场景	备选场景 4		
序列 8	基本场景	备选场景 3	备选场景 4	

生成每个场景的测试序列是通过确定某个特定条件来完成的,这个特定条件将导致特定序列的执行。RBC 的测试序列的形成可以采用这种方法来设计,其中基本场景包括注册与启动、行车许可、注销,其余的都是备选场景,按照所有可能路径将场景串联起来,可以形成 RBC 所有的测试序列。

(三)测试序列设计实例

测试 RBC 正常的情况下,管理列车安全的运行。列车起始停在甲站内动车段内,执行“注册与启动”场景,此时无 GSM-R 网络覆盖,因此转入 CTCS-2

级。在出动车段后执行“级间转换”场景，列车由 CTCS-2 级转入 CTCS-3 级。列车逐渐加速后，在接近临时限速区段时，按限速要求以限速值通过施工区。列车逐渐加速后在接近分相区时，执行“自动过分相”场景，保持原速通过分相区。列车在接近 RBC 分界点时，执行“RBC 切换”场景，保持原速通过 RBC 切换区。至此，RBC 对此车的管理任务结束，测试过程如图 5－25 所示。

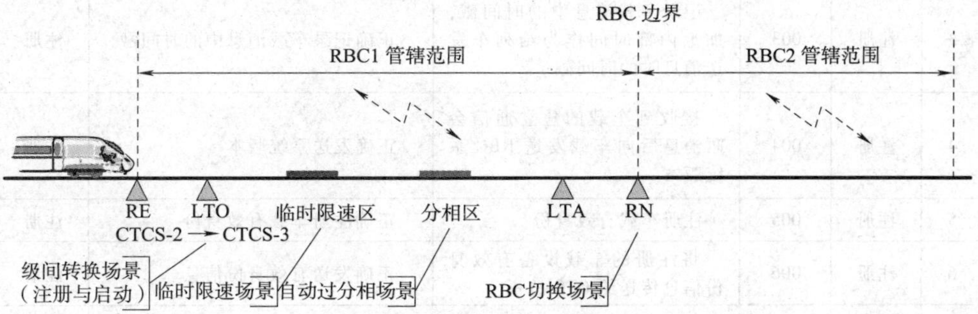

图 5－25　测试过程图示

测试目的：

(1)测试 RBC 系统上电自检功能；

(2)测试 RBC 安全链路管理功能；

(3)测试 RBC 正常发送 MA 的功能；

(4)测试 RBC 车载模式管理功能；

(5)测试 RBC 切换管理功能。

RBC 的测试结果必须体现在 RBC 与其他功能的可见接口上，现在结合测试平台将其以表格的形式步骤化，描述 RBC 的工作状态以及接口状态。表 5－6描述了 RBC 测试的起始条件，表 5－7 列举了列车从甲站出发到驶出区间上的 RBC 参与的一系列场景的流程。

表 5－6　RBC 的起始条件

起始条件（内部状态）	
CTCS 的状态变量	取值
国家值	默认值
状态	未上电
RBC1	RBC1 的 ID 及电话号码
RBC2	RBC2 的 ID 及电话号码

表 5-7 测试步骤索引

步骤	先前场景	测试特征 ID	特征描述	案例描述	后继场景
1	未上电	001	RBC 上电自检	RBC 上电自检后，向 CTC 总机报告自检结果	待机
2	待机	002	RBC 向 GSM-R 发送通道测试原语	RBC 上电后向 GSM-R 发送 Sa-CHANNELTEST. request 服务原语	注册
3	注册	003	记录车载消息中的时间戳，加上内部时间作为给列车发送消息时的时间戳	正确记录车载消息中的时间戳	注册
4	注册	004	接收到车载的建立通信会晤消息后向车载发送 RBC 系统版本	正确发送系统版本	注册
5	注册	005	注册车载有效身份	正确注册车载有效身份	注册
6	注册	006	将注册的车载设备有效身份信息传送给 CTC 总机	正确发送有效身份信息	注册
7	注册	007	接收到车载的通信会晤建立消息后，向车载发送参数和固定值	正确向车载发送位置报告参数、运行许可参数以及固定参数	注册
8	注册	008	接收到车载发送的位置报告、当前等级和模式信息后向车载发送配置参数	收到车载有效位置报告正确发送配置参数	注册
9	注册	009	接收到车载发送的列车数据后，发送列车数据确认	收到车载发送的列车数据后，正确发送列车数据确认	级间转换
10	注册	010	接近级间转换预告应答器组接收位置报告	正确接收位置报告	级间转换
11	级间转换	011	接收到联锁发送的进路信息和区段占用信息，发送确认信息	收到联锁发送的进路信息和区段占用信息，正确发送确认信息	级间转换
12	级间转换	012	生成 FS 模式下的 MA	正确生成 FS-MA	级间转换
13	级间转换	013	向车载设备发送包括线路参数的行车许可(MA)及级间转换命令	正确发送 MA 和级间转换命令	临时限速
14	级间转换	014	接收到 CTC 总机发送的临时限速信息	正确接收临时限速	临时限速
15	临时限速	015	生成并发送带有临时限速的 MA	正确生成并发送带有临时限速的 MA	自动过分相
16	临时限速	016	发送带有分相区信息的 MA	正确发送带有分相区信息的 MA	自动过分相
17	自动过分相	017	检测到预切换应答器，向接收 RBC 发送预切换命令	正确发送预切换命令	RBC 切换

续上表

步骤	先前场景	测试特征 ID	特征描述	案例描述	后继场景
18	自动过分相	018	移交 RBC 向车载发送切换命令	正确发送切换命令	RBC 切换
19	RBC 切换	019	移交 RBC 向接收 RBC 发送进路请求信息	正确发送进路请求信息	RBC 切换
20	RBC 切换	020	根据接收 RBC 的进路相关信息生成包含边界的 MA	正确发送混合 MA	RBC 切换
21	RBC 切换	021	检测到列车最大安全末端已过切换边界后向接收 RBC 转发列车位置信息	正确转发列车位置信息	RBC 切换
22	RBC 切换	022	收到接收 RBC 发送的接管列车信息	正确接收 RBC 发送的接管列车信息	
23	RBC 切换	023	检测到列车最小安全末端已过切换边界后切断与车载设备的通信会晤	正确发送结束通信会晤命令	注销
24	注销	024	与车载设备终止通信会晤	正确发送通信会晤终止命令	注销

二、基于数据驱动的列控系统车载测试平台

(一)数据驱动测试方法

从测试是否针对被测系统的内部结构和具体实现算法的角度,测试方法可分为白盒测试和黑盒测试[11]。白盒测试也称结构测试或逻辑驱动测试,是在被测系统结构已知的情况下,对系统内部进行的测试。白盒测试全面了解被测系统内部逻辑结构、对所有逻辑路径进行测试。白盒测试主要完成的功能是对系统设计及结构的测试,通过测试保证系统的各个流程在具体的情况下均能够发挥相应的作用,不存在设计错误或者在程序编写中的空流程(即永远不能执行的流程)。黑盒测试也称功能测试,它是在已知被测设备所应具有的功能条件下,检测每个功能是否都能正常使用。在测试时,把被测设备看作一个不能打开的黑盒子,在完全不考虑内部结构和内部特性的情况下,通过设备外部标准接口进行测试,检查该设备实际功能是否符合功能需求,是否能正常地接收输入数据并产生正确的输出信息。

数据驱动自动化测试是一种典型的黑盒测试方法,其被测设备数据被包含在输入测试数据文件中,并且以数据来控制测试脚本自动化执行测试数据中规定的流程和动作的测试。基于数据驱动的测试遵循以下步骤进行。

1. 测试数据准备

测试案例是数据驱动测试的基础。因此,数据准备又分为测试案例设计、测试序列设计和测试数据生成等几个步骤。其中,测试案例设计时,不仅要考虑对被测功能特征的覆盖度,还应详细说明测试步骤和预期结果,如当前测试步骤要发送的信息、预期的接收到的消息等,这是测试案例有效性的基础。

2. 测试数据执行

测试平台负责测试数据的执行和测试结果的记录。测试平台中模块的主要功能是在测试执行过程中,根据测试序列实时向被测设备发送测试数据,从而为被测设备创造出外部运行环境,使被测设备的功能得以执行。在线执行模块并不模拟与被测设备相连的外部设备的功能,只是严格按照测试序列中要求的数据发送逻辑判断何时发送数据。

3. 测试结果分析和判定

测试平台控制被测设备完成对测试序列的执行后,还需要通过数据分析来判断被测设备是否正确完成了测试要求。这是采用数据驱动方式进行测试的又一关键点。事实上,测试平台在执行测试序列的过程中,并不进行结果分析。在线执行只负责测试序列的执行,而关于是否按系统需求实现了功能,则依赖于对测试数据的分析,进而对测试结果的评判。

(二)列控车载设备测试平台搭建

CTCS-3 级列控系统车载设备互联互通测试实验室的构成,参考了欧洲 ETCS 规范 SUBSET 094 中提出了对 ETCS 车载设备的测试框架,并根据 CTCS-3 级列控系统的特点进行了设计。CTCS-3 级列控系统车载设备互联互通测试实验室构成如图 5 – 26 所示。

各部分模块基本功能如下:

1. 测试场景数据管理模块

该模块负责在测试序列开始执行前,对测试执行所需的测试场景数据进行管理,包括测试序列生成、线路数据管理和测试数据准备等。

2. 在线执行模块

在线执行模块包括场景控制器、RBC 数据仿真模块、应答器数据仿真模块、轨道电路数据仿真模块、列车动力学仿真模块、速度信息仿真器、列车接口单元仿真器。负责按照测试序列的要求为列车各可见接口提供相应的数据。

(1)场景控制器

场景控制器是在线测试的主控模块,负责从测试场景数据管理模块读入本次测试所需的全部数据,并对其他在线执行模块进行数据配置,控制测试的

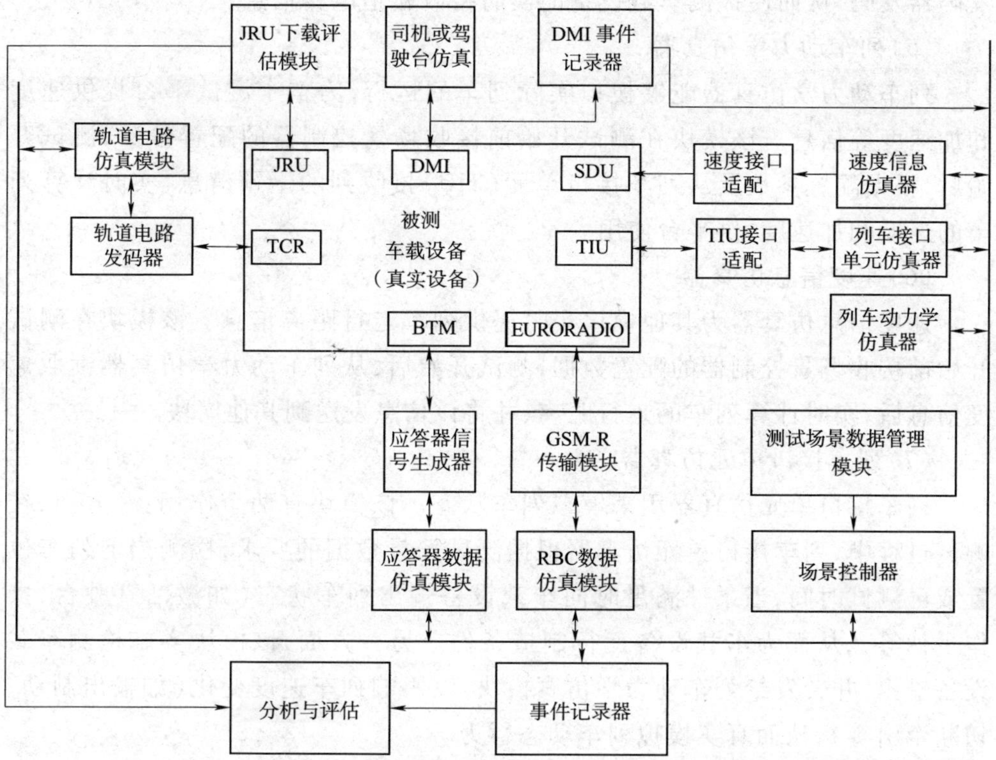

图 5－26　CTCS-3 级列控系统车载设备互联互通测试实验室构成示意图

开始和结束以及监控整个测试过程。

(2) RBC 数据仿真模块

RBC 数据仿真模块用于向被测设备提供无线消息。该模块在测试开始前根据既定流程与车载设备建立安全链接，并接受场景控制器的初始配置；测试开始后，实时判断列车位置和接收消息等信息，根据条件向车载设备发送配置信息中的无线消息。

(3) 应答器数据仿真模块

应答器数据仿真模块为被测设备提供应答器报文。该模块在测试开始前接收场景控制器的初始配置；测试开始后，实时判断列车位置和速度等信息，当条件满足时根据配置数据控制发码器向车载设备发送应答器报文。

(4) 轨道电路仿真模块

轨道电路仿真模块为被测设备提供轨道电路信息。该模块的功能：信息接收、信息处理以及信息发送。轨道电路仿真模块从场景控制器接收配置数据，将该信息中包含的轨道电路码依据信息中规定的触发条件控制轨道电路发码器发码,从而使被测车载设备能实时接收轨道电路信息。

(5)列车动力学仿真器

列车动力学仿真器能够模拟实际列车的运行,为整个测试平台提供速度和加速度等信息。该模块在测试开始前接收场景控制器的配置参数,测试开始后,根据配置参数及从列车接口单元(TIU)接收到的干预信息,实时计算列车的速度和加速度,供平台使用。

(6)速度信息仿真器

速度信息仿真器为其他模块实时提供列车走行距离信息。该模块在测试开始前接收场景控制器的配置数据;测试开始后,从列车动力学仿真器读取速度信息后,实时计算列车的走行距离,并将该信息发送到其他模块。

(7)列车接口单元仿真器

列车接口单元仿真器用来模拟列车状态。该模块有两个作用:一方面,在测试过程中,列车接口单元仿真器根据测试场景数据的要求,检测当前列车位置或已测试时间,当条件满足时向车载设备输出列车状态(如激活驾驶台、操作手柄等),从而为车载设备运行制造条件。另一方面,该模块实施检测车载设备输出,并转发给列车动力学仿真模块,以影响列车速度变化(如输出制动、切断牵引等),从而真实模拟列车动态行为。

3. 接口模块

接口模块用于连接测试平台和被测设备。接口模块包括:GSM-R 传输通道、应答器信号生成器、轨道电路发码器、TIU 接口适配器、速度接口适配器,如图 5-27 所示。由于测试不应要求被测设备增加额外接口和功能,因此所有

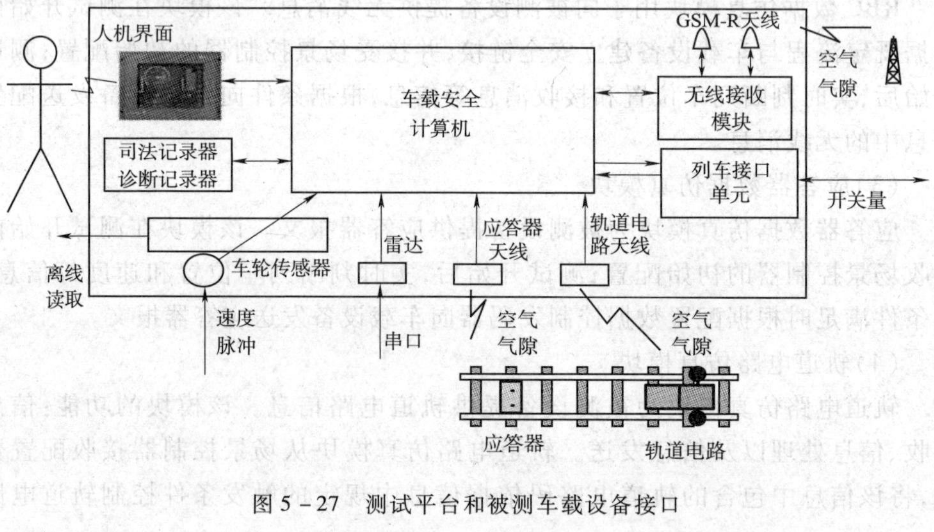

图 5-27 测试平台和被测车载设备接口

的接口适配均采用标准接口，与真实接口完全相同。另外，为保证测试过程的正常执行，还应包括司机驾驶部分，由司机在人机界面上操作来完成，DMI 属于被测设备的一部分。

4. 数据记录和分析模块

数据记录和分析模块用于记录测试过程中产生的所有测试数据，供离线分析用。数据记录和分析模块包括：事件记录器、JRU 下载评估模块、DMI 事件记录器。以上模块完整记录全部数据，然后提供给分析与评估模块，该模块负责使用对应规则进行自动判断，并辅助人员完成对测试结果的分析和判定。

参考文献

[1] Henzinger T. The Theory of Hybrid Automata. In Proceedings of the 11th IEEE Symposium on Logic in Computer Science. 1996, 278 - 292.

[2] Behrmann G, Larsen K, Moller O, et al. Wang. UPPAAL-Present and Future. In Proceedings of the 40th IEEE Conference on Decision and Control, 2001, 2881 - 2886.

[3] 铁道部科技司. CTCS-3 级列控系统标准规范系列—无线闭塞技术规范. 北京：中国铁道出版社，2008.

[4] 张曙光. CTCS-3 级列控系统总体技术方案. 北京：中国铁道出版社，2008.

[5] Johan B, Anders H, Pettersson P. Specifying and Generating Test Cases Using Observer Automata. In the Proceedings of 4th International Workshop on Formal Approaches to Testing of Software, 2005, 125 - 139.

[6] Beizer B. Black-Box Testing, Techniques for Functional Testing of Software and Systems. Wiley, 1995.

[7] 铁道部科技司. CTCS-3 级列控系统标准规范 - CTCS-3 级列控系统功能需求规范（FRS）. 北京：中国铁道出版社，2009.

[8] A. HESSEL, P. Pettersson. COVER: A Real-time Test Case Generation Tool. In Proceedings of the 3rd Workshop on Model-Based Testing, 2007, 31 - 34.

[9] 胡军. 构件化嵌入式软件设计的分析与验证. 南京：南京大学博士论文，2005.

[10] 刘志强. 普适计算环境下基于场景的可配置服务研究. 上海：上海交通大学博士论文，2007.

[11] 吴芳美. 铁路安全软件测试评估. 北京：中国铁道出版社，2001.

第六章　列控系统的运行时验证

对于复杂计算机系统，在系统开发过程中消除所有的缺陷是不可能的，也就是说交付使用的实际系统中总是存在故障。列控系统集计算、通信和控制于一体，本身复杂度高，同时，轨旁设备、通信网络与列车之间、列车与列车之间的交互极其复杂。尽管开发人员在需求分析、设计、编码、测试等不同阶段采取各种静态验证（如静态分析、形式化验证）和动态验证（如测试）技术，为确保系统的可靠性（Reliability）、可用性（Availability）、可维护性和安全性（Maintainability and Safety）而不遗余力，但缺陷和错误在开发设计阶段仍然难以完全排除，系统失效依然存在。此外，复杂的外界环境因素也是造成系统运行时失效的一个重要原因，如硬件损坏、恶劣天气以及操作人员的人为失误等因素造成的故障，这种类型的故障情况很难在系统开发过程中完全杜绝。因此，仅仅使用传统的验证技术已经不足以保证系统能够在运行时持续提供高质量的服务，一种运行时刻的验证技术应运而生。运行时验证是一种将形式化方法与测试相结合的运行监控技术，能够有效地降低分析验证的复杂度，为系统的运行提供额外的保障，在安全苛求系统的验证领域有着极其重要的应用。研究列控系统的运行监控方法、技术和支持工具，在运行过程中对其安全功能和关键数据等进行连续的监控，对于构建列车安全运行屏障，避免重大恶性安全事故的发生具有非常重要的意义。

第一节　运行时验证的发展

对系统进行反复的测试及仿真是一种传统的保证系统正确及安全的方法，该方法广泛应用于工程领域中。但是一般来说，测试只能对系统运行的典型情况进行考察，对系统进行穷尽的测试往往是不现实的。在大型系统中，要模拟系统所有的可能行为可能要连续运行多年时间，这显然是不实际的。另一方面，测试和仿真由于方法本身的不完备性，只能发现系统中存在的错误，无法给出系统正确的证明，而这种证明对于列控系统这类安全苛求系统来说是非常必要的。

形式化方法[1]（如模型检验）使用形式化的语言（具有严格的语法语义定义的语言）来描述系统及其性质，并通过数学方法来判断系统是否满足期望的性质。模型检验方法需要考虑系统所有可执行路径，其算法的复杂度随系统状态的增加呈指数级增长。对于列控系统这样的复杂系统来说，其状态空间十分庞大，不可避免的将遇到"状态爆炸"问题[2]。

为了更准确地对复杂时序属性进行监控，以形式化方法为基础的运行时验证[3][4]得到广泛重视，已被认为是运行监控的重要研究领域。运行时验证提供了一种折衷的验证思路，在方法的实用性（测试方法的优点）及验证的完备性（形式化验证的优点）之间寻求平衡，如图 6－1 所示。图中的横轴表示验证方法自身的完备性，纵轴表示方法在工程应用中的实用化程度。形式化验证建立在严格的语法语义的基础之上，在实际应用中，这是不容易做到的（逻辑推理自动化程度不高，而穷尽搜索则面临"状态爆炸"的困扰）。测试是系统开发过程中被广泛采用的验证方法，验证对象是真实的系统而非系统模型，方法应用的门槛低，但主要缺点是非完备性，即选择性的使用测试用例并不能保证经过测试验证的系统不会发生失效。运行时验证的基本思想与模型检验类似，但只关注系统的单次执行路径而非所有可能的执行路径，其实质是通过牺牲部分的完备性来提高方法的实用性。

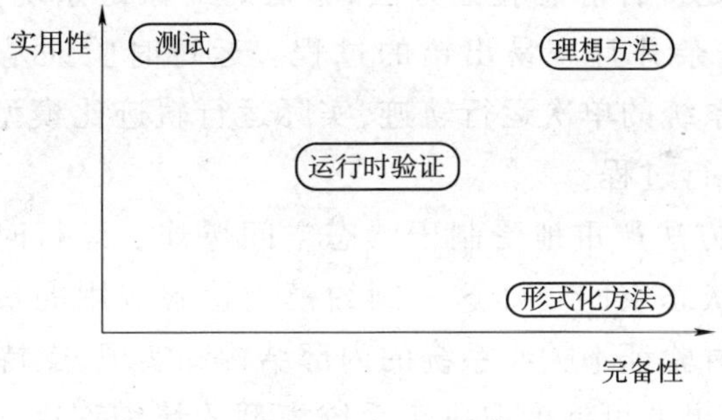

图 6－1　运行时验证与传统方法比较

运行时验证问题可以直观的描述为：对于给定的系统属性 φ，构造一个监视器 M，监视器与被监视的系统一起运行并持续观察被监视系统的运行轨迹，一旦运行轨迹满足或违反属性 φ，监视器能做出"真（true）"或"假（false）"的判断。

定义 1　运行时验证：运行时验证是一种通过检查系统的当前执行轨迹来判断系统是否满足需求的验证方法。

系统的有限执行序列是运行时验证的分析对象。一般的，系统的一次运行过程可以抽象为一个由系统的状态组成的无限状态序列，其中系统的状态由系统变量的取值构成。系统运行的过程中,在任意时刻能够被观察到的都是系统无穷执行轨迹的一个有限前缀。运行时验证本身只判定系统的有限执行是否满足待验证的性质。当发现一个违反性质的执行时,该方法并不能影响或改变系统的运行。

定义 2 监视器(Monitor):监视器用于读取一条有限执行序列并产生一个确定的判定结果。

检验一条执行序列是否满足正确性质是通过监视器实现的。监视器可通过输出真值“真(true)”或“假(false)”来判定当前序列是否满足给定的性质。若$[\![\varphi]\!]$表示所有满足性质φ的执行序列的集合,那么运行时验证可归结为判定执行序列T是否为$[\![\varphi]\!]$中的成员。

运行时验证的目标是检测一个系统的实际运行过程是否违反规定的属性,此种类型的属性一般用某种时序逻辑(Temporal Logic)[2]公式描述,并以此为基础生成相应的监视器。尽管运行时验证与模型检验有着相似之处,但它们之间有着显著的不同:

(1)模型检验的本质是解决语言包含问题(Language Inclusion Problem),而运行时验证解决的是字问题(Word Problem)。在大多数的逻辑框架内,解决字问题算法的复杂度远低于语言包含问题。

(2)模型检验是一种静态验证方法,验证的对象是系统抽象模型,模型抽取本身也是一个复杂并且容易出错的过程。运行时验证是一种动态验证方法,验证的对象是系统的单次运行轨迹,实际运行轨迹比模型更能准确地反映实际系统的真实运行过程。

(3)模型检验方法严重地受制于状态空间爆炸。运行时验证无需系统模型,从而可以避免状态空间爆炸这一制约模型检验应用的最大瓶颈。从应用的角度来看,运行时验证不关心系统的内部结构和实现,支持黑盒验证。

形式化验证结果的可信度取决于系统模型的精细程度。系统模型通常反映的是系统的关键特征,与实际系统的运行过程依然存在很大的差距。例如:系统的某些行为可能只有在运行的时候才能观测到,或者只有在运行的时候才能方便的验证。另外,如果系统的行为依赖于环境对其的影响,而对环境的精确描述需要做大量的假设,而这些假设有可能并不合理或者根本无法获得。

同传统测试方法一样,运行时验证的实用性很强,不受系统规模大小的限制。监视器接近于测试预言(Test Oracle)[5],不需要考虑测试充分性和覆盖率等问题。另外,运行时验证由于是在系统实际工作时并发运行,可以被视为一种“永不停止”的测试,在一定程度上弥补了测试手段在完备性方面的不足。

从本质上看,模型检验和传统测试方法其目的都是为了保证系统的正确性,防止系统失效情况的出现。但值得注意的是,它们都是作用于系统开发过程的验证手段,并没有将这一保障系统质量和安全的重要活动延续到系统实际的运行阶段。系统失效都是由于故障引起的,故障演化为系统失效存在一个从物理世界(计算机软硬件)→虚拟信息世界→外部世界的传播过程,如图6-2所示。运行时验证作用于系统的实际运行阶段,其目的是阻止故障从信息世界向外部世界传播从而防止系统失效的发生。运行时验证与已有的验证手段结合可以构成贯穿系统完整生命周期的验证活动和流程。

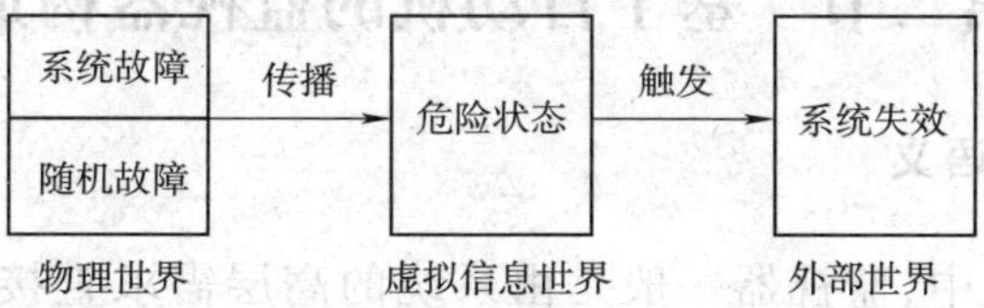

图6-2　故障演化为系统失效的过程

运行时验证要解决的核心问题是如何自动产生用于监测系统的执行轨迹是否满足给定逻辑公式的监视器(Monitor)。这里主要介绍两种方法:其一,是基于自动机的方法[6][7],将线性时序逻辑公式转换为等价形式的Büchi自动机并将其确定化、最小化形成有限状态机,判断系统的当前执行轨迹是否为有限状态机所接受的文字从而达到运行时监测的目的。其优点是验证过程高效但监视器的构造相对复杂。另一种是基于重写逻辑的方法[8][9],根据时序逻辑的语义为其定义重写规则,验证的过程就是根据重写规则和系统当前状态对待验证的逻辑公式进行重写转换并判断其可满足性。这种方法的优点是监测器构造简单但验证过程是一个基于推理的过程,效率相对较低。

目前包括美国国家航空航天局(NASA)AMES研究中心、慕尼黑工业大学、IBM Haifa研究中心等在内的许多国际研究机构正在开展针对安全苛求系统的运行时验证理论、方法和支持工具相关研究,他们的工作不仅表明了运行时验证在安全苛求系统领域所扮演的重要角色,而且也代表了当前的最新发展方向和趋势。例如:基于自动机[6]和重写逻辑(Rewriting Logic)[9]的线性时序逻辑(Linear Temporal Logic,LTL)运行时验证理论;软件工具Java PathExplorer[10]可以直接用来监测和校验Java程序的运行;商业软件Time Rover[11]可以根据UML状态图和时序逻辑公式自动生成C++,java形式的运行时验证代码;面向监视的程序设计方法(Monitor-Oriented Programming,MOP)[12]更是将运行时刻验证作为设计软件的一项准则,使得开发人员能够在系统设计过程中声明需要监控的属性，并自动生成运行过程中的监视器。与此同时，涌现了很多基于运行监控的成功应用。例如：NASA 的 STI(Scientific and Technical Information)项目对 IVHM (Integrated Vehicle Health Management) 程序进行监控，该程序用于管理汽车、飞机、航天器中的子系统以提高其安全性和可用性，同时降低维护费用；欧洲宇航局(ESA)对其关键软件的隔离与恢复(Fault Detection, Isolation and Recovery, FDIR)框架和监控技术进行了研究，并针对 Smart-I、Rosetta 等多个卫星进行了试验。

第二节　基于自动机的监视器构造

一、LTL 预测语义

在运行时验证中，监视器一般是由系统的高层需求直接自动生成的，这些需求一般用 LTL 来描述。系统状态可以通过来自不同抽象级别上的系统变量来描述，如操作系统参数，应用程序变量，输入输出事件，硬件信号等。

令 AP 为一个有限原子命题的集合，$\Sigma = 2^{AP}$ 为一个有限的字母表，则 LTL 公式 φ 可以按照以下语法构成。

定义 3　LTL 的语法

$\varphi ::= \text{true} \mid a \mid \varphi_1 \wedge \varphi_2 \mid \neg \varphi \mid X\varphi \mid \varphi_1 \mathrm{U} \varphi_2$，其中 $a \in \mathrm{AP}$。

除由定义 6.3 形成的 LTL 公式之外，其他的 LTL 公式可以按下列等价式得到：

$$\varphi_1 \vee \varphi_2 = \neg(\neg \varphi_1 \wedge \neg \varphi_2)$$

$$\mathrm{F}\varphi = \text{true } \mathrm{U}\varphi$$

$$\mathrm{G}\varphi = \neg(\text{true } \mathrm{U} \neg \varphi)$$

定义 4　LTL 的语义

若 $\varphi \in \mathrm{LTL}$，$i \in N$ 为表示位置的下标，$\omega = a_0 a_1 \cdots \in \Sigma^\omega$ 为无穷状态序列，则 LTL 公式的语义定义如下：

$\omega, i \models \text{true}$

$\omega, i \models p \in AP$ iff $p \in a_i$

$\omega, i \models \neg \varphi$ iff $\omega, i \not\models \varphi$

$\omega, i \models \varphi_1 \wedge \varphi_2$ iff $(\omega, i \models \varphi_1 \wedge \omega, i \models \varphi_2)$

$\omega, i \models \varphi_1 \mathrm{U} \varphi_2$ iff $\exists k \geqslant i: (\omega, k \models \varphi_2 \wedge \forall l: (i \leqslant l \leqslant k \rightarrow \omega, l \models \varphi_1))$

$\omega, i \models X\varphi$ iff $\omega, i+1 \models \varphi$

$\omega, i \models \varphi$ iff $\omega, 0 \models \varphi$

定义 6.4 给出的 LTL 语义是基于二值逻辑和无限轨迹模型给出的。然而，在运行时刻进行验证不可避免地会遇到非确定性，即现有的有限运行轨迹无法提供足够的信息用于判断待验证的系统属性成立与否。系统的当前执行路径总是一条有限长度的状态轨迹，对于经典的 LTL 而言，其模型是无限长度的轨迹。因此，如果用经典的 LTL 来描述有限运行迹的行为，在轨迹的末尾必须将 LTL 公式归结为逻辑“真(true)”或“假(false)”，但这样的处理方式在很多时候是不准确的。例如：考虑 LTL 公式 F_φ(即在将来的某个状态上公式 φ 会为“真”)，构造长度为 2 的有限迹 $\pi = s_1 s_2$，其中公式 φ 在状态 s_1 和 s_2 上都为“假”。显然，轨迹 π 既不会违反也不会满足该公式，因为在将来某个时刻总是存在 φ 为“真”的可能性。针对 LTL 经典语义的弱点，董威和 Martin Leucker 等[7][13]提出了 LTL 预测语义的概念，同时提出了预测监视器必须满足的两个准则：公平性和预测性。

(1)公平性：对于任意的有穷轨迹 π，如果存在一条后继 σ 使得 $\pi\sigma$ 满足(或违反)被监控的性质，该有穷轨迹 π 就不能被监视器裁定为“假”(或“真”)。

(2)预测性：对于任意的有穷轨迹 π，一旦对于 π 的任意一条后继 σ 使得 $\pi\sigma$ 满足(或违反)被监控的性质，那么有穷轨迹 π 将立即被监视器裁定为“真”(或“假”)

直观上讲，公平性保证监视器的裁决始终是正确的，而预测性能尽早地发现被监控属性成立与否。因此，在运行时验证的过程中，监视器不能仅仅考虑当前已经观测到的有穷轨迹，而且应该预判从当前状态出发，是否存在到达监视器接受状态(“真”或“假”)的路径。对于基于自动机的运行时验证来说，该过程对应于从监视器中任意一个状态出发的判空问题。

定义 5　LTL 的预测语义

若 $\varphi \in \mathrm{LTL}, i \in N$ 为表示位置的下标，$\pi = a_0 a_1 \cdots a_n \in \Sigma^*$ 为有穷状态序列，则 LTL 公式的预测语义定义如下：

$$[\![\pi \vDash \varphi]\!]_{\mathrm{LTL3}} = \begin{cases} \text{true} & \text{if } \forall \sigma \in \Sigma^\omega : \pi\sigma \vDash \varphi \\ \text{false} & \text{if } \forall \sigma \in \Sigma^\omega : \pi\sigma \vDash \varphi \\ \text{inconclusive} & \text{otherwise} \end{cases}$$

LTL 的预测语义是在定义 6.4 的基础上给出的，对于给定的监控属性 φ 和一段有限轨迹 π，运行监控的结果可能是：真(true)、假(false)以及非确定(inconclusive)。对于有限轨迹 π，如果其任意的无限后继 σ，都满足 $\pi\sigma \vDash \varphi$(见标准语义定义 6.4)，说明所有以 π 开头的无限轨迹都满足公式 φ，那么监控的结果应该为真(true)。如果其任意的无限后继 σ,都不满足 $\pi\sigma \models \varphi$,说明所有以 π 开头的无限轨迹都不满足公式 φ,那么监控的结果应该为假(false)。如果前面两种情况都不成立,说明以 π 开头的无限轨迹有的满足公式 φ,有的违反公式 φ,此时监控的结果应该是非确定(inconclusive)。

二、LTL 预测监视器的构造

构造支持预测语义的运行时监视器,就是对给定的 LTL 公式 φ,构造一个有限状态机,该状态机的输入时有限长度的轨迹 $\pi \in \Sigma^*$,输出 $[\![\pi \models \varphi]\!]_{LTL3}$ 的值,即 true、false 或者 inconclusive。预测监视器的构造以 Büchi 自动机为基础。

定义 6 非确定的 Büchi 自动机(NBA)

非确定的 Büchi 自动机(NBA)是一个五元组 $A = (\Sigma, Q, Q_0, \delta, F)$。其中:

Σ 是一个有限的字母表;

Q 是一个有限的非空状态集合;

$Q_0 \subseteq Q$ 是初始状态集合;

$\delta: Q \times \Sigma \to 2^Q$ 是迁移函数;

F 为接受状态集合。

字母表 Σ 上的一个无限字 $\omega = a_0 a_1 \cdots$ 对于一个非确定的 Büchi 自动机 A 来说是可接受的,当且仅当存在一条无限路径 $\pi = q_0 a_0 a_1 \cdots$ 满足 $q_{i+1} \in \delta(q_i, a_i)$ $(i \in N)$ 并且 $Inf(\pi) \cap \neq \varnothing$,这里 $Inf(\pi)$ 表示在路径 π 中无限多次出现的状态集合。

一个非确定的有限自动机(Nondeterministic Finite Automaton,NFA)是一个五元组 $A = (\Sigma, Q, Q_0, \delta, F)$,其中 $\Sigma, Q, Q_0, \delta, F$ 的定义与 Büchi 自动机一致,但 NFA 只识别有限长度的字。如果对于所有的 $q \in Q$ 和 $a \in \Sigma$,有 $|\delta(q,a)| = 1$ 并且 $|Q_0| = 1$,则称该有限自动机为确定的有限自动机(DFA)。

若 A 为一个非确定的 Büchi 自动机,记 $A(q)$ 为一个初始状态定义为 $Q_0 = \{q\}$ 的 NBA。令 φ 为 LTL 公式,$L(\varphi) = \{\pi \in \Sigma^\omega | \pi \models \varphi\}$ 表示所有满足公式 φ 的模型的集合,称之为由公式 φ 生成的语言。

假定 A^φ 表示一个 NBA,它能接收所有满足公式 φ 的轨迹,即 $L(A^\varphi) = L(\varphi)$。类似的 $A^{\neg\varphi}$ 表示一个能够接收所有满足公式 $\neg\varphi$ 的轨迹的 NBA,即 $L(A^{\neg\varphi}) = L(\neg\varphi)$。此类自动机的构造方法可以参见文献[14]。基于前面的假定,下列性质成立。

性质 1 令 φ 为 LTL 公式,若 $A^\varphi = (\Sigma, Q^\varphi, Q_0^\varphi, \delta^\varphi, F_\varphi)$ 为一个非确定的

Büchi 自动机,满足 $L(A^{\varphi})=L(\varphi)$,对有限字 $u\in\Sigma^{*}$ 若有 $\delta^{\varphi}(Q_0^{\varphi},u)=\{q_1,\cdots,q_n\}$,那么,$[\![u\vDash\varphi]\!]_{\mathrm{LTL3}}\neq\mathrm{false}$ 当且仅当 $\exists q\in\{q_1,\cdots,q_n\}$ 满足 $L(A^{\varphi}(q))\neq\varnothing$。

性质 2　令 φ 为 LTL 公式,若 $A^{\neg\varphi}=(\Sigma,Q^{\neg\varphi},Q_0^{\neg\varphi},\delta^{\neg\varphi},F_{\neg\varphi})$ 为一个非确定的 Büchi 自动机,满足 $L(A^{\neg\varphi})=L(\neg\varphi)$,对有限字 $u\in\Sigma^{*}$ 若有 $\delta^{\neg\varphi}(Q_0^{\neg\varphi},u)=\{q_1,\cdots,q_n\}$,那么,$[\![u\vDash\varphi]\!]_{\mathrm{LTL3}}\neq\mathrm{true}$ 当且仅当 $\exists q\in\{q_1,\cdots,q_n\}$ 满足 $L(A^{\neg\varphi}(q))\neq\varnothing$。

针对前面定义的非确定的 Büchi 自动机 A^{φ},定义函数 $F^{\varphi}:Q^{\varphi}\rightarrow B$,其中 B 是布尔域 {true,false}。函数 F^{φ} 对每个状态 q,判断该自动机从 q 开始能接受的语言是否为空,即如果 A^{φ} 能够接受从 q 开始的语言,则 $F^{\varphi}(q)=\mathrm{true}$。类似的,可以定义函数 $F^{\neg\varphi}:Q^{\neg\varphi}\rightarrow \mathrm{B}$。

可以构造如下的两个非确定的有限自动机(NFA),分别记为:

$$\hat{A}^{\varphi}=(\Sigma,Q\varphi,Q_0^{\varphi},\delta^{\varphi},S^{\varphi}),\hat{A}^{\neg\varphi}=(\Sigma,Q^{\neg\varphi},Q_0^{\neg\varphi},\delta^{\neg\varphi},S^{\neg\varphi})$$

其中,S^{φ} 和 $S^{\neg\varphi}$分别通过函数 F^{φ} 和 $F^{\neg\varphi}$来计算:

$$S^{\varphi}=\{q\in Q^{\varphi}\mid F^{\varphi}(q)=\mathrm{true}\}$$

$$S^{\neg\varphi}=\{q\in Q^{\neg\varphi}\mid F^{\neg\varphi}(q)=\mathrm{true}\}$$

对于任意的有限轨迹 $u\in\Sigma^{*}$,若 $[\![u\vDash\varphi]\!]_{\mathrm{LTL3}}\neq\mathrm{false}$,则根据性质 6.1,必然存在状态 q 使得非确定的 Büchi 自动机 A^{φ} 能够接受从状态 q 开始的语言。而根据函数 F^{φ} 和非确定有限自动机 $\hat{A}^{\varphi}$ 的定义,有 $u\in L(\hat{A}^{\varphi})$。反之,如果 $u\in L(\hat{A}^{\varphi})$ 成立,则有 $[\![u\vDash\varphi]\!]_{\mathrm{LTL3}}\neq\mathrm{false}$。即:

$$u\in L(\hat{A}^{\varphi})\ \mathrm{iff}\ [\![u\vDash\varphi]\!]_{\mathrm{LTL3}}\neq\mathrm{false}$$

同理有:

$$u\in L(\hat{A}^{\neg\varphi})\ \mathrm{iff}\ [\![u\vDash\varphi]\!]_{\mathrm{LTL3}}\neq\mathrm{true}$$

上述结论即为性质 6.3。

性质 3　若 $u\in\Sigma^{*}$ 为有限轨迹,φ 为 LTL 公式,$\hat{A}^{\varphi}=(\Sigma,Q^{\varphi},Q_0^{\varphi},\delta^{\varphi},S^{\varphi})$ 和 $\hat{A}^{\neg\varphi}=(\Sigma,Q^{\neg\varphi},Q_0^{\neg\varphi},\delta^{\neg\varphi},S^{\neg\varphi})$ 分别为相应的非确定有限自动机,则

$$[\![u\vDash\varphi]\!]_{\mathrm{LTL3}}=\begin{cases}\mathrm{true} & \mathrm{if}\ u\notin L(\hat{A}^{\neg\varphi})\\ \mathrm{false} & \mathrm{if}\ u\notin L(\hat{A}^{\varphi})\\ \mathrm{inconclusive} & \mathrm{if}\ u\in L(\hat{A}^{\neg\varphi})\ \mathrm{and}\ u\in L(\hat{A}^{\varphi})\end{cases}$$

显然,性质 6.3 保证了 $\hat{A}^{\varphi}$ 和 $\hat{A}^{\neg\varphi}$接受的有限轨迹 $u\in\Sigma^{*}$ 分别对应于集合

$[\![u \vDash \varphi]\!]_{\mathrm{LTL3}} \neq \mathrm{false}$ 和 $[\![u \vDash \varphi]\!]_{\mathrm{LTL3}} \neq \mathrm{true}$。同时,也给出了基于给定的有限轨迹 u 计算 LTL 公式 φ 的预测语义的一个简单过程:同时将 u 作为自动机 $\hat{A}^{\varphi}$ 和 $\hat{A}^{\neg\varphi}$ 的输入,根据各自的接受情况判断 $[\![u \vDash \varphi]\!]_{\mathrm{LTL3}}$ 的取值。

一个有限状态机(Finite-State Machine,FSM)是一个六元组($\Sigma,Q,Q_0,\delta,\Delta,\lambda$),与 NFA 相比增加了输出。$\Sigma,Q,Q_0,\delta$ 的定义与 NFA 相同,Δ 是一个输出字母表,$\lambda:Q\rightarrow\Delta$ 表示输出函数。在实际的算法中,可以将产生的 $\hat{A}^{\varphi}$ 和 $\hat{A}^{\neg\varphi}$ 这两个 NFA 确定化,得到两个确定的有限自动机 $\tilde{A}^{\varphi}=(\Sigma,Q^{\varphi},\{q_0^{\varphi}\},\delta^{\varphi},\tilde{S}^{\varphi})$ 和 $\tilde{A}^{\neg\varphi}=(\Sigma,Q^{\neg\varphi},\{q_0^{\neg\varphi}\},\delta^{\neg\varphi},\tilde{S}^{\neg\varphi})$。将得到的两个 DFA 作笛卡尔乘积,得到有限状态机 $M^{\varphi}=\tilde{A}^{\varphi}\times\tilde{A}^{\neg\varphi}=(\Sigma,Q,Q_0,\delta,\Delta,\lambda)$,其中:

$$Q = Q^{\varphi}\times Q^{\neg\varphi}$$

$$Q_0 = (q_0^{\varphi}, q_0^{\neg\varphi})$$

$$\delta((q,q'),a) = (\delta^{\varphi}(q,a),\delta^{\neg\varphi}(q',a)),(q,q')\in Q$$

$$\Delta = \{\mathrm{true},\mathrm{false},\mathrm{inconclusive}\}$$

$$\lambda(q,q') = \begin{cases} \mathrm{true} & \text{if } u\notin\tilde{S}^{\neg\varphi} \\ \mathrm{false} & \text{if } u\notin\tilde{S}^{\varphi} \\ \mathrm{inconclusive} & \text{if } u\in\tilde{S}^{\neg\varphi} \text{ and } u\in\tilde{S}^{\varphi} \end{cases}$$

M^{φ} 即为满足要求的基于预测语义的有限状态机,它可以读入有限轨迹 $u\in\Sigma^{*}$,并输出 $[\![u \vDash \varphi]\!]_{\mathrm{LTL3}}$ 的值。如图 6－3 所示给出了前面描述的基于 LTL 预测语义的运行时监视器构造全过程。

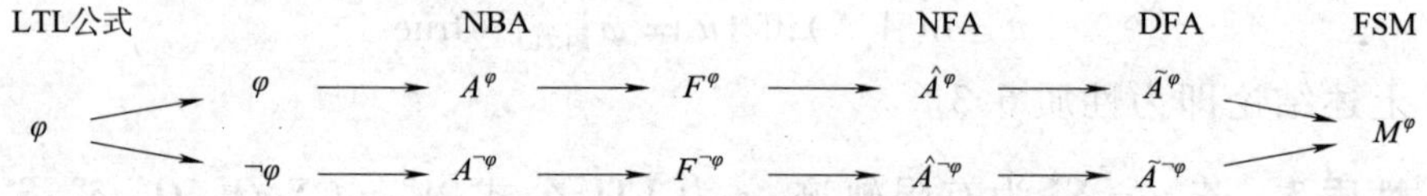

图 6－3 基于自动机的监视器构造过程

以 LTL 公式 $\varphi=\neg\, a\mathrm{U}b$ 为例,首先分别构造公式 φ 和公式$\neg\,\varphi$ 对应的非确定 Büchi 自动机 A^{φ} 和 $A^{\neg\varphi}$ 如图 6－4 所示。从 LTL 到非确定 Büchi 自动机的转换有标准的算法支持,可以参阅文献[15]。

在非确定 Büchi 自动机 A^{φ} 和 $A^{\neg\varphi}$ 的基础上,根据前面介绍的过程监视器构造过程,最终可以获得用于监控 LTL 公式 φ 的有限状态机 M^{φ},如图 6－5 所示。

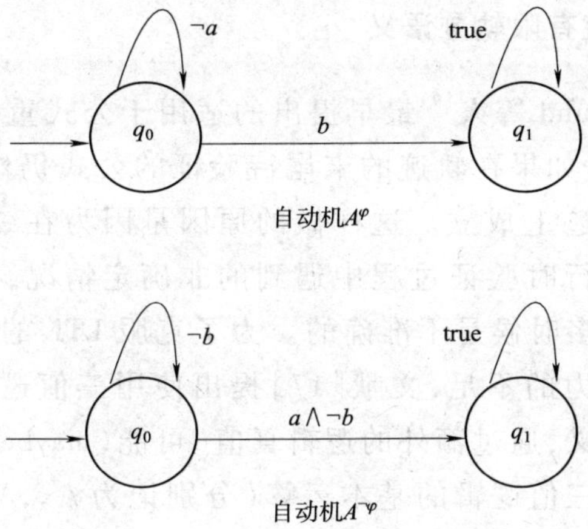

图 6-4　非确定 Büchi 自动机 A^{φ} 和 $A^{\neg\varphi}$

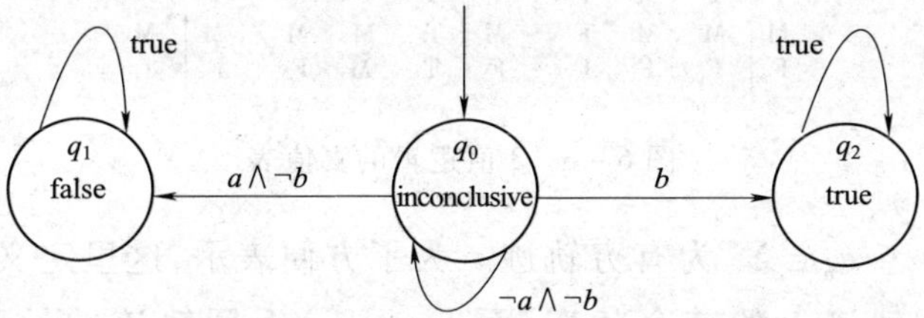

图 6-5　监控自动机 M^{φ}

第三节　基于公式重写的运行监控

公式重写[16]是另一种有效的实现运行时验证的方法,公式重写的基础是重写逻辑。重写逻辑基于等式逻辑和重写语义来描述系统,语法和结构化公理都是用户自己定义的,利用与重写逻辑相关的推理规则和重写式子来完成推理证明。基于公式重写运行时验证算法的思路是这样的:对于轨迹 π 和公式 φ 来说,公式重写算法会将公式 φ 与轨迹 π 中的状态结合,依据重写规则得到一个新的公式 φ',该过程迭代进行,直到消耗完 π 的最后一个状态,从而得到确定的判定结果。在公式重写过程中所使用的重写规则需要通过 LTL 的语义来定义。

一、LTL 的 3 值有限轨迹语义

NASA 的 Havelund 等人[9]最早提出的适用于公式重写的 LTL 二值有限语义,其主要思想是如果在轨迹的末尾待验证的公式仍然没有被违反,那么就认为公式在该轨迹上成立。这样做的原因是因为在二值逻辑中,缺少额外的真值来表示运行时验证过程中遇到的非确定情况,前面已经讨论过这样的处理方式在很多时候是不准确的。为了克服 LTL 的二值语义在运行时验证过程中描述能力的不足,文献[17]提出使用三值逻辑来重新定义 LTL 在有限轨迹上的语义,通过额外的逻辑真值"可能(maybe)"表达验证过程中出现的非确定性。三值逻辑的基本运算(分别记为 $\wedge_3$, $\vee_3$, $\neg_3$)的真值表如图 6-6 所示。

$\wedge_3$	T	M	F	$\vee_3$	T	M	F	$\neg_3$	
T	T	M	F	T	T	T	F	T	F
M	M	M	F	M	T	M	M	M	M
F	F	F	F	F	T	M	F	F	T

图 6-6　3 值逻辑的真值表

若 $\pi = a_0 a_1 \cdots a_n \in \Sigma^*$ 为有穷轨迹。为了方便表示,这里定义两个迹上的函数:head()返回轨迹上的首个状态,而 length()返回轨迹的长度。例如:head(π) $= a_0$,length(π) $= n+1$。可满足关系 $\pi \vDash \varphi$ 表示轨迹 π 满足 LTL 公式 φ。由于引入了额外的真值,需要重新定义语义函数 $[\![\pi \vDash \varphi]\!]$ 以解释 LTL 公式 φ 在有限轨迹 π 上的可满足情况。

定义 7　有限轨迹上的 3 值 LTL 语义

令 π 为一条有限长度的迹,$i \in N$ 为表示位置的下标,a $\in$ AP 为原子命题,φ 和 ψ 为任意的 LTL 公式,则有限轨迹上的 3 值 LTL 语义定义如下:

$$[\![\pi \vDash \text{true}]\!]\text{true}$$

$$[\![\pi \vDash \text{false}]\!]\text{false}$$

$$[\![\pi \vDash \text{maybe}]\!]\text{maybe}$$

$$[\![\pi \vDash a]\!]\begin{cases}\text{true} & \text{if } a \in \text{head}(\pi)\\ \text{false} & \text{else}\end{cases}$$

$$[\![\pi \vDash \varphi \wedge \psi]\!] = [\![\pi \vDash \varphi]\!] \wedge_3 [\![\pi \vDash \psi]\!]$$

$$[\![\pi \vDash \neg \varphi]\!] = \neg_3 [\![\pi \vDash \varphi]\!]$$

$$[\![\pi \models G\varphi]\!] = \begin{cases} \text{true} & \text{if } \forall i \leqslant \text{length}(\pi)\ [\![\pi \models \varphi]\!] = \text{true} \\ \text{false} & \text{else} \end{cases}$$

$$[\![\pi \models F\varphi]\!] = \begin{cases} \text{true} & \text{if } \exists i \leqslant \text{length}(\pi)\ [\![\pi \models \varphi]\!] = \text{true} \\ \text{false} & \text{else} \end{cases}$$

$$[\![\pi \models \varphi U\psi]\!] = \begin{cases} \text{true} & \text{if } \exists i \leqslant \text{length}(\pi)\ ([\![\pi_i \models \psi]\!] = \text{true} \\ & \quad \text{and } \forall j \leqslant i\ ([\![\pi_j \models \varphi]\!] = \text{true} \\ \text{maybe} & \text{if } \forall i \leqslant \text{length}(\pi)\ ([\![\pi_i \models \psi]\!] = \text{true} \\ & \quad \text{and } [\![\pi_{\text{length}(\pi)} \models \psi]\!] = \text{false} \\ \text{false} & \text{else} \end{cases}$$

$$[\![\pi \models X\varphi]\!] = \begin{cases} \text{maybe} & \text{if length}(\pi) < 2 \\ [\![\pi_2 \models \varphi]\!] & \text{else} \end{cases}$$

在上面的定义中,可满足关系⊨的取值有三种可能。如果有限轨迹 π 已经满足或违反给定的公式 φ,即 π 所有可能的延续都将满足或违反公式 φ,那么 $[\![\pi \models \varphi]\!]$将被赋予确定的逻辑值 true 或 false。否则,$[\![\pi \models \varphi]\!]$将取逻辑值 maybe,这意味着当前的有限长度运行轨迹 π 无法提供足够的信息用于判断公式 φ 成立与否。

与文献[9]中提出的二值有限语义相比,定义 6.7 中的 3 值 LTL 语义在运行监控过程中返回的结果更加准确,这是因为在有限轨迹的末端不必强行将公式的取值归结为 true 或 false,而是允许取额外的逻辑值 maybe。同时,新的 LTL 语义实现了对标准语义的自然覆盖,即在 3 值语义下满足(或违反)某个 LTL 公式的有限轨迹在标准语义下同样保持满足(或违反)该公式。前面提到的 LTL 预测语义,使用基于自动机的运行监控方法,但其语义定义本身并不具备可执行性。这里的有限轨迹 3 值 LTL 语义以归纳和可执行的方式给出,因而适用于基于公式重写的运行时验证过程。

二、基于公式重写的监控过程

建立在 3 值 LTL 语义基础上的运行监控算法,其基本思想是:给定一个有限长度的运行轨迹 π 和一个 LTL 公式 φ,每次读取轨迹 π 上的起始状态,同时将公式依据语义重写为新的公式;重复上述过程直至轨迹 π 被消耗殆尽,最后输出 $[\![\pi \models \varphi]\!]$的值,监控的结果可能是:真(true)、假(false)以及可能(maybe)。定义 6.7 给出的 LTL 的 3 值语义来和相应的重写规则可以在软件工具 Maude 非常便利的实现。下面简单的介绍在 Maude 中的算法构造过程,更多关于工具本身的介绍请参阅文献[18]。

Maude是一个由伊利诺伊大学(UIUC)开发的同时支持等式和重写规则的软件工具,该工具实现了高效的重写机制,为多种逻辑的重写演算提供了运行环境。同时自带有一系列的分析工具,例如定理证明器、模型检验器和Termination检查器等,为并发系统提供了一个建模、模拟和证明的高效支持环境。

在Maude中,支持两种模型,一种是函数式模型(fmod),用来表示成员等式理论。第二种是系统模型(mod),用来表示通用的重写理论。这里主要采用函数式模型。一个fmod的格式为:

fmod <name> is

<body>

endfm

其中,fmod、is、以及endfm为关键字。<name>为模型的名字,<body>表示模型的主体部分。fmod的主体部分一般定义:导入(protecting和extending),类型(sort和sorts),子类型(subsorts),变量(var和vars),算子(op和ops)以及等式(eq)。sorts、vars和ops分别用于一次声明多个类型、多个变量以及多个操作。

首先,需要定义有限轨迹,有限轨迹是一个由状态构成的序列。如图6-7所示,在函数式模型Data中定义了数据类型和基本操作。语句"sorts Atom State State* Trace"表示声明了四种抽象数据类型:Atom和State分别表示原子公式和状态;State*表示出现在轨迹尾部的终结状态;Trace表示有限轨迹。关键字subsorts声明Atom是State的子类型,而State又是State*和Trace的子类型。在Maude中,子类型的元素继承父类型元素的性质而无需另外说明。因此,单个原子公式Atom可以表示一个状态State,单个状态State也可以表示一个轨迹Trace。如果一个状态没有包含任何原子公式,则记为nil。

```
fmod  Data  is
   sorts   Atom State State * Trace .
   subsorts   Atom  <  State  <  State * Trace .
   op   nil  :  → State .
   op   _ *  :  State → State * .
   op   _ _  :  Atom State → State [ prec 23 ] .
op   _, _  :  State Trace → Trace [ prec 25 ] .
endfm
```

图6-7 有限轨迹的定义

图6-7中第6行的"op _ _ : Atom State → State [prec 23]"定义了一个连接算子,两个下划线分别表示算子的两个输入,表示将一个Atom和一个State

用空格连接起来可以构成一个新的 State。其直观的含义是：状态由一组有限个数的原子公式构成的集合，若 *a*，*b*，*c* 分别为原子公式，则 *a b*，*b c* 和 *a b c* 都是合法的状态。同理，"op _，_ ：StateTrace →Trace [prec 25]"表示一个有限轨迹（Trace）由一组由逗号分开的状态（State）构成，例如："*a b*，*b c*，*a b c*，*a*"就是一条长度为 4 的轨迹，该轨迹的第一个状态为 *a b*，终结状态为 *a*。操作符定义末尾处中括号内的数字表示算子的优先级别，数字越小，优先级越高。优先级的引入是为了避免在公式重写的过程中使用过多的括号。

在图 6 – 8 中引进了 3 值逻辑的各个真值和基本的重写操作。语句"protecting Data"表示将 fmod Trace 的定义导入进来而不改变其初始语义。在模块 Logic3 中，定义了新的数据类型 Formula，需要注意的是，逻辑真值{true，false，maybe}本身也是一类特殊的 Formula。算子_{_}是 Formula × State* → Formula 上定义的函数，其作用是根据输入状态将一个公式重写为另一个公式。图 6 – 8 中还定义了一系列的等式规则（用等式右边的公式替换等式左边的公式）用于指导公式重写。

```
fmod  Logic3 is protecting Data .

   sort  Formula .
   subsorts  Atom < Formula .
   ops  true false maybe : → Formula .
   vars  A A′ : Atom .
   var  T : Trace .
   var  E : State .
   var  E* : State* .
   op  _{_} : Formula State* → Formula  [prec 10] .
   eq  true{E*} = true .
   eq  false{E*} = false .
   eq  maybe{E*} = maybe .
   eq  A{nil} = false .
   eq  A{A′} = if (A = = A′) then true else false fi .
   eq  A{A′ E} = if (A = = A′) then true else A{E} fi .
   eq  A{E*} = A{E}.
endfm
```

图 6 – 8　3 值逻辑基本构成

以 eq $A\{A'E\}$ = if(A = = A') then true else $A\{E\}$ fi 为例，当公式 A 读入状态{A' E}时，先判断 A = = A'是否成立。如果 A = = A'，则重写后的公式为 true，表示当前状态{A' E}满足公式 A；否则，消去当前状态中的原子公式 A'，并保持公式 A 不变，即重写后的公式变为 $A\{E\}$。

支持3值逻辑的基本运算(逻辑与_∧_,逻辑异或_+ +_)在图6-9中定义,其他的逻辑运算符通过_∧_和_+ +_导出定义。例如:$X \vee Y$可以表示成$X \wedge Y$ + +X + +Y。类似地,可以定义逻辑非(_! _),蕴含(_→_)和等价(_↔_)。3值逻辑基本运算的定义遵循图6-5给出的3值逻辑真值表。事实上,图6-9定义了一个完整的3值逻辑验算系统,在Maude中,加载模块Calculus后调用命令reduce可以进行基本的逻辑运算,例如:

reduce　($a \to b \leftrightarrow$! $a \vee b$) ∧ maybe

* * * >输出将为maybe

reduce ∧ $b \leftrightarrow$! b

* * * >输出将为 b + + $a \wedge b$

```
fmod  Calculus  is  extending  Logic3 .

  op _∧_ : Formula Formula → Formula [ assoc comm prec 15 ] .
  op !  _ : Formula → Formula [ prec 13 ] .
  vars  X Y Z : Formula .
  eq   true ∧  X = X .
  eq   false ∧  X = false .
  eq   X ∧ X  = X .
  eq   ! true  = false .
  eq   ! false  = true .
  eq   ! maybe  = maybe .
  op   _∨_ : Formula Formula → Formula [ comm prec 19 ] .
  op   _→_ : Formula Formula → Formula [ prec 21 ] .
  op   _↔_ : Formula Formula → Formula [ prec 23 ] .
  op   X ∨ Y  = ! ( ! X ∧ ! Y) .
  eq   X ∨ X  = X .
  eq   ! ! X  = X .
  eq   X→Y  = ! X ∨ Y  .
  eq   X↔Y  = (X→Y)  ∧  (Y→X) .
endfm
```

图6-9　3值逻辑演算

除了基本的逻辑运算符外,在LTL中还有时序算子G、F、U和X。在图6-10中,这些算子分别用符号[ ]_、< >_、_U_和o_表示。对于LTL中时序算子的重写规则是基于其3值语义来制定的,这里以公式([ ]X) {E}(即前轨迹的首状态为E,LTL公式为F X)为例作来解释,([ ]X) {E}的重写分为两种情况:

(1)如果E为非终结状态,则公式X在有限轨迹上成立只可能有两种情况:X在当前状态必须成立(即X{E}),或者在该迹上的后继状态上将会成立(即[ ]X)。用等式规则定义出来即为:

$$eq\ ([\ ]X)\{E\} = X\{E\} \vee [\ ]X$$

(2)如果 E 为终结状态,当且仅当 $X\{E^*\}$ 为真时 $([\ ]X)\{E^*\}$ 成立。否则,$([\ ]X)\{E^*\}$ 的取值仍然无法确定,应返回 maybe。表达式 $X\{E^*\} \vee$ maybe 可以精确表示这两种情况,因为在 3 值的析取运算中,逻辑值 maybe 将"吸收"除 true 以外的其他逻辑真值。这个过程用等式规则定义出来即为:

$$eq\ ([\ ]X)\{E^*\} = X\{E^*\} \vee maybe$$

```
fmod  LTL  is  extending  Calculus .

  op   []_ : Formula → Formula [ prec 11 ] .
  op   < >_ : Formula → Formula [ prec 11 ] .
  op   _U_ : Formula Formula → Formula [ prec 14 ] .
  op   o_ : Formula → Formula [ prec 11 ] .
  vars   X Y : Formula .
  var    E : State .
  var    T : Trace .
  eq    ([]X){E}  =  [] X ∧ X{E}.
  eq    ([]X){E * }  =  X{E * } ∧ maybe.
  eq    ( < >X){E}  =  < >X ∨ X{E} .
  eq    ( < >X){E * }  =  maybe X ∨ {E * } .
  eq    (o X){E}  =  X .
  eq    (o X){E * }  =  maybe .
  eq    (X U Y){E}  =  Y{E} ∨ X{E} ∧ X U Y .
  eq    (X U Y){E * }  =  Y{E * } ∨ X{E * } ∧ maybe .
  op    _⊨_   : Trace Formula → Formula .
  eq    E ⊨ X   =   X{E * } .
  eq    E,T ⊨ X   =   T ⊨ X{E * } .
endfm
```

图 6-10 LTL 公式运行监控

类似地,可以通过等式规则的形式定义其他时序算子的重写规则。另外,在图 6-10 中还定义了遵循定义 LTL 3 值语义的可满足关系_⊨_。新的可满足关系_⊨_是一个 Trace × Formula→Formula 上定义的函数,其作用是读入一段有限轨迹和一个 LTL 公式,重写成一个新的 LTL 公式。这个重写过程的基本思想为:

(1)假设有限轨迹只包含一个状态,即 E 为终结状态,如果某个 LTL 公式 X 在该轨迹上成立,当且仅当重写后的公式 $X\{E\}$ 为真,用等式规则表示如下:

$$eq(E \vDash X) = X\{E^*\}$$

(2)假设 E,T 为一条有限迹,其起始状态记为 E,剩余部分用轨迹 T 表示。如果某个 LTL 公式 X 在该轨迹上成立,当且仅当重写后的公式 $X\{E\}$ 在该轨迹

的剩余部分 T 上成立，用等式规则表示如下：

$$\mathrm{eq}(E,T \models X)=(T \models X\{E^*\})$$

至此，基于公式重写的 LTL 公式运行监控规则已经构造完成，调用前面定义的模型，在 Maude 中可以直接用于有限轨迹的监控。例如，给定有限轨迹"a b,a,c a,b a,a b,a c b"和 LTL 公式 a U d，验证结果如下：

reduce a b,a,c a,b a,a b,a c $b \models a$ U d.

* * * >输出将为 maybe

表 6－1 的第 1 列是待验证的 LTL 公式，这里选取了 3 个公式：$\varphi=G(a \vee b)$，$\varphi=F(\mathrm{a} \vee \mathrm{b})$ 以及 $\varphi=a\mathrm{U}c$。第 2 列给出的是针对这 3 个公式构造的 6 条有限运行轨迹，第 3 列和第 4 列分别是使用 2 值 LTL 语义和 3 值 LTL 语义返回的验证结果对比。当运行轨迹 T 明确地满足或违反公式 φ 时，标准 LTL 和 3 值 LTL 返回的验证结果是相同的（见表格的第 2、4、6 行），即前面提到的新的 LTL 语义实现了对标准语义的自然覆盖。当运行轨迹 T 不能提供足够的信息用于判断公式 φ 的成立与否时，标准 LTL 语义不得不从逻辑值 true 或 false 中选择一个作为监视结果返回（见表格的第 3、5、7 行），显然这种处理方式是不够精确的，尤其是在具有安全苛求背景的应用中，还可能造成一定程度的误导。此时，3 值的 LTL 语义能够通过逻辑值 maybe 如实的反映当前的运行监控情况，即当前运行轨迹无法提供足够的信息因而不能得到确定地监控结果。

表 6－1 不同语义造成的运行监控差异

公式	轨迹 T	LTL_2	LTL_3
$\varphi=\mathrm{G}(a \vee b)$	a,b a,c a,c	false	false
$\varphi=\mathrm{G}(a \vee b)$	a,b a,c a,a	true	maybe
$\varphi=\mathrm{F}(a \vee b)$	a,b a,c a,b c	true	true
$\varphi=\mathrm{F}(a \vee b)$	a,b a,a,b	false	maybe
$\varphi=a\mathrm{U}c$	a,b a,b,c	false	false
$\varphi=a\mathrm{U}c$	a,b a,a,a	false	maybe

第四节 列控领域应用

一、系统安全功能监控

列控系统的车载设备在不同工作环境下具有不同的工作模式。车载设备的工作模式在一定条件下运用,条件发生变化则相应模式也应改变。模式转换的正确性对于列控系统的安全性、可靠性及运营效率有重要影响,需通过验证保证模式间可正确、安全的转换。模式转换过程涉及到许多子系统,包括车载设备,无线闭塞中心,应答器等。如果使用模型检验的方法对其深入的分析验证,需要对全部涉及到的子系统建模。这一方面会增加验证的成本,模型的规模也无可避免的会导致状态空间爆炸。另外,在实验室条件下也无法实现对系统所处的开放式环境和众多的非确定性因素进行精确建模。运行时验证可避免上述问题,因为该方法不需要系统建模,而是通过系统的真实运行轨迹和系统规范中的相关正确性要求来判定系统在运行阶段是否存在错误。

CTCS-3 级列控车载设备共有九种工作模式,包括完全监控模式(Full Supervision,FS)、引导模式(Call On,CO)、目视行车模式(On Sight,OS)、调车模式(Shunting,SH)、休眠模式(Sleeping,SL)、冒进防护模式(Trip,TR)、冒进后防护模式(Post Trip,PT)、隔离模式(Isolation,IS)和待机模式(Stand By,SB)。CTCS 系统需求规范中规定了系统所有的模式转换过程,并列出转换条件及优先级。下面以 TR 模式向 PT 模式的转换为例,演示运行时验证在列控系统运行监控中的应用。

当列车通过行车许可终点(End of Authority,EoA)时,车载设备应进入 TR 模式,同时实施紧急制动并向司机发出报警信号,当列车停稳后,车载设备应请求司机确认。当司机确认冒进防护后,车载设备应进入 PT 模式并解除紧急制动命令。如果此时车载设备被隔离,车载设备应进入 IS 模式,因为 IS 的优先级比 PT 高。在这个过程中,车载设备应满足以下性质:

(1)当车载处于 TR 模式时,如果没有得到司机确认,则不能进入 PT 模式。

(2)如果列车停车并且车载设备被隔离,应马上进入 IS 模式。

(3)整个过程中,列车运行速度应小于顶棚速度。另外,为保持系统活性,紧急制动命令将会被解除,列车不会永远停留在该位置。

将该过程的原子命题抽出(相关原子命题的含义见表 6-2),可构造出如下的 LTL 系统属性:

(1) $TR \rightarrow (TR\ U(e \wedge PT))$

(2) $G((s \wedge f) \rightarrow X\ IS)$

(3) $g(\neg\ Lim\ \wedge F(g \wedge \neg s))$

表 6-2　相关原子命题的定义

原子命题	含　义
TR	车载设备处于 TR 模式
IS	车载设备处于 IS 模式
PT	车载设备处于 PT 模式
s	列车静止
a	列车越过 EoA
Lim	列车速度大于顶棚速度
d	车载设备请求司机确认
e	司机确认
f	车载设备被隔离
g	车载设备解除紧急制动命令

在开始使用公式重写的方法对这些 LTL 属性进行监控之前，先介绍一种可以提高验证算法效率的近似技术。在运行时验证的过程中，任意给定的 LTL 公式 φ 会把全体有限运行轨迹的集合划分为三个部分：满足公式 φ 的轨迹集合，违反公式 φ 的轨迹集合以及满足情况无法判断的轨迹集合，分别记为 True(φ)，False(φ)和 Maybe(φ)。事实上，列控系统在被交付前都要经过严格的静态和动态测试验证，运行时验证更多地被当作一种运行时刻的查错(Bug Hunting)技术从而提供额外的安全保障。因此，在运行阶段发现隐藏的错误(即当前运行轨迹属于 False(φ))的价值远远大于证明系统的功能正常运转(即当前运行轨迹属于 True(φ))。如果能在保证查错能力不改变的前提下，通过牺牲一部分证明系统功能正常的能力来达到监控效率的显著提高，这种折衷是值得的。基于这样权衡，为了进一步提高验证算法的效率，可以通过 LTL 公式层面的近似关系来达到这样的目的。

定义 6.8　LTL 公式间的负近似关系

令 φ 和 ψ 为任意的 LTL 公式，φ 和 ψ 之间存在负近似关系，记为 $\varphi \cong_{\mathrm{Neg}} \psi$，当且仅当 False($\varphi$) = False($\psi$)。

根据上面的定义，如果 φ 和 ψ 之间存在负近似关系，由于 False(φ) = False(ψ)，那么任何违反公式 φ 的有限轨迹必然也违反公式 ψ，反之亦然。也就是说，用公式 φ 代替 ψ 不会削弱发现运行时刻错误轨迹的能力。同理。可以定义公式之间的正近似关系。

定义 6.9　LTL 公式间的正近似关系

令 φ 和 ψ 为任意的 LTL 公式，φ 和 ψ 之间存在正近似关系，记为 $\varphi \cong_{\mathrm{Pos}} \psi$，当且仅当 True($\varphi$) = True($\psi$)。

显然,负近似关系是我们想要的,因为它能保证在查错能力不改变的前提下显著地减少公式重写的次数从而实现监控效率的提升。例如:考虑 LTL 公式 $\varphi = \mathrm{G}\ a \wedge \mathrm{F}(b \wedge c)$,如果用逻辑值 maybe 代替其中的 $\mathrm{F}(b \wedge c)$ 部分,得到的新公式 $\varphi' = \mathrm{G}\ a \wedge \text{maybe}$ 将是原公式 φ 的负似形式。简单的证明过程如下:

没有任何有限迹将会违反公式 $\mathrm{F}(b \wedge c)$,因此

$$\text{False}(\mathrm{G}\ a \wedge \mathrm{F}(b \wedge c)) = \text{False}(\mathrm{G}\ a) \qquad (1)$$

而对于任意的有限轨迹 π,如果 $[\![\pi \vDash \mathrm{G}\ a]\!] = \text{false}$,那么 $[\![\pi \vDash \mathrm{G}\ a \wedge \text{maybe}]\!] = [\![\pi \vDash \mathrm{G}\ a]\!] \wedge [\![\pi \vDash \text{maybe}]\!] = \text{false} \wedge \text{maybe} = \text{false}$,反之亦然,因此

$$\text{False}(\mathrm{G}\ a) = \text{False}(\mathrm{G}\ a \wedge \text{maybe}) \qquad (2)$$

综合(1)和(2)可知公式 $\varphi = \mathrm{G}\ a \wedge \text{maybe}$ 是公式 $\varphi' = \mathrm{G}\ a \wedge \mathrm{F}(b \wedge c)$ 的负近似形式。

近似关系不仅能够保证对给定的 LTL 属性,在运行时刻查错的能力不被削弱,还能显著地提高验证算法的效率。以上面的公式 $\varphi = \mathrm{G}\ a \wedge \text{maybe}$ 和 $\varphi' = \mathrm{G}\ a \wedge \mathrm{F}(b \wedge c)$ 为例,构造了 6 条运行轨迹,每条轨迹由序列

$$a\quad e, a, a\quad c, a\quad e, a\quad e, a\quad c\quad e, a\quad e, a, a\quad c, a\quad e$$

分别重复 50,100,200,400,800 和 2 000 次后得到。为了使这些轨迹违反公式 φ 和 φ',在每条轨迹的末端都加入一个状态"$b\ c$"。使用前文的算法在工具 Maude 中分别监视在这些运行轨迹上公式 φ 和 φ'的满足情况,返回的验证结果完全相同,但验证过程中所花费的重写次数(衡量算法效率的主要指标)却存在着显著的差异,如图 6－11 所示。显然,使用公式近似的方法大幅提高了验证的效率。例如:长度为 2 001 的轨迹在经过 50 227 步重写后发现其违反公式 φ,而对于它的近似形式 φ'花费的重写次数仅为 16 013。

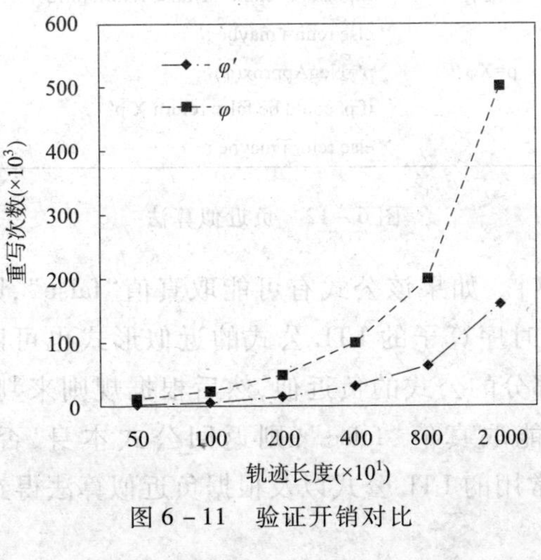

图 6－11　验证开销对比

如图 6－12 所示给出了 LTL 公式的负近似形式构造算法。函数 NegApprox()的输入是一个 LTL 公式 p，算法是根据 LTL 公式的结构来定义，输出为该公式的负近似形式 p'。如果公式 p 为原子命题，则直接返回 $p'=p$(负近似具有自反性，任何公式都是其自身的负近似)。如果公式 p 形如 $\neg\varphi$，则调用图 6－13 中定义的正近似算法 PosApprox( )计算 φ 的正近似形式，并返回 $p'=\neg_3\mathrm{PosApprox}(\varphi)$。如果公式 $p=\varphi\wedge\psi$(或 $p=\varphi\vee\psi$)，则首先计算内层公式 φ 和 ψ 和的符近似，然后基于 3 值语义估计 NegApprox(φ) ∧ NegApprox(ψ)(或者 NegApprox(φ) ∨ NegApprox(ψ))是否有可能取真值“false”，具体的估计准

```
function NegApprox(p)
// 输入为LTL公式p
// 输出公式p的负近似形式p'
Case
    p ∈ AP:       return p;
    p=¬φ:         return ¬3PosApprox(p) ;
    p=φ ∧ ψ:      p'=NegApprox(φ) ∧ 3NegApprox(ψ)
                  if p' could be false return p'
                  else return maybe ;
    p=φ ∨ ψ:      p'=NegApprox(φ) ∨ 3NegApprox(ψ)
                  if p' could be false return p'
                  else return maybe ;
    p=Gφ:         p'=NegApprox(φ)
                  if p' could be false return G p'
                  else return maybe ;
    p=φUψ:        p'=NegApprox(φ)
                  q'=NegApprox(ψ)
                  if p' and q' could be false return p'Uq'
                  else return maybe ;
    p=Xφ:         p'=NegApprox(φ)
                  if p' could be false return X p'
                  else return maybe ;
```

图 6－12　负近似算法

则可以参考文献[17]。如果该公式有可能取真值“false”，则返回该公式，否则返回“maybe”。带有时序算子的 LTL 公式的近似形式也可以类似的计算，首先获得不带时序算子部分的公式的负近似，然后根据规则来判断这些公式再加上时序算子后若有可能取真值“false”，则返回公式本身，否则返回“maybe”。表 6－3列出了一些常用的 LTL 公式以及根据负近似算法得到的近似形式对比。

```
function PosApprox(p)
// 输入为LTL公式p
// 输出公式p的正近似形式p'
Case
    p ∈ AP:        return p;
    p=¬φ:          return ¬3NegApprox(p) ;
    p=φ∧ψ:         p'=PosApprox(φ) ∧3PosApprox(ψ)
                   if p' could be true return p'
                   else return maybe ;
    p=φ∨ψ:         p'=PosApprox(φ) ∨3PosApprox(ψ)
                   if p' could be true return p'
                   else return maybe ;
    p=Gφ:          p'=PosApprox(φ)
                   if p' could be true return G p'
                   else return maybe ;
    p=φUψ:         p'=PosApprox(φ)
                   q'=PosApprox(ψ)
                   if p' and q' could be true return p'Uq'
                   else return maybe ;
    p=Xφ:          p'=PosApprox(φ)
                   if p' could be true return X p'
                   else return maybe ;
```

图 6 - 13　正近似算法

表 6 - 3　LTL 公式及其负近似

LTL 公式 φ	φ 的负近似形式
$G\ a$	$G\ a$
$F(a \vee b)$	maybe
$(\neg G(a \vee b \vee d) \vee F\ c)$	maybe $\wedge \neg$ F c
$G(a \wedge F(b \wedge c))$	G($a \wedge$ maybe)
$G(a \rightarrow F\ b)$	maybe

实际应用中,运行轨迹是从真实的系统运行过程中抽取的,为了演示的简洁这里手动构造下列三个待监控的有限运行轨迹:

$$①a\ TR,\ \overbrace{TR,\cdots,TR}^{500},TR\ s,TR\ d,PT\ g$$

$$②a\ TR,\ \overbrace{TR,\cdots,TR}^{600},TR\ s\ f,TR\ d,PT\ e$$

$$③a\ \overbrace{TR,\ TR,\cdots,TR}^{400},TR\ s\ f,IS$$

表 6 – 3 中的实验结果表明，轨迹①违反属性“当车载处于 TR 模式时，如果没有得到司机确认，则不能进入 PT 模式”的要求，因为车载设备在由 TR 模式转到 PT 模式的时候（轨迹最末端的两个状态），没有获得司机的确认（事件 e 没有出现）。轨迹②违反属性“如果列车停车并且车载设备被隔离，应马上进入 IS 模式”的要求，因为车载设备在被隔离后（在轨迹的倒数第三个状态中事件 *f* 出现），工作模式没有切换到 IS 模式。按照类似的方式，可以解读表中的其他运行监控结果。值得注意的是，表格最后一行的公式 G(¬ Lim ∧ maybe) 是公式 G(¬ Lim ∧ F(*g* ∧ ¬ *s*)) 的近似形式，对于相同的运行轨迹，在运行监控的过程中使用适合的近似形式可以大幅的提高验证效率。

表 6 – 4　验证结果对比

轨迹	LTL 公式 φ	结果	重写次数
①	TR ∧ (TR U(e ∧ PT))	false	57 020
②	TR ∧ (TR U(e ∧ PT))	true	67 577
②	G((s ∧ f) → X IS)	false	90 347
③	G((s ∧ f) → X IS)	maybe	49 620
③	G(¬ Lim ∧ F(g ∧ ¬ s))	maybe	43 685
	G(¬ Lim ∧ maybe)	maybe	4 680

上述实例分析主要演示了基于公式重写的运行时验证方法和近似优化技术在列控领域应用的可行性，更大规模的应用验证需要在已有算法的基础上提供完善的监控信息采集机制（在线或离线方式），能够准确地从系统运行过程中获取相关信息，并参照系统高层规范对其外部输入输出和内部状态进行监控。另外，列控系统具有鲜明的实时和混成系统特征，对于时间、整数或实数域上的监控属性，需要研究运行轨迹从无穷域到有穷域的抽象技术。对与时间、空间相关监控属性，监视器可以基于抽象轨迹进行判断和处理，从而提高运行时验证的效率。

二、数据安全性监控

轨道占用信息是列控系统在运行过程中需要采集的关键运行数据，这些信息是计算列车行车许可（Moving Authority，MA）的主要依据，其正确性将直接影响行车安全。保证轨道占用信息的正确性涉及信息采集、信息处理以及信息传输等多个环节，每个环节都有出错的可能性，另外，还需要考虑硬件设备的可靠性以及恶劣环境带来的非确定性造成的影响。例如:2011年“7·23”甬温线特别重大铁路交通事故的诱因是雷击导致列控中心采集电路出现故障,但系统设计对该故障的处理存在严重缺陷,使得错误的轨道占用信息被用于控制列车的运行,最终导致追尾事故的发生。因此,在系统实际运行的过程中有必要采用对这类关键数据进行监控,为系统的安全运行提供额外的保障。虽然轨道占用信息随着整个网络中列车位置的变化而动态变化,但是这种变化是有规律可循的,这些规律可以用于指导运行监控。

采集列车占用信息的轨旁设备叫轨道电路(Track Circuit),以一段铁路线路的钢轨为导体构成的电路,是钢轨传输线和连接于其两端的发送及接收设备所组成回路的总称。作为一种信息采集设备,轨道电路用于自动、连续的检测列车是否处在某段轨道范围内(也称闭塞区间),也用于控制信号装置或转辙装置以保证行车安全。整个列控系统,路边信号灯,调度室,列车司机全都依赖轨道电路提供的轨道占用信息来了解列车的运行情况。轨道电路失效是很多铁路安全事故的根源。

轨道电路的典型失效分成两类,第一类在称为“分路不良”(Wrong Side Failure),指的是列车占用轨道时误报没有占用。气候、周边环境,甚至是轨道上的沙尘太厚,都可能导致轮对不能可靠分路从而发生“分路不良”。这种错误可能是暂时的,也可能是长期的。轨道电路分路不良是信号故障导向危险侧的重大安全隐患。第二类称为“故障占用”(Right Side Failure),指的是列车没有占用轨道时误报占用,设备故障是导致显示故障占用的主要原因,例如,环境因素(雷击、落石)造成的轨道电路损坏可能导致故障占用。轨道电路失效问题在国际和国内都有长期的研究,但似乎仍然没有找到彻底的解决方案,通过运行监控来及时发现和缓解由于轨道电路失效带来的安全问题是一种有益的尝试。

对于轨道占用信息的安全监控问题,监控需求可以描述如下:

(1)当发现轨道电路出现分路不良故障时报警;

(2)当发现轨道电路出现故障占用故障时报警;

(3)同一线路上列车只能单向行驶,不能后退;

(4)同一个闭塞区间上不允许有两辆列车。

首先,需要将轨道占用信息和监控需求用数学与语言表示出来。用一个布尔变量序列 $X = x_1 x_2 \cdots x_n$ 表示一条线路上 n 个轨道电路,当轨道电路被占用时,相应的变量取值为1,否则取值为0。若采样周期为某个常数 δ(如 $\delta = 1\,\mathrm{s}$),那么在每个采样周期状态 $x_1 x_2 \cdots x_n$ 都会被赋予一个新的取值,这些状态构成

一个有限轨迹。通过分析发现,监控需求是否被满足可以通过比较相邻的两个状态来实现。为此,构造一个监控模式:

$$X \wedge \overline{X} \wedge \varphi_1 \wedge \cdots \wedge \varphi_m$$

其中,X 表示当前采样周期的轨道占用信息取值,$\overline{X} = x_1{}'x_2{}'\cdots x_n{}'$表示下一个采样周期的轨道占用信息取值。而 $\varphi_1 \wedge \cdots \wedge \varphi_m$ 是一组命题逻辑公式,用来对这两个状态之间的变化进行约束。只要将前面的监控需求转化成这样一组约束,那么轨道占用信息的安全监控问题也就转化为命题逻辑公式的判定问题。即在每个采样周期,判断公式 $X \wedge \overline{X} \wedge \varphi_1 \wedge \cdots \wedge \varphi_m$ 的真伪。轨道占用信息是安全的,当且仅当该公式可满足。

对于每个轨道电路 x_i,分别构造两个辅助变量 x_{i_in} 和 x_{i_out},分别表示在两个相邻的采样周期中是否有列车进入或驶出轨道电路 x_i 所属的区间,如果有列车进入 $x_{i\_in}=1$,有列车驶出 $x_{iout}=1$。监控需求(1)和(2)可以转化为下列命题约束:

$$\varphi_1 : x_{i\_in} \leftrightarrow ((x_i = 0) \wedge (x_i{}' = 1))$$

$$\varphi_2 : x_{i\_out} \leftrightarrow ((x_i = 1) \wedge (x_i{}' = 0))$$

$$\varphi_3 : x_{i\_in} = x_{i-1\_out}$$

命题约束 φ_1 和 φ_2 分别用来计算两个相邻的采样周期辅助变量 x_{i_in} 和 x_{i_out} 的取值,命题约束 φ_3 保证 $x_{i\_in} = x_{i-1\_out}$,即从第($i-1$)个区间驶出的列车确实进入了第 i 个区间。这 3 条命题约束可以保证轨道电路的分路不良和故障占用都可以被监视器捕捉到。考虑如表 6-5 所示的例子。

表 6-5　轨道电路分路不良

轨道电路	值	备注
$x_i(i=1,\cdots 5)$	10010	约束 φ_3 不成立,因为 $x_{5\_in} \neq x_{4\_out}$
$x_i{}'$	10000	
x_{i_in}	00000	
x_{i_out}	00010	

在这个例子中第 5 个区间上的轨道电路存在分路不良的情况,$x_{i_in}(i=1,\cdots 5)$的值依据命题 φ_1 进行计算,分别为 0 0 0 0 0。x_{i_out}的值依据命题 φ_2 进行计算,分别 0 0 0 1 0。根据 φ_3 依次比较 x_{i_in} 和 x_{i-1_out},发现 $x_{5\_in} \neq x_{4\_out}$,公式 $X \wedge \overline{X} \wedge \varphi_1 \wedge \cdots \wedge \varphi_m$ 为假,因此,监视器能够发现这样的问题。表 6-6、表 6-7、表 6-8 分别出了轨道电路多处分路不良、故障占用以及分路不良与故障占用同时出现的情况。

表 6－6　轨道电路故障占用

轨道电路	值	备注
$x_i(i=1,\cdots,5)$	10100	约束 φ_3 不成立 因为 $x_{4\_in} \neq x_{3\_out}$
$x_i{}'$	10110	
x_{i_in}	00010	
x_{i_out}	00000	

表 6－7　轨道电路两处分路不良

轨道电路	值	备注
$x_i(i=1,\cdots,5)$	01010	约束 φ_3 不成立 因为 $x_{3\_in} \neq x_{2\_out}$，同时 $x_{5\_in} \neq x_{4\_out}$
$x_i{}'$	00000	
x_{i_in}	00000	
x_{i_out}	01010	

表 6－8　轨道电路分路不良与故障占用同时出现

轨道电路	值	备注
$x_i(i=1,\cdots,5)$	10010	约束 φ_3 不成立 因为 $x_{2\_in} \neq x_{1\_out}$，同时 $x_{5\_in} \neq x_{4\_out}$
$x_i{}'$	00011	
x_{i_in}	00001	
x_{i_out}	10000	

监控需求(3)要求"列车只能单向行驶，不能后退"，这样的监控需求可以用逻辑公式表示为：

$$\varphi_4:(x_i=1)\rightarrow(x_i{}'=1\oplus x'_{i+1}=1)$$

即，如果在当前周期区间 i 被列车占用，则下一周期列车只能出现在区间 i 或者区间 $i+1$ 上。

监控需求(4)要求"同一个闭塞区间上不允许有两辆列车"表示成命题逻辑公式为：

$$\varphi_5:(x_i=1)\rightarrow(x_{i-1\_out}=0)$$

即，如果在当前区间 i 被列车占用，则在该区间的前一个区间内不允许有列车驶出。

综上所述，轨道占用信息的监控问题被转化为以下命题逻辑公式的判定问题：

$$X\wedge\overline{X}\wedge\varphi_1\wedge\varphi_2\wedge\varphi_3\wedge\varphi_4\wedge\varphi_5$$

X 和 $\overline{X}$ 分别表示相邻的采样周期轨道占用信息的取值，$\varphi_1, \cdots, \varphi_5$ 表示监控需求，每个采样周期更新 X 和 $\overline{X}$ 的值。轨道占用信息是安全的，当且仅当在每个采样周期都有上述公式为真。

基于前面介绍的监控思想，在实际生成监视器的时候，可以采用基于自动机的方法或基于公式重写的方法，也可以直接编写算法来判断逻辑公式的取值情况，或者转化为 SAT(Satisfiability)问题[18]实例直接利用 SAT Solver 工具来进行求解，这里就不再详细介绍。

参考文献

[1] Baier C, Katoen J. Principles of Model Checking. MIT Press, 2007.

[2] Clarke E, Grumberg O, Peled D. Model Checking. MIT Press, 1999.

[3] Leucker M, Schallhart C. A Brief Account of Runtime Verification. Journal of Logic and Algebraic Programming, 2009, 78(5):293 – 303.

[4] Bauer A, Leucker M, Schallhart C. Model-based Methods for the Runtime Analysis of Reactive Distributed Systems. In Proceedings of the Australian Software Engineering Conference, 2006, 243 – 252.

[5] Artho C, Barringer H, Goldberg A, et al. Combining Test-Case Generation and Runtime Verification. Journal of Theoretical Computer Science, 2005, 336:209 – 234.

[6] Bauer A, Leucker M, Schallhart C. Runtime Verification for LTL and TLTL. Technical Report TUM-I0724, Technische Universitat Munchen, 2007.

[7] Dong W, Zhao C, Shu S, et al. Anticipatory Active Monitoring for Safety- and Security-critical Software. Science China Information Sciences, 2012, 55(12):2723 – 2737.

[8] Havelund K, Rosu G. Monitoring Programs Using Rewriting. In Proceedings of International Conference on Automated Software Engineering, 2001, 135 – 143.

[9] Rosu G, Havelund K. Rewriting-Based Techniques for Runtime Verification. Journal of Automated Software Engineering, 2004, 12(2):151 – 197.

[10] Rosu G, Havelund K. Monitoring Java Programs with Java PathExplorer. In Proceedings of International Workshop on Runtime Verification, 2001, 97 – 114.

[11] Time Rover, http://www.time-rover.com.

[12] Chen F, Rosu G. MOP: An Efficient and Generic Runtime Verification Framework. In Proceedings of Object Oriented Programming, Systems, Languages and Applications, 2007, 569 – 588.

[13] Bauer A, Leucker M, Schallhart C. The Good, the Bad, and the Ugly-But How Ugly is Ugly? In Proceedings of International Workshop on Runtime Verification, 2007, 126 – 138.

[14] Vardi M Y, Wolper, P. An automata-theoretic Approach to Automatic Program Verification, In Symposium on Logic in Computer Science, 1986, 332 – 345.

[15] Fritz C. Constructing Büchi Automata from Linear Temporal Logic using Simulation Relations for

Alternating Büchi Automata. Lecture Notes in Computer Science, 2003, 2759: 35 - 48.

[16] Clavel M, Duran F, Eker S, et al. Maude: Specification and Programming in Rewriting Logic. Theoretical Computer Science, 2002, 285(2):187 - 243.

[17] Zhao L, Tang T, Wu J, et al. Runtime Verification with Multi-Valued Formula Rewriting. In Proceedings of The 4th IEEE International Symposium on Theoretical Aspects of Software Engineering, 2010, 77 - 86.

[18] Clavel M, Duran F, Eker S, et al. All About Maude-A High-Performance Logical Framework. Lecture Notes in Computer Science, 2007.

[19] 张健. 逻辑公式的可满足性判定:方法、工具及应用. 北京:科学出版社,2000.